Utz Claassen | Ralph Guise-Rübe

# ÜBERLASTET
# ÜBERFORDERT
# ÜBERRANNT

## Unser Rechtsstaat
## vor dem Zusammenbruch

**Bibliografische Information der Deutschen Nationalbibliothek**
Die Deutsche Nationalbibliothek verzeichnet diese Publikation in der Deutschen
Nationalbibliografie. Detaillierte bibliografische Daten sind im Internet über
http://dnb.d-nb.de abrufbar.

**Für Fragen und Anregungen**
info@finanzbuchverlag.de

1. Auflage 2020
© 2020 by Finanzbuch Verlag, ein Imprint der Münchner Verlagsgruppe GmbH
Nymphenburger Straße 86
D-80636 München
Tel.: 089 651285-0
Fax: 089 652096

Lektorat: Renate Oettinger
Lektorat: Silvia Kinkel
Umschlaggestaltung: Karina Braun
Umschlagabbildung: Tanya K/shutterstock.com
Satz: Carsten Klein, Torgau
Druck: GGP Media GmbH, Pößneck
Printed in Germany

ISBN Print 978-3-95972-348-0
ISBN E-Book (PDF) 978-3-96092-638-2
ISBN E-Book (EPUB, Mobi) 978-3-96092-639-9

Weitere Informationen zum Verlag finden Sie unter
## www.finanzbuchverlag.de
Beachten Sie auch unsere weiteren Verlage unter www.m-vg.de

# INHALT

Es leben rund 83 Millionen Menschen in unserem Land. Jede und jeder Einzelne von ihnen ist wichtig und einzigartig.

Mehr als 25 000 von ihnen dienen dem Rechtsstaat als Richterinnen und Richter sowie Staatsanwältinnen und Staatsanwälte. Sie leben und verteidigen Rechtsstaatlichkeit als Herz und Hirn der Justiz.

Mehr als 250 000 von ihnen bewahren und schützen unseren Rechtsstaat als Polizistinnen und Polizisten. Sie stehen ein für unsere Werte und bemühen sich, die innere Sicherheit aufrechtzuerhalten. Häufig unter schwierigsten Bedingungen.

All ihnen ist dieses Buch gewidmet. Denn alle zusammen formen sie unseren Rechtsstaat. Unser höchstes nicht-emotionales Gut. Unser höchstes kollektives Gut. Das aus Individualität und individuellem Beitrag erwächst.

# PROLOG:

# »DER REICHSTAG BRENNT!«

Über Jahrhunderte, nein: über *Jahrtausende* sind unfassbare Opfer gebracht worden, um zu dem zu gelangen, das wir heute »Rechtsstaat« nennen. Der Zivilisationsbruch des grauenhaftesten Kapitels der deutschen und wohl auch der Menschheitsgeschichte überhaupt hat auf unbegreiflich anmutende Art und Weise gezeigt, wie schnell Fanatismus, Irrsinn und Besessenheit Einzelner oder einer Minderheit die Mehrheit infizieren, kontaminieren und vergiften können. Und wie furchtbar leicht und komplett furchtbar Demokratie, Grundwerte und Menschenwürde dabei eingeäschert werden konnten. Ein einziges inszeniertes oder instrumentalisiertes Ereignis war die Zündschnur des diabolisch vorbereiteten Rückfalls von Humanismus in Barbarei.

Das Corona-Virus ist kein Reichstagsbrand, und dieses Buch will weder missverständliche Analogien konstruieren noch die Covid-19-Rezession ökonomisch oder die Pandemie an sich virologisch analysieren. Zudem halten wir alle ohnehin unsere heutige bundesrepublikanische Demokratie für sehr viel stabiler als jene der Weimarer Republik, auch und gerade in Zeiten der Globalisierung und Digitalisierung. Und doch hat es den Autoren fast körperlich Angst gemacht, gleich zu Beginn der dritten Dekade des zweiten Jahrtausends zu erleben, wie geradezu in Windeseile über Jahrtausende erkämpfte – und nach der Schreckensherrschaft des Dritten Reiches umso mehr zu ehrende und zu schützende – Grundrechte außer Kraft gesetzt wurden – und wie gefügig die zivile Bürgergesellschaft dabei in Friedenszeiten bisher nie da gewesene Einschränkungen nicht nur über sich ergehen lassen, sondern geradezu dankbar akzeptiert hat.

So titelte *FOCUS Online* am 3. April 2020: »*Deutsche sind mit Regierung zufriedener als je zuvor*«; 63 Prozent der Bundesbürger seien mit der Arbeit der Regierungskoalition zufrieden und damit 28 Prozentpunkte mehr als nur einen Monat zuvor.[1] Das entspricht einem relativen Anstieg des Zufriedenen-Anteils um unfassbare *80 Prozent* innerhalb eines Zeitraumes von *knapp über 2 Prozent* einer normalen Legislaturperiode – und dies wohlgemerkt als Reaktion auf politische Eingriffe, die man nicht nur unter konjunkturpolitischen Aspekten hierzulande durchaus auch als größte wirtschaftspolitische Wahnsinnstat seit dem Zweiten Weltkrieg betrachten könnte. So wurden nicht nur Werte aller sowie Altersversorgungen und Arbeitsplätze vieler gefährdet oder vernichtet, sondern auch Grundpfeiler der Marktwirtschaft an sich, die auf dem Altar von Infiziertenzahlen und Umfragewerten der Subventionswirtschaft geopfert wurde. Und es wurde – bewusst oder unbewusst – letztlich sogar die Traumatisierung einer ganzen Generation in Kauf genommen. Doch nochmals: Es geht hier nicht um die Sinnhaftigkeit der Maßnahmen als solche.

Deshalb mag und soll es hier ausdrücklich dahingestellt bleiben, ob die Maßnahmen an sich medizinisch richtig, sinnvoll und zielführend waren oder sind. Das rechtsstaatlich viel Entscheidendere ist die Frage der *Abläufe und Strukturen*, die dazu führen konnten und können, dass Grundrechte quasi über Nacht außer Kraft gesetzt werden und dabei der Aspekt der Rechtsstaatlichkeit in der Diskussion in den Hintergrund tritt. Ob ein Virus pervers-fanatischer, biologischer, synthetischer oder digitaler Natur ist, ist – jedenfalls aus rechtsstaatlicher Sicht – nachrangig zu der Frage, ob seine Bekämpfung und deren Folgen *rechtsstaatlich legitimiert* sind. Entscheidende Kriterien sind dabei *Transparenz* und *Verhältnismäßigkeit*. Letztere kann aber vom Volk und vom einzelnen Bürger gar nicht überprüft werden, wenn Erstere nicht gegeben ist.

Am selben Tage der zitierten Meldung über den Zufriedenheitsrekord der Bürgerinnen und Bürger mit ihrer Regierung erschien auch eine Meldung aus einer gänzlich anderen Richtung, wenngleich zum selben Themenkomplex. Beate Bahner, eine Fachanwältin für Medizinrecht aus Heidelberg, stellte die Transparenz und Verhältnismäßigkeit des Handelns von Legislative und Exekutive zur Bekämpfung des Corona-Virus infrage und kündigte eine Normenkontrollklage beim Bundesverfassungsgericht gegen die Corona-Verordnung von Baden-Württemberg an. Wörtlich hieß es in der Pressemitteilung der mutigen – oder übermütigen? – Juristin: »*Die Maßnahmen der Bundes- und Landesregierung sind eklatant verfassungswidrig und verletzen in bisher nie gekanntem Ausmaß eine Vielzahl von Grundrechten der Bürgerinnen und Bürger in Deutschland*«;

dies gelte für alle Corona-Verordnungen der 16 Bundesländer. Die Überarbeitung des Infektionsschutzgesetzes wenige Tage zuvor sei »*in Windeseile*«, Geschäftsschließungen seien »*ohne jedweden Nachweis*« einer konkreten Infektionsgefahr erfolgt und mithin »*grob verfassungswidrig*«, Ausgangssperren und Kontaktverbote »*weder durch die Entwicklung der Zahlen, noch durch Studien, noch durch bisherige Erfahrungswerte gerechtfertigt*«. Erforderlich sei »*eine korrekte Information der Menschen!*« [2]

Dass Transparenz beim entsprechend kritisierten Regierungshandeln offenbar gerade nicht durchgängig gegeben war oder möglicherweise nicht einmal gegeben sein sollte, ließ auch *FOCUS Online* bereits einen Tag nach dem Bericht über den neuen Regierungsenthusiasmus der Bürger durchblicken unter dem Titel »*Internes Papier aus Innenministerium empfahl, den Deutschen Corona-Angst zu machen*«. [3] Die darin in Bezug genommene »*Urangst*« vor dem Erstickungstod und die *Schuld* sich beim Spielen infizierender Kinder am Tod der Eltern oder auch das »*Damoklesschwert*« – wenngleich nur einzelfallbasierter – potenzieller Langzeitschäden dürften die von der streitbaren Heidelberger Anwältin geforderten Informationen kaum liefern. Sehen so etwa rechtsstaatliche Transparenz und Legitimation aus? Oder doch eher der Versuch der Regierung einer gezielten Traumatisierung? Kann exekutives Handeln so das ersetzen, was nicht ausdrücklich in den Gesetzen steht? Basiert der Rechtsstaat auf dem *Befehl* der Regierung oder ruht er Kraft Grundgesetz ausschließlich auf dem Boden und Konzept des allgemeinen *Gesetzes*?

Dass die erfahrene Medizinjuristin indes möglicherweise zu wagemutig und zu kühn, vielleicht auch übermütig und tollkühn oder sogar im wortwörtlichen Sinne zu stark von Corona ergriffen und erfasst war, zeigte sich fast exakt zwei Wochen, nachdem sie mit ihrem Begehren gegen die staatlichen Eingriffe vor Gericht und an die Öffentlichkeit gegangen war. Unter der Ober-Überschrift »*SIE WOLLTE VORS BUNDESVERFASSUNGSGERICHT*« titelte *Bild.de*: »*Polizei bringt Corona-Anwältin in Psychiatrie*«. [4] Zu lesen war nicht nur von einem »*sehr verwirrten Eindruck*«, sondern auch davon, dass sie glaube, »*in Deutschland sei noch kein Mensch an Corona gestorben*«. Aus ihrer Pressemitteilung ergibt sich Letzteres indes ausdrücklich nicht. Mit keinem einzigen Wort.

Bereits am Karfreitag, also exakt eine Woche nach ihrer Pressemitteilung, hatte das Bundesverfassungsgericht in Karlsruhe den Eilantrag der Heidelberger Rechtsanwältin abgelehnt; stattdessen nahm die Staatsanwaltschaft Heidelberg Ermittlungen wegen Verdachts auf öffentlichen Aufruf zu einer rechtswidrigen Tat auf, nachdem die streitbare Juristin zu Demonstrationen aufgerufen und das »*Recht zum Widerstand*« propagiert hatte. Bild.de nannte sie die »*Ikone der Corona-Leugner*«.[5] Corona etwa allen Ernstes als Anspielung auf oder in einem Atemzuge mit dem Holocaust? Anfeindung, Festnahme und Diskreditierung wegen Unbequemlichkeit, Aufbegehren und Verteidigung rechtsstaatlicher Prinzipien? Oder tatsächlich Verwirrtheit nach Corona? Vielleicht sogar Verwirrtheit wegen des Virus?

Bereits am Tage vor der Enthüllung des schockierenden Schockstrategiepapiers des Innenministeriums – wohlgemerkt exakt am 3. April 2020 des beschriebenen Beliebtheitsgipfels der bundesdeutschen Koalitionsregierung und der Pressemitteilung der späteren Psychiatrieinsassin – hatte *FOCUS Online* – ebenfalls im Kontext des medial allgegenwärtigen Corona-Rausches – getitelt: »*Hirnschäden durch Coronavirus? Neurobiologe zerlegt Lauterbach-Aussage*«.[6] Im Einklang mit der Schockstrategie des Bundesinnenministeriums hatte der »SPD-Gesundheitsexperte« Karl Lauterbach zuvor nicht etwa aufgrund, sondern vielmehr mit dem Argument nachlassender Hirnleistung vor dem Virus gewarnt und die Menschen schockiert.

Der Neurobiologe Ernst Pöppel erklärte die Lauterbachschen Ausführungen demnach schlichtweg für »*Schwachsinn*« – ohne dass es hier allerdings in der Folge zu einer »Einweisung« des umstrittenen Gesundheitspolitikers mittels Polizeieinsatz kam – und befand wörtlich: »*Herr Lauterbach hat von Hirnforschung offenkundig keine Ahnung.*«[7] Regierungskoalitionärer »Schwachsinn« als Begründungshilfe für die Aushebelung von Grundrechten? Stellen wir uns so Rechtsstaatlichkeit im Krisenfall vor? Oder erinnert das vielleicht eher an intellektuelle Quarantäne als Grundlage oder Ursache physischer Kontaktverbote?

Dass der Zweck offenbar die Mittel heiligt – und was der eigentliche Zweck solcher Vorgänge oder Kommunikationsstrategien sein mag –, ließ sich indes bereits der *Bundestags-Drucksache 17/12051*[8] vom 3. Januar 2013 entnehmen, einem Regierungs-»*Bericht zur Risikoanalyse im Bevölkerungsschutz 2012*«. Unter konkreter Nennung eines »*Coronavirus*« sowie eines hypothetischen (!) auslösenden Ereignisses mit einem Erreger

»*aus Südostasien, wo der bei Wildtieren vorkommende Erreger über Märkte auf den Menschen übertragen wurde*«, werden im Szenario bereits sieben Jahre vor Covid-19 (!) Auswirkungen auf verschiedene Schutz*güter* inklusive »*Schutzgut MENSCH*« (!) oder auch »*Schutzgut UMWELT*« oder »*Schutzgut VOLKSWIRTSCHAFT*« analysiert. Die nach dem Empfinden der Autoren bemerkenswerteste Passage des Papieres der Bundesregierung findet sich indes zum »*Schutzgut IMMATERIELL*« unter der Subkategorie »*Politische Auswirkungen*« auf Seite 80. Dort heißt es wörtlich: »*Ob es zu Rücktrittsforderungen oder sonstigen schweren politischen Auswirkungen kommt, hängt auch vom Krisenmanagement und der Krisenkommunikation der Verantwortlichen ab.*«[9]

Amtsverbleib und Machterhalt als Kriterien für Krisenpolitik und Kommunikationsverhalten? Rücktrittsängste vielleicht als Basis überzogener Schreckensszenarien und überhöhter Schockstrategien? Erklären sich so auch die sieben Jahre später zutage getretenen Erwägungen des mehr als fragwürdigen Papiers des Bundesinnenministeriums oder auch die öffentlich geäußerte Sorge seines Ministers, es könne »*Millionen Tote*« geben? Und dies zu einem Zeitpunkt, als – jedenfalls *für die Bürger transparent* und zugänglich – nicht einmal der *Beweis* angetreten war, dass die Mortalitätsrate der mit Covid-19 Infizierten wirklich höher als 0,5 oder 0,1 oder auch nur 0,05 Prozent liege?

Es hätte außerhalb der Vorstellungskraft der Autoren gelegen, dass dort, wo am 27. Februar 1933 ein nächtlicher Brand den Verlauf der Geschichte zum zuvor nicht einmal denkbar erscheinenden Grauen hin mit beeinflussen konnte, 87 Jahre später die Außerkraftsetzung zentraler Grundrechte würde beschlossen und durchgesetzt werden können, *ohne dass* die Kriterien der Transparenz und Verhältnismäßigkeit auch nur ansatzweise gewahrt geschweige denn *nachvollziehbar belegt* gewesen und *bewiesen* worden wären. Die Mischung von Begrifflichkeit – »Coronavirus« oder »Covid-19« statt »schwerer Grippe« – und permanenter visuellmedialer Inszenierung hat es ermöglicht, dass selbst dasjenige Volk des Planeten, das historisch-geschichtlich die größte Dankbarkeit, die größte Wertschätzung und die größte Verantwortung für die Gewährung und den Schutz von Grund- und Menschenrechten empfinden müsste, sich wesentliche eben dieser Rechte geradezu *en passant* zumindest temporär abnehmen ließ.

Dabei hat natürlich auch eine Rolle gespielt, dass jeder von uns und damit wir alle besonders empfänglich sind für alles, was mit unserer Gesundheit, mit unserem körperlichen und seelischen Wohlbefinden zu tun hat. Auch der, der sich sein Versammlungs- oder Demonstrationsrecht nicht einmal für ein Vermögen abkaufen ließe, würde im Angesicht der Beulenpest und in Abwesenheit von Antibiotikum vielleicht noch einmal überdenken, ob er zur nächsten Massenkundgebung für den Klimaschutz und gegen Kohle, Kernkraft und Diesel- oder Benzinmotoren im überfüllten ICE oder im stickigen Übernacht-Bus anreisen möchte.

Doch verstörend sind nicht nur Bilder aus überlasteten Intensiv-Stationen Norditaliens oder überforderten Pflegeheimen Nordamerikas. Verstörend ist insbesondere auch die Frage, wie der moderne Rechtsstaat in all seinen Formen und Ausprägungen eigentlich so überrascht und überwältigt werden konnte von etwas, das schon lange zuvor als mit hoher Wahrscheinlichkeit zu erwartende Entwicklung eingestuft werden konnte und auch in der Tat erkannt worden war. Eine Gruppe angesehener Wissenschaftler hatte bereits im Jahr 2007, *mehr als zwölf Jahre vor* Ausbruch der Corona-Krise, im Kontext mit dem »Coronavirus« davor gewarnt, dass die Präsenz eines großen Reservoirs von »*SARS-CoVlike*« Viren in Hufeisenfledermäusen in Kombination mit der Kultur des Verspeisens exotischer Säugetiere in Südchina eine »*time bomb*« – eine *Zeitbombe* – sei.[10]

Wie konnte es also sein, dass unser Land und unser Rechtsstaat – so wie die meisten anderen der Welt leider auch – so fulminant überrascht und überwältigt wurde von etwas, auf das man sich seit mindestens einem Dutzend von Jahren hätte vorbereiten können und das seit mehr als einem halben Dutzend an Jahren ja auch nachweislich bereits im Fokus von Regierung und Parlament stand? Wie konnte es sein, dass angesichts scheinbarer Überraschung plötzlich im Hauruckverfahren spontan improvisiert, geflickt und repariert werden musste? An Gesetzen und ohne Gesetze. Am vermeintlichen Gesundheitsschutz. Und auch im Hinblick auf energiewendenähnliche Dimensionen öffentlicher Ausgaben und privater Lasten ohne vorausschauende Planung und professionelle Steuerung durch die politisch Verantwortlichen. Der entsprechende Risikobericht des Jahres 2012 der Bundesregierung hatte sich ja schließ-

lich bereits sehr intensiv mit den verschiedensten diesbezüglich zu be-
rücksichtigenden »Schutzgütern« beschäftigt.

Nach der festen persönlichen Überzeugung der beiden Autoren dieses Buches, von denen der eine mehr als zwei Jahrzehnte Erfahrung
als Richter und Ministerialbeamter sowie mehr als eine Dekade als Ge-
richtspräsident aufweist und der andere auf fast drei Jahrzehnte im Spitzenmanagement sowie auch auf zahlreiche dabei erfolgreich geführte
bedeutsame Rechtsverfahren zurückblicken kann, ist der *Rechtsstaat* beziehungsweise die *Rechtsstaatlichkeit* **das höchste nicht-emotionale Gut,
das wir überhaupt haben.** Der wichtigste soziale Schatz. Die zentrale
Säule unseres hochkomplexen und hochdiffizilen Gemeinwesens. Und
damit auch zentrales »Schutzgut« unserer Gesellschaft.

Je komplexer dieses Gemeinwesen aufbau- und ablauforganisato-
risch, politisch und sozial, psychosozial und verhaltensseitig, aber auch
technisch und technologisch wird und je komplexer gleichzeitig auch
seine Subsysteme und seine Umwelt- und Umgebungssysteme werden,
desto größer werden naturgemäß auch die Anforderungen an und Belas-
tungen für seine zentrale Säule, also den Rechtsstaat. Doch je größer die
Lasten sind, die eine Säule zu tragen hat, und je stärker die Winde oder
Windböen sind, die an ihr zerren, umso höher muss auch ihre Stabilität
sein – im Inneren genauso wie nach außen.

Gute Statik muss dabei einhergehen mit vorausschauender Betrachtung und Beherrschung zunehmender Dynamik. Die Corona-Welt hat
auch gezeigt, dass langfristige Prävention besser ist als überstürzt nötige Reaktion. Das gilt für die Juristen genauso wie für die Virologen, für
die Mikrobiologie genauso wie für die Politik. Der verspätet entwickelte Impfstoff ist durchaus vergleichbar mit der versäumten Novellierung
eines wichtigen Gesetzes, eine unterlassene Investition in öffentliche
Gesundheit vergleichbar folgenreich wie das Versäumnis einer antizipie-
renden Stärkung einer funktionsfähigen Justiz.

Wir müssen die tragende Säule des Rechtsstaats als zentralem Grundpfeiler unseres komplexen gesellschaftlichen Miteinanders dabei auch
sturmfest machen für den Hurrikan der Digitalisierung und die Taifune
der Globalisierung. Denn Letztere stellen weder temporäre Wetterlagen
noch Einmalereignisse oder gar Modeerscheinungen dar, sondern sind
vielmehr nachhaltige und dauerhafte Mega-Trends, die das 21. Jahrhun-

dert (und wahrscheinlich alle Jahrhunderte danach) maßgeblich prägen dürften – ebenso wie die mit ihnen einhergehende exponentiell steigende Komplexität der Ereignisse und Entwicklungen.

Umso wichtiger ist es, dass wir dieses höchste Gut – unseren Rechtsstaat – auch in Zeiten der Globalisierung und Digitalisierung hegen, pflegen, weiterentwickeln und schützen – gegen Dummheit und Hass, gegen Faulheit und Selbstgefälligkeit, und auch durchaus gegen die Weiterungen der Bedrohungen von Corona- oder auch Cyber-Viren.

Das beginnt mit der Rechtsanwendung und dem Justizapparat selbst. Unser Rechtsstaat wird nicht nur von biologischen oder virtuellen Viren bedroht. Gerichte sind mittlerweile hoffnungslos überlastet, Richterinnen und Richter nicht zuletzt ob der Überlastung oftmals überfordert, die Justiz wird buchstäblich mit immer neuen Inhalten und Verfahren überrannt. Unser Rechtsstaat steht insofern allein schon kapazitativ vor dem Zusammenbruch – und zunehmend auch qualitativ vor einem Scherbenhaufen, im besten Falle vor großen Fragezeichen, gerade auch mit Blick auf eine gegenwärtig noch unbestimmte Zukunft.

Dort, wo Milliarden oder Billionen an Euro in den (wichtigen) Klimaschutz, die (amateurhaft gemanagte) Energiewende oder auch die (vermeintliche) Währungssicherung investiert (oder verpulvert) werden sollen (oder bereits wurden), ist in den öffentlichen Haushalten für die Justiz als *Dritte Gewalt* in unserem Rechtsstaat nur ein besseres Trinkgeld vorgesehen. Doch ohne angemessene Mittel kann auch der beste Justizapparat nicht mit den epochalen Veränderungen im Hinblick etwa auf die Anzahl der Zivil- und Strafprozesse, die Internationalisierung der Wirtschaftsprozesse oder die Digitalisierung der Kommunikationsabläufe in unserer sich exponentiell verändernden Welt mithalten. Und was wäre die Währung eigentlich noch wert, wenn der Rechtsstaat erst einmal zusammengebrochen ist?

Es sind erheblichste Reformen dringend erforderlich, wenn unser rechtsstaatliches Gemeinwesen perspektivisch vor dem Kollaps bewahrt werden soll. Dies beginnt beim Aufbau und bei den Abläufen der Justiz und reicht hin bis zur Qualität der Rechtsanwendung durch Richterinnen und Richter. Die Autorenkombination bietet dabei eine geradezu einzigartige Ausgangslage zur schonungslosen Analyse der in diesem Buch behandelten Probleme, da sowohl aus Sicht und mit breiter und tiefer Erfahrung und Kompetenz *in* der Rechtsanwendung als auch aus der konkreten Erfahrung und Erlebniswelt *im Umgang* mit Rechtsstaat und Gerichten argumentiert wird – provokant, prononciert und pointiert. Und das trotz unterschiedlicher Betrachtungswinkel und kontroverser Diskussion mit durchgängig einvernehmlichem Ergebnis. Erstaunlicherweise. Oder auch nicht.

Doch der Rechtsstaat, das sind keineswegs nur Gerichte oder Staatsanwaltschaften. Die gesetzgebende und die ausführende Gewalt gehören selbstverständlich auch dazu. Legislative, Exekutive und Judikative zusammen formen die drei Säulen des traditionellen Rechtsstaats. Als »Vierte Gewalt« wurde und wird zunehmend die Macht der Medien diskutiert und inkludiert. Und selbstverständlich haben auch die Entwicklungen um das Corona-Virus sehr nachhaltig verdeutlicht, wie stark das rechtsstaatlich anscheinend Machbare und das scheinbar Rechtsstaatliche nicht nur in der modernen Medien-Demokratie mit der Rolle der Medien verbunden und verwoben sind.

Im Zeitalter der Digitalisierung kommt naturgemäß – es klang schon deutlich an – noch eine *fünfte, geradezu gewaltige Dimension* hinzu: die ungreifbare Welt des Virtuellen. Wenn Cyber-Warfare ganze Nationen oder auch die Existenz unserer Welt in Summe bedrohen kann, dann können Viren, Hacks und digitale Manipulationen selbstverständlich auch die Rechtsanwendung beeinflussen, den Rechtsstaat unterminieren und demokratisch legitimierte rechtsstaatliche Strukturen nachhaltig gefährden. Es wäre eine Illusion, zu glauben, die Welt von Bits und Bytes würde nur industrielle oder kommunikative Prozesse pulverisieren. Umso mehr müssen wir uns mit der Frage befassen, wie wir das, was für uns das Substrat des Rechtsstaats ist, auch in der Ära virtueller Welten real erhalten und dauerhaft absichern.

Mit all diesen Themen will sich dieses Buch gesamthaft und vernetzt befassen – in einer breiten Perspektive, die auch den Diskurs unserer Gesellschaft und die Kultur unseres Diskurses mit beinhaltet und zudem globale und digitale Entwicklungen eingehend analysiert. Die Zukunft unseres Rechtsstaats entscheidet sich nämlich nicht nur bei uns, sondern auch in China, Indien und Afrika – und auch in der Frage, wie wir mit den Chancen und Bedrohungen durch die exponentielle Digitalisierung umgehen. Wer will schon in oder mit einem Oligarchen-Recht der Daten-Trilliardäre leben? Und wer von uns möchte wirklich, dass die Dollar-Milliardäre des Silicon Valley künftig auch noch über das globale Recht gebieten?

Das Buch behandelt damit gleich drei der vier Themen, die die Deutschen als *wichtigste Schwerpunktthemen* der aktuellen EU-Ratspräsidentschaft sehen[11]: Neben der *Rechtsstaatlichkeit* und der *Digitalisierung* auch – immer wieder im jeweils gebotenen Kontext – die Thematik der *Corona*-Folgen. Es ist interdisziplinär, navigiert die Leserinnen und Leser zukunftsorientiert durch und in eine sich verändernde Welt und betrachtet den Rechtsstaat dabei nicht isoliert, sondern im Gesamtzusammenhang nationaler und globaler gesellschaftlicher und technologischer Entwicklungen und Ereignisse.

Nur auf dermaßen breitem Fundament lassen sich die Herausforderungen unseres Rechtsstaats begreifen, diskutieren und lösen. Der Rechtsstaat sind nämlich letztlich *wir alle*. Und die Bedrohungen für den Rechtsstaat betreffen mithin *jeden Einzelnen* von uns.

# KAPITEL 1:

# DER GESELLSCHAFTLICHE DISKURS

Will man die den Rechtsstaat und die Rechtsstaatlichkeit bedrohenden Defizite in der gegenwärtigen bundesrepublikanischen Gesellschaft betrachten, dann muss man sachlogisch zwingend die entsprechenden gesellschaftlichen Phänomene der bundesrepublikanischen Gegenwart beschreiben. Dabei ist zunächst der gesellschaftliche Diskurs von zentraler Bedeutung. Was prägt und was hemmt uns?

Damit wir wieder zu einem vernünftigen Miteinander in der Gesellschaft kommen, ist die Renaissance der alten bürgerlichen Werte und Tugenden erforderlich. Dazu zählen Respekt vor der Meinung des anderen, die Tugend und Geduld, den anderen ausreden zu lassen, dabei auch wirklich zuzuhören, sich mit den stärksten Argumenten des Gegners auseinanderzusetzen und eine hohe Achtung vor den Positionen des anderen zu haben – das Gegenteil dessen also, was die Bundeskanzlerin vorlebte, als sie im Kontext der Corona-Krise den Ministerpräsidenten »Öffnungsdiskussions-Orgien« vorwarf.[12]

Wie tief kann das Diskursniveau in einer vermeintlich hoch entwickelten Demokratie eigentlich sinken, wenn die Regierungschefin höchstselbst und höchstpersönlich eine – im Übrigen auch noch höchst notwendige und höchst berechtigte – *Diskussion* als *Orgie* verunglimpft?

## Diskurs als Orgie oder orgiastischer Diskurs?

Es muss eine Hierarchie der Entscheidungsfindung geben. Das ist unbestreitbar. In den Unternehmen der Wirtschaft genauso wie in der Verwaltung der Justiz beziehungsweise generell in der Exekutive des Staates. Aber es darf nie eine Hierarchie der Problemlösung geben. Im staatlichen Bereich ebenso wenig wie in der Ökonomie. Denn es muss stets die für das Gesamtwohl beste Lösung zur Umsetzung gebracht werden –

16

in der Einzelwirtschaft, um dem Unternehmensinteresse, im Staat, um dem Gemeinwohl zu dienen. Und genau Letzterem ist auch und gerade die Bundeskanzlerin qua Recht, qua Moral und qua Amtseid verpflichtet. Ob die beste Lösung vom »Herrn Vorstandsvorsitzenden« beziehungsweise vom »Herrn Gerichtspräsidenten« oder von der Reinigungskraft kommt, darf in einem vernünftig geführten Unternehmen beziehungsweise einem Gericht oder einer Behörde keine Rolle spielen – gar keine! Eine Reinigungsfachkraft kann genauso zum Unternehmenserfolg beitragen wie ein Spitzenmanager. Die bestmögliche Lösung ist schlicht und einfach umzusetzen, wenn das »*Unternehmen*« gut entwickelt werden soll und die Interessen seiner Eigner und Stakeholder gewahrt bleiben sollen. Das gilt auch für die Justiz, die für das Funktionieren der Rechtspflege, also für die gesellschaftlich gebotene Rechtssicherheit verantwortlich ist. Und trotz oder gerade wegen aller Unterschiede im Hinblick auf Ausbildung, Gehaltshöhe, hierarchische Ebene oder auch Verantwortung: Die Dame, die die Büroräume und Toiletten reinigt, oder ihr männlicher Kollege verdienen selbstverständlich denselben *Respekt* wie die Damen und Herren Mitglieder des Vorstandes oder des Aufsichtsrates beziehungsweise die Damen und Herren, die ein Gericht verwalten oder in einem Gerichtspräsidium die Geschäftsverteilung verantworten.

Wer im finanziellen, intellektuellen oder machtstrukturellen Penthouse wohnt, sollte stets bedenken, dass es gar kein Penthouse gäbe, wenn nicht auch die Etagen darunter nachhaltig benötigt und benutzt würden. Und er oder sie sollte sich auch bewusst sein, dass es durchaus vorteilhaft ist oder sein kann, wenn man sich auch in dem Falle, dass mal jemand unerwartet zusteigen oder mitfahren sollte, noch angstfrei im Aufzug bewegen und nach Möglichkeit auch austauschen und voneinander lernen kann.

Doch das, was im Unternehmen – und mehr noch im Staat! – eine Selbstverständlichkeit selbst im Umgang höchster und niedrigster Hierarchieebene sein sollte, gilt offenkundig für die Bundeskanzlerin nicht einmal mehr im Umgang mit ihren Exekutiv-Kollegen auf Länderebene. Wie sonst ließe sich erklären, dass eine Diskussion von und unter Ministerpräsidenten als »Orgie« abgetan und abqualifiziert werden kann? Oder wollte die bundesrepublikanische Regierungschefin orgiastische

Freude über den intensiven Diskurs zum Ausdruck bringen, indem sie sich und andere an (das Konzept) eine(r) Orgie erinnerte?

Wer aber allem Anschein und den eigenen Worten nach selbst für andere Regierungschefs oder Regierungschefs anderer Gebietskörperschaften und deren Argumente nicht mehr hinreichenden Respekt oder hinreichendes Verständnis empfindet, kann nur schwerlich noch Respekt und Verständnis für das haben, was die Menschen an der Basis empfinden. Wir alle als Bürgerinnen und Bürger sollten nach der Logik, die schon ministerpräsidiale Argumente als »Orgie« wegwischt, doch offenkundig bitte den Mund halten – und nicht die Regierungschefin beim Regieren stören.

## Befehl oder Gesetz?

Das führt unmittelbar zu einer weiteren Frage: Welchem Grundkonzept folgt unser Diskussions- und Entscheidungsparadigma – und unser gelebter Rechtsstaat als solcher – eigentlich? Glauben wir an das Konzept des Befehls der Regierenden oder an das Konzept des Diskurses der Regierten? Und glauben wir an das Regieren *durch Befehl* oder an das Regieren *durch Gesetz?*

Die Antwort der Verfassung ist sehr klar, die der gelebten Wirklichkeit aber leider erschreckend unklar.

Unser Rechtsstaat, so wie er auf dem (wichtigsten!) Papier, nämlich in unserer Verfassung steht, sieht vor, dass die Regierung keine Befehle erteilt, sondern *durch Gesetze regiert,* die ihrerseits vom Volk durch gewählte Volksvertreter in Parlamenten erlassen wurden. Alle Staatsgewalt geht vom Volke aus. So steht es in Artikel 20 unseres Grundgesetzes. Die Bundeskanzlerin wird dort explizit nicht erwähnt, allenfalls in Absatz 3 daran erinnert, dass »die vollziehende Gewalt« – also auch sie selbst – »an Gesetz und Recht gebunden« ist.

Der Eindruck, den EU-Gipfel, Euro-Rettung oder Flüchtlings-Krise sowie starke Kanzlerinnen-Machtworte oder vermeintliche Kanzlerinnen-Wahrheiten hinterlassen haben, ist mitunter ein anderer. Ein in der DDR geborener Kritiker der sich am Zarin-Vorbild orientierenden ehemaligen und neuerlichen Landsmännin sagte dazu neulich: »*Es ist fast alles wieder wie in der DDR. Nur der Schießbefehl fehlt noch.*« Und er fügte hinzu, Erich Honecker habe es versäumt, die junge Angela Merkel rechtzeitig für das Politbüro zu entdecken. Sein kühnes und verwegenes, zugleich maßlos überspitzt anmutendes Gedankenspiel, jemand mit ihrem Machtinstinkt hätte vielleicht »die Russen geholt, und die DDR würde noch existieren«, ist gleichermaßen bestechend gewagt wie gefährlich bestechend. Und natürlich per se ultraspekulativ.

Erwiesen ist indes, dass die Gesetze der Physik und die Physik der Macht ein interessantes Spannungs- und Betätigungsfeld darstellen können. Und eine interessante Teildisziplin der Physik der Macht ist fürwahr die Physik des Machterhalts. Ist ein intensiver gesellschaftlicher Diskurs eine tragende Säule des Rechtsstaats, die gerade auch die Position und Positionen der Mächtigen immer wieder reflektieren, modifizieren und korrigieren soll? Oder muss er von oben gesteuert werden, damit am Ende das – für wen oder von wem auch immer – Erwünschte dabei herauskommt? Heiligt der Zweck wirklich die Mittel? Und wenn ja: *wer* definiert eigentlich diesen *Zweck?*

Und welchen Sinn hat im Übrigen der Erhalt einer Macht, deren Selbstperpetuierung über das Interesse der Gestaltung gesellschaftlicher Zukunft und zukünftiger Wohlstandsdifferenziale dominiert? Welchen Sinn hat ein Diskurs, der nicht wirklich ergebnisoffen im Sinne intellektueller Neugier und neugieriger Zukunftsfreude geführt werden kann?

Wer in Diskussionen selbst unter Kollegen und im gesellschaftlichen Diskurs mit den Bürgerinnen und Bürgern so intolerant ist, eine wichtige Diskussion – und sei es auch nur ein einziges Mal – als Orgie zu diskreditieren, darf sich nicht wundern, wenn gerade unter den ihrerseits weniger toleranten unter den Bürgerinnen und Bürgern auch Wut entstehen kann.

## Toleranz, Intoleranz, Wut

Das seit 2010 bestehende Phänomen der »Wutbürger« vorrangig oder gar allein der Kanzlerin anzulasten, ginge indes fehl. Hier sprechen wir über ein gesellschaftspolitisches Phänomen grundsätzlicher Art, das gerade in Zeiten der Globalisierung und der zunehmenden Digitalisierung das sinkende Diskursniveau in unserem Rechtsstaat reflektiert. Ein Teil der Bürger protestiert, weil er die Abläufe und die immer komplexer werdenden Inhalte von politischen Entscheidungen nicht mehr versteht und nicht mehr nachvollziehen kann. Die Menschen resignieren und machen aus ihrer Enttäuschung keinen Hehl, denn sie fühlen sich ausgeschlossen, mit ihrer Meinung nicht gefragt und nicht hinreichend ernst genommen.

Ihre Meinung wird auch nicht erfragt. Gerade in einem freiheitlich demokratischen Rechtsstaat wie dem unsrigen brauchen wir aber den lebendigen Diskurs über das inhaltlich Richtige und über das demokratisch Legitimierte zwischen den Menschen unserer Gesellschaft in ihrer gesamten Vielfalt einerseits und den politischen Entscheidungsträgern andererseits. Wenn aber die Menschen in unserer Gesellschaft diesen Diskurs sachlich aus mangelndem Verständnis oder unzureichender Transparenz nicht mehr begleiten können, weil sie trotz ihrer häufig akademischen Ausbildung die politischen Entscheidungen und Schwerpunkte einfach nicht mehr nachvollziehen, dann hat der Rechtsstaat ein nachhaltiges und ernsthaftes Vertrauensproblem.

Und das ist seit mindestens zehn Jahren so. Vertrauen schwindet dabei nicht nur gegenüber der Politik, sondern gleichermaßen gegenüber der öffentlichen Verwaltung und auch gegenüber der Justiz. Und dieser Trend nimmt zu. Die enttäuschten Bürgerinnen und Bürger entziehen sich vielfach dem gesellschaftlichen Diskurs und reagieren stattdessen mit Unverständnis und auch mit Empörung oder Wut gegenüber den Säulen unseres Rechtsstaats. Sie weichen dabei politisch zugleich auf Ränder aus, die wir links und rechts nennen. Häufig meiden sie förmlich den politischen Diskurs über den richtigen Weg. In ihrem Inneren sollten, dürften und müssten sie aber sehr wohl an einer nachhaltigen Zukunft interessiert sein. Sie sind wie wir alle vermutlich stets in grundsätzlicher Sorge um ihre eigene Welt, um die Welt ihrer Kinder und Kindeskinder. Alles andere wäre gruppenpathologisch. Die Menschen, die in ihrer Struktur einzeln und als Gruppen Verantwortung übernehmen können und wollen, brauchen dafür aber die entsprechenden Grundlagen. Den Eindruck, dass die notwendigen Voraussetzungen dafür geschaffen sind, haben die beiden Autoren gegenwärtig nicht.

Aber weshalb ist das eigentlich so? Und welches Fundament gilt es zu schaffen, damit ein vernünftiger Diskurs unseren Rechtsstaat auch in Zukunft sichert und am Leben erhält?

Ursächlich – zumindest mitursächlich – für das gegenwärtige gesellschaftliche Empfinden über alle Bildungsgruppen hinweg sind strukturelle Defizite im Ablauf politischer Entscheidungsfindung und in ihrer Übersetzung insbesondere durch die Medien. Den Medien als sogenannter vierter Gewalt kommt in diesem Kontext durchaus Verantwortung – zumindest Mitverantwortung – für eine wachsende Politikverdrossenheit zu. Gerade diejenigen, die »Wutbürgertum« – oftmals zu Recht – thematisieren oder kritisieren, müssen sich fragen und fragen lassen, welchen Beitrag zu dessen Entstehung sie eigentlich selbst erbracht haben und problemlos hätten verhindern können.

Als negatives Beispiel für einen unzureichenden Transformationsprozess kann dabei die (eigentlich wichtige) Rolle der *Politik-Talkshows* dienen: Die politische Talkshow in ihrer gegenwärtig zelebrierten Form ist mehrheitlich gerade *kein Medium* politischer Bildung. Sie fördert den Diskurs nicht, sondern reduziert ihn auf Stimmungen. Sie trägt wenig zu einer konstruktiven Debatte bei, sondern schielt vielmehr häufig auf »quotenbringenden Krawall«. So beklagen Medienwissenschaftler und Journalisten schon seit Jahren – und dies offenkundig zu Recht –, dass Fernsehtauglichkeit und Show-Effekt bei der Gästeauswahl wichtiger sind als deren inhaltliche Kompetenz.

## Wohlstand und Wohlbefinden

Es gibt aber nicht nur die »Wutbürger«, denen eine Teilhabe am gesellschaftlichen Diskurs strukturell als nicht möglich oder zumindest nicht ausreichend erscheint. Es gibt zudem einen nicht zu unterschätzenden Anteil an Menschen in unserer Gesellschaft, die aufgrund einer gelebten Sättigung schlichtweg kein Interesse daran verspüren, sich mit gesellschaftlichen beziehungsweise gesellschaftspolitischen Zukunftsthemen intensiver auseinanderzusetzen.

Dieser Anteil wird ganz überwiegend geprägt durch die jungen Menschen in unserer Gesellschaft, maßgeblich durch die *Generationen Y und Z*, also Generationen, die nach dem Jahr 1980 (Y) beziehungsweise nach dem Jahr 1997 (Z) geboren sind. Es sind gerade die jungen Menschen unserer Gesellschaft, die in ihrer Zusammensetzung in der Mehrzahl –

naturgemäß und durchaus verständlicherweise – »*satt*« *sind*, Generationen, von denen die meisten in geordneten Verhältnissen, in Wohlstand und Balance aufgewachsen sind. Ihnen fehlen oftmals der natürliche Antrieb und die intrinsische Motivation, sich über die Zukunft der Gesellschaft von morgen im globalen Kontext Gedanken zu machen. Ihr Wirken ist vielmehr ausgerichtet auf das Hier und Jetzt und auf die Realisierung eines persönlichen Erlebens von Wohlstand und Balance, auf Glück und Lebendigkeit. Diese Generationen verspüren naturgemäß auch keine oder kaum Angst bezüglich künftiger Entwicklungen und Mega-Trends, sondern gehen wie selbstverständlich davon aus, dass Lebensumstände, Land und Wohlstand so bleiben, wie sie gegenwärtig sind: auskömmlich, global einflussreich beziehungsweise immer weiter steigend. Diese jungen Menschen haben es ja auch nie anders kennengelernt.

Die Gefahren, die durch ein unkontrollierbares globales Wachstum in Bezug auf Bevölkerungsentwicklung, Klima und Digitalisierung entstehen können, werden – ungeachtet freitäglicher Demonstrationen oder populärer medialer Wellen und politischer Kampagnen zu wichtigen Themen wie Klimawandel und Umweltschutz – nicht oder zumindest nicht mit der erforderlichen Reflexion und Durchdringungstiefe wahrgenommen. Das Event ist oftmals größer und wichtiger als der Inhalt und der Anlass, der es prägen soll.

Analytisch ist dieser Zustand sozialevolutionär wohl ganz normal. Und es spricht auch nichts dagegen, dass *erst* der Spaß am Ereignis kommt und *dann* daraus das inhaltliche Interesse erwächst. Wir dürfen die jungen Leute für ihre Haltung insofern keineswegs kritisieren. Aber die beschriebene Sicht Millionen junger Menschen unserer Gesellschaft auf die globalen Herausforderungen der Zukunft gibt trotzdem Anlass zur Sorge. Denn es ist wichtig, dass der *zweite Schritt* nicht vom ersten überlagert wird oder sogar ganz ausbleibt.

Das Grundgefühl von Sicherheit sowie Spaß und Freude sind wichtig, und Angst im engen Sinne ist stets ein schlechter Berater. Die Fokussierung auf das persönliche Erleben von Wohlstand und Balance, auf Glück und Lebendigkeit, auch auf die sogenannte »Work-Life-Balance« ist letztlich Abbild von Klugheit und nicht etwa per se falsch. Aber ein Zuviel an wahrgenommener Zukunftssicherheit und Sorglosigkeit ist kontraproduktiv und gefährlich. Individuelle Lebensfreude und individueller

Verwirklichungswunsch dürfen nicht zu gesellschaftlicher Selbstgefäl-
ligkeit und kollektiver Selbstzufriedenheit führen. Ansonsten kann das
Wohlstands- und letztlich auch das Sicherheitselement der angestrebten
»Balance« schnell abhandenkommen.

Wir alle verdanken unseren heutigen Wohlstand vorrangig der Nachkriegsgeneration und natürlich den vielen wissen- und kulturschaffen-
den Generationen über Jahrhunderte und Jahrtausende vor dem Zivilisationsbruch. Letztlich sind wir bei der Beschreibung und Beschreitung
unseres Fortschritts alle nur Zwerge auf den Schultern von Riesen. Die
Generation nach dem Zweiten Weltkrieg hat aus schwierigen Anfängen
über Jahrzehnte unser Land und letztlich unseren Rechtsstaat zu dem
gemacht, was er ist – mit enorm viel Kraft und Leidenschaft.

Aber das hat natürlich Folgen für die Generationen danach. »Satt« zu
sein, also keinen »Hunger« mehr zu haben, birgt naturgemäß die Gefahr, weder Bereitschaft zu haben noch die Notwendigkeit zu verspüren,
über den »Tellerrand« hinauszusehen. Der natürliche Antrieb für Neues und für den damit verbundenen Aufwand wird so vielfach verdrängt.
Auch die Kritikfähigkeit und die Kritikfreude drohen durch diese Form
der »Sättigung« verloren zu gehen – ungeachtet der Tatsache, dass die
beschriebenen jungen Generationen die vielleicht technisch bestausge-
bildeten und in ihrer Breite talentiertesten sind, die wir je hatten.

So stellen sich auch Fragen nach persönlicher Einsatzbereitschaft für
diese Generationen nicht in dem Maße, wie das für die Nachkriegsgeneration selbstverständlich war. Die Nachkriegsgeneration hat organisch
mehrheitlich verstanden, dass die Zerstörung der Zivilisation in ihrem
Umfeld und dem ihrer Eltern und Großeltern selbst verschuldet war.
Deshalb war sie bereit, gigantische Anstrengungen in Kauf zu nehmen,
um den ihr folgenden Generationen ein Leben in Wohlstand und Sicherheit in einem demokratischen Rechtsstaat zu ermöglichen. Dem kann
man nur mit größtem Respekt entgegentreten, auch wenn er mittelbar
zu einem Selbstverständnis vieler junger Menschen geführt hat, das zwar
mehr als verständlich, aber für den notwendigen Diskurs über eine nachhaltige Zukunft unserer noch jungen Demokratie auch gefährlich ist.

Wie ist es nun aber möglich, eine Struktur zu schaffen, in der sich diejenigen Bürgerinnen und Bürger unserer Gesellschaft, die grundsätzlich
aufgeschlossen sind – nein: besser *alle* Bürgerinnen und Bürger – wieder

eingeladen fühlen, am *Diskurs* gesellschaftspolitischer Zukunftsthemen teilzunehmen? Und wie ist es möglich, diejenigen in unserer Gesellschaft, die mit einem ausgeprägten Sättigungs- und Sicherheitsgefühl daran gegenwärtig kein Interesse haben, wie auch jene, die sich zu Recht oder Unrecht enttäuscht oder verprellt fühlen, für die Teilhabe an einem intensiven gesellschaftlichen Diskurs zu interessieren? Welche Sicht brauchen die Menschen bei diesem gesellschaftlichen Diskurs, um ein (komplexes) System wie das unsere in Zeiten zunehmender Dynamik, Globalisierung und wachsender Komplexität sachgerecht durch raue See zu navigieren?

## Aufklären, einbeziehen und überzeugen statt Ausreden, ausgrenzen und aufgeben!

Fraglos gibt es in jeder Gesellschaft einen Bodensatz an Menschen, die aus Prinzip unaufgeschlossen sind, wenn es um konstruktiv-streitige Auseinandersetzungen über gesellschaftspolitisch relevante Themen geht. Es gibt immer einen Sockel an Menschen, die man auch mit den besten Argumenten und der besten Vermarktungsstrategie nicht und niemals für das eigentlich Fortschrittliche und Notwendige erreichen und begeistern kann. Sie sind von Natur aus ablehnend und vermuten nur das Böse und Schlechte in jedem gesellschaftlichen Veränderungsprozess oder sind aus anderen Gründen derartiger Sachdiskussion gegenüber nicht aufgeschlossen. Das erleben wir in jedem Unternehmen, in jeder Behörde und auch in der Justiz – und zwar jeden Tag immer wieder aufs Neue.

Dem modernen Staat und der Gesellschaft wird es – selbst wenn sie ohne wirkliche Erfolgsaussicht alles versuchen, diese (vergleichsweise wenigen) dogmatisch ablehnenden Menschen in unserer Gesellschaft positiv »einzufangen«, und ihnen die notwenigen ökonomischen und gesellschaftlichen Veränderungen transparent vor Augen führen wollen – vermutlich nicht gelingen, hier wirklich im Sinne der Gesellschaft als ganzer durchzudringen. Dieser Anteil an Menschen in unserer wie auch jeder anderen Gesellschaft ist aufgrund eines mit der Gesellschaft bestehenden Beziehungskonflikts für sachlogische Argumente in aller Regel nicht offen und auch durch die besten Schulungen und Ansprachen kaum zu erreichen. Trotzdem müssen wir zumindest den *Versuch des Erreichens* auch bei ihnen unternehmen. Wir dürfen auch im Hinblick auf den gesellschaftlichen Diskurs niemanden »aufgeben«.

Aber wir dürfen die grundsätzlich *Diskurs-Destruktiven* auch nicht von der Minderheit zur *mehrheitsbeeinflussenden* Gruppe machen – und zwar unter keinen Umständen. Ein großer Fehler in der gesellschaftlichen Auseinandersetzung über Diskurs und Diskursniveau liegt darin begründet, dass sich die Politik und die Medien eben gerade mit diesen wenigen Menschen argumentativ sehr stark auseinandersetzen und dabei übersehen, dass die in diesem Kontext angesprochene Randgruppe Argumenten eben in aller Regel nicht zugänglich ist. Das hat zur Stärkung der linken und rechten Ränder in unserem politischen System deutlich beigetragen. Begünstigt wird dieser Umstand natürlich auch durch die sozialen Medien und die mitunter ungefilterte Verbreitung von Fake News, die provozieren und eine Reaktion herausfordern wollen. Aber was bewirken Reaktionen gegen Äußerungen von Randgruppen im Netz? In der Regel potenziert eine Reaktion nur weitere Meldungen, die vom eigentlich Wichtigen ablenken und die Initiatoren dieser Fake News letztlich stärken und motivieren weiterzumachen. Extremen oder extremistischen Positionen muss man anders begegnen, nämlich durch angemessene Ausgrenzung und konsequente strafrechtliche Verfolgung.

Es wäre gesellschaftspolitisch-medial ohnehin viel wirkungsvoller, andere Prioritäten zu setzen. Man darf sowohl als Gesellschaft, aber auch als politisch verantwortlich Handelnde den negativ beziehungsweise destruktiv denkenden Anteil an Menschen nicht zum Mittelpunkt der Diskussion machen. Diese Diskussion kann man letztlich nicht gewinnen. Man verliert so nämlich die Vernünftigen und die sachkritisch aufgeschlossen denkenden Menschen, also die Mehrheit in unserer Gesellschaft. Wir verlören damit gerade die Menschen, die an einer lebendigen Gesellschaft und an einer nachhaltigen Integration der globalen Abläufe in unseren demokratischen Rechtsstaat interessiert sind und darüber ergebnisoffen diskutieren wollen.

Kümmern müssen wir uns deshalb um die »Gutmenschen«, aber auch um die »Wutmenschen«, die zu »Gutmenschen« werden können, wenn man sie nicht überfordert und ihnen nicht den öffentlichen Diskurs verwehrt.

In der Bundesrepublik Deutschland denkt die ganz große Mehrheit über ihre Zukunft gerade auch in dem Bewusstsein, Teil eines freiheitlich-demokratischen Rechtsstaats zu sein, den es zu erhalten und zu schützen gilt und auf den man stolz sein kann. Allerdings brauchen die Menschen dafür das Vertrauen, dass ihre Meinung, ihre Beurteilung, ihre Empathie für die gesellschaftspolitischen Dinge gefragt und systemisch gewollt sind. Ja, wir brauchen den gesellschaftlichen Diskurs zwischen allen Schichten und Gruppen. Wir brauchen kluge und verantwortungsbewusste Menschen aus allen Gesellschaftsbereichen, die sich Gedanken über unsere Zukunft machen, die langfristig und nicht nur im zeitlichen Rhythmus einer Legislaturperiode denken.

Die Gedanken dieser Menschen in einen gesellschaftspolitischen Diskurs einzubringen, ist die große Herausforderung für uns alle. Dazu bedarf es einer *Kultur des Vertrauens* für einen *ergebnisoffenen Diskurs*. Man muss den Menschen zuhören und ihre Sicht ernst nehmen und abwägen und nicht einfach abtun. Die politischen Entscheidungsträger müssen verstehen, wie die Gesellschaft, die sie vertreten und für die sie Politik machen, denkt und fühlt. Eine solche Kultur des Vertrauens ist der Nährboden der national-institutionellen Lebendigkeit dieser Republik, ist unabdingbar für eine Erhaltung des Rechtsstaats und für die Sicherung unserer Zukunft.

Und was heißt das jetzt für die »Gesättigten« unter uns, namentlich für die jungen Menschen in unserer Gesellschaft? Die Basis eines sachgerechten Diskursniveaus liegt in einer nachhaltigen Bildung unserer Kinder und Kindeskinder. Nur über eine Bildung, die die Herausforderungen der Zukunft hinreichend beschreibt und *Neugier für das Neue* sowie *Respekt für das Andere* vermittelt, kann es gelingen, die jungen Menschen in unserer Gesellschaft für eine Bereitschaft der Teilhabe an der Diskussion unserer Zukunftsthemen durch einen ausgeprägten Antrieb zu motivieren. Besser zu werden, setzt im Übrigen stets die Bereitschaft zur und die Realisierung von Veränderung voraus, die ihrerseits gesellschaftspolitisch stets Diskussion und Diskurs bedingt. Anders ist nicht immer besser, aber *besser ist immer anders*. Verbesserung ohne Veränderung ist unmöglich.

Die jungen Menschen in unserer Gesellschaft müssen dabei ihrerseits Verantwortung für ihre Zukunft und die ihrer Kinder und Kindeskinder übernehmen wollen und dafür auch einzutreten bereit sein. Gerade vor dem Hintergrund der globalen Mega-Trends, auf die nachfolgend noch eingegangen werden wird, scheint dies unabdingbar und gleichermaßen herausfordernd für unsere Gesellschaft zu sein. Denn wir alle verfolgen das Ziel, das, was die Nachkriegsgeneration auf den Weg gebracht hat, auch in der Zukunft durch Festigung und Ausbau unseres Rechtsstaats zu erhalten. Um das zu erreichen, müssen wir Brücken bauen statt Gräben vertiefen, Fehler verzeihen statt Abweichungen stigmatisieren und andere ausreden lassen, statt andere(n) ihre Meinungen auszureden – jedenfalls solange Verfassungsfeindlichkeit, Fremdenfeindlichkeit und Menschenverachtung als Tabus gelten und als rote Linie akzeptiert sind.

# Haben Schiller und Goethe umsonst gelebt?

Betrachtet man die Qualität des gesellschaftlichen Diskurses in unserer Republik, dann darf – nein, dann muss – man sich schon fragen, ob wir wirklich einmal das Land der Dichter und Denker waren, und wie es passieren konnte, dass wir trotz nunmehr enger französisch-deutscher Freundschaft inzwischen hinter die Zeit der Aufklärung zurückgefallen sind. Wo ist »der Wahrheit Feuerspiegel«[13] geblieben, wo werden »Bildung und Streben« von der Sonne mit Farbe belebt[14]? Haben Schiller und Goethe etwa umsonst gelebt?

Der Verfall des Diskursniveaus in den vergangenen Jahrzehnten ist unübersehbar. Helmut Schmidt etwa würde sich vermutlich im Grabe umdrehen, wenn er erleben müsste, auf welchem Niveau keine halbe Dekade nach seinem fast ein Jahrhundert langen Lebensweg, der höchst eindrucksvoll war und für unser Land noch immer unglaublich bedeutsam und wirksam ist, politische Diskussionen über vermeintliche ökonomische Zusammenhänge geführt werden. Willy Brandt dürfte staunen, dass man – genauer gesagt: frau – mittlerweile seine Nachfolge im Vorsitz einer der stolzesten Parteien der Welt antreten kann, die für unser Land so wichtig war und ist, wenn man im eigenen Wahlkreis nach zweimal 20,2 Prozent zuletzt gerade einmal 16,9 Prozent der Erststimmen geholt hat. Und der 1994 verstorbene Vater eines der Autoren dieses Buches, der im Waisenhaus in Emden vor ziemlich genau 100 Jahren mit der gleichermaßen mutigen wie zutreffenden Bemerkung » *Wir sind doch keine Sklaven!*« negativ auffiel und später knapp 50 Jahre lang Mitglied der SPD war, würde es schlichtweg nicht glauben, wenn man ihm noch sagen könnte beziehungsweise er noch erfahren müsste, dass es die große Sozialdemokratische Partei Deutschlands dereinst fertigbringen würde, nicht nur in Sachsen, sondern auch in Bayern bei Landtagswahlen unter die 10-Prozent-Marke zu rutschen.

Mitunter gehen Diskursniveau und Wahlergebnisse numerisch einher, und manchmal sind sie »invers korreliert«. Dann etwa, wenn andere intern noch stärker streiten und extern noch schwächer argumentieren. Die Diskussion über die Agenda 2010, auf die – die Agenda, nicht die Diskussion! – die Sozialdemokratie unendlich stolz sein könnte, von der unser Land bis heute nachhaltig profitiert und die paradoxerweise zur Abwahl ihres Initiators und zur mehrfachen Wiederwahl seiner Nachfolgerin geführt hat, ist ein Beispiel dafür, wie Emotionen mitunter die Sinne vernebeln. Allabendlich können wir bei politischen Diskussionen im Fernsehen erleben, dass Meinung und Ideologie zu obsiegen scheinen über Fakten und logische Deduktion. Für einzelne Wahlergebnisse und kurzfristig mag das auch gelten. Für die langfristige gesellschaftliche Entwicklung, für realen ökonomischen Wohlstand und einen dauerhaft stabilen Rechtsstaat gilt es im Ergebnis ganz sicher nicht.

Wenn wir meinen, es sei kein Problem, dass wir uns allein schon in der Qualität unseres Diskurses in mehr als 200 Jahren vom Niveau intellektueller Giganten mitunter zum Niveau gigantischer Peinlichkeit bewegt haben, laufen wir nämlich Gefahr, alles zu verspielen: unsere Demokratie, unsere Grundrechte – und letztlich natürlich auch unseren so liebgewonnenen Wohlstand. Denn Reichtum an geistiger Armut wird uns nicht dauerhaft ernähren können.

## Globale Empathie – eine Tugend, die die Welt verändern kann

Aber wie kann der gesellschaftliche Diskurs eigentlich inhaltlich verändert und verbessert werden? Welche Betrachtungsweite braucht ein Diskurs, der unseren Rechtsstaat schützen und sichern will? Es ist wichtig, zu verstehen, dass der Unterschied zwischen den Jahrhunderten in der Dynamik der Abläufe und in der exponentiellen Intensivierung der Veränderungsprozesse liegt – was wir Globalisierung und Digitalisierung nennen. Gerade die damit verbundene Beschleunigung von wirtschaftlichen und gesellschaftlichen Prozessen bedingt einen offenen Diskurs über *das gesellschaftlich Mögliche* natürlich auch bei uns.

Wenn wir uns diesem Thema aber nähern, müssen wir zunächst akzeptieren, dass Grundlage und Voraussetzung für eine diskursive Auseinandersetzung nicht mehr nur die Empathie für nationale Themen ist, sondern die *globale Empathie* für einen erfolgreichen Diskurs bei den Diskutanten vorausgesetzt werden muss. Ohne globale Empathie geht es nicht. Wir werden und können den gesellschaftlichen Diskurs der Zukunft nur mit dem Blick der globalen Entwicklung führen und steuern – und das mit perspektivisch 10 Milliarden Menschen im Jahr 2050 auf der Welt. Wir können die »Wutbürger«, aber auch die »Gutbürger« und die jungen Menschen in unserer Gesellschaft nur in die gesellschaftliche Verantwortung nehmen, wenn sie begreifen, dass der leitende Gedanke künftig global und nicht mehr allein national ist. Die Zukunft unseres Rechtsstaats hängt schon seit Jahrzehnten nicht mehr allein von nationalen Fragen ab; fast alle davon sind mittlerweile transnational verwoben und im Grunde auch abgängig davon, wie sich die Dinge in Zukunft global entwickeln werden.

Die Menschen sind seit jeher ihrem Naturell entsprechend sozial narzisstisch und egoistisch eingestellt. Jedenfalls mehrheitlich. Das war vermutlich schon vor vielen Tausend Jahren so und ist das Ergebnis einer sozialevolutionären Entwicklung, die historisch und gegenwärtig ist und ohne die ein Überleben über viele Generationen wohl auch nicht möglich gewesen wäre. Dieser Entwicklung verdanken wir letztendlich unsere Zivilisation. Die Menschen möchten für ihre kurze Lebensdauer Umstände schaffen, mit denen sie sich und ihre Familien in der für sie vorgegebenen Lebensumgebung entwickeln können. Der Mensch ist im Kern kein Weltbürger! Für unser aller Wohlbefinden sind zunächst die Familie oder der soziale Raum, in dem wir uns bewegen, maßgeblich, um zu überleben oder auch nur zu existieren. Real ist es ein über Jahrhunderte gelebter Nationalismus, der gerade in der Krise oftmals Hoffnung und Stärke zu geben scheint und – etwa auch als Ergebnis der Klimaproblematik – in diesen Tagen eine erstaunliche Renaissance erlebt. In den USA, genauso aber in Europa, auch in Deutschland, und auch in Asien. Dabei fällt es mitunter äußerst schwer, sich in die Lage von anderen und in deren Sichtweisen zu versetzen.

Weshalb ist das so? Warum tut sich der Homo sapiens so schwer damit, über die nationalen Grenzen hinaus Verantwortung für andere Menschen zu übernehmen beziehungsweise den Globus als ein gemeinsames Dorf mit einer wechselseitigen Verantwortung für jeden und alles zu begreifen? Es gibt doch schließlich einen wichtigen Grundkonsens: Jeder Mensch auf diesem Planeten hat dieselben Lebensrechte und eine zu schützende Würde. Dem würden vermutlich mindestens 90 Prozent und hoffentlich 99,99 Prozent der Menschen in unserer Gesellschaft nicht widersprechen. Aber reicht das?

Zunächst einmal der bekannte und offenkundige Befund: Es interessiert in der Regel den einzelnen Menschen in unserer Gesellschaft nicht, wie es an einem Samstagmorgen einer Frau in einer Textilfabrik in Bangladesch geht. Im Zweifel leidet diese Frau nicht nur unter katastrophalen Arbeitsbedingungen vor Ort, sondern zudem auch unter Problemen mit Hochwasser und mit der Ernährung ihrer Kinder. Die Menschen in Bangladesch leben quasi unterhalb des Wohlstands- und Meeresspiegels – und drohen durch das weitere Steigen der Meeresspiegel vollends überflutet zu werden.

Es spielt in unserem täglichen Leben aber keine nachhaltige Rolle, wie es Menschen in anderen Teilen der Welt geht, wenn sie nicht zur sogenannten »Familie« zählen – wobei »Familie« aus Sicht unserer Gesellschaft als ganzer diesbezüglich insbesondere der Nationalstaat, also die Bürgerinnen und Bürger der Bundesrepublik Deutschland sind. Dafür verantwortlich beziehungsweise ursächlich sind die Konstitution unseres Gehirns und unsere Sozialisation. Es ist kein böser Wille, keine bewusste Ignoranz. Nein, es ist die Natur des Menschen, die in Teilen sehr grausam und brutal sein kann, selbst dann, wenn sie keine körperliche Gewalt ausübt.

Wir »trauern« um unsere Großmutter, die uns im Alter von 80, 90 oder 100 Jahren nach einem erfüllten Leben ohne Leiden verlassen hat. Wir trauern aber aus Egoismus, aus der persönlichen Emotionalität des Verlustes heraus. Und das versteht jeder bei uns. Wir trauern, weil wir

Probleme damit haben, die Lücke zu schließen. Wir waren gewohnt, die Großmutter zu besuchen, mit ihr zu reden und sie in unsere Welt einzubinden. Und plötzlich ist sie nicht mehr verfügbar. Und die Urenkel, die in die Schule gehen und davon berichten, werden nachvollziehbar von den Lehrern freigestellt, wenn es um eine taggenaue Klassenarbeit geht. Das ist die eine Seite.

Wenn wir aber aus der Zeitung oder dem Radio erfahren, dass in Zentralafrika ein Schulbus mit 50 Kindern am Morgen in einen Unfall verwickelt war und alle Kinder tragisch zu Tode kamen oder in Indien zehn heranwachsende junge Frauen nach einer Massenvergewaltigung grausam ermordet wurden, dann berührt uns das in der Regel mit Ausnahme der Aufnahme dieser Nachricht kaum. Es gelingt nicht, sich in diesem Moment in die Eltern dieser Kinder oder Frauen, die für ihr Leben geschockt, für immer leidend und zutiefst traumatisiert zurückbleiben, hineinzuversetzen. Ja, es ist in aller Regel sogar in Bruchteilen von Sekunden aus unserem aktiven Gedächtnis wieder verdrängt. Vergleichbar wie die Nachricht über den Ausgang von Wahlen in Nigeria oder im Kongo. Es käme niemand von uns auf die Idee, seine tägliche Arbeit nicht zu verrichten oder dem abendlichen 50. Geburtstag eines guten Freundes, Kollegen oder Nachbarn fernzubleiben. Und wenn man es dann doch täte, würde man ausgelacht, zumindest aber als sonderbar erachtet werden.

Dabei wissen wir auf der rationalen Ebene natürlich, dass man die Dinge nicht vergleichen kann. Menschenleben sind einzigartig, egal wo sie sich entwickeln. Jeder weiß, dass die Würde des Menschen auch global – und zwar für jeden der 7,4 Milliarden Mitbürgerinnen und Mitbürger – unantastbar ist. Jeder unter den Lesern dieses Buches versteht, dass Menschen unabhängig von ihrer Herkunft und Hautfarbe dieselben Lebensrechte haben oder haben müssten und müssen. Die mittlerweile globale Initiative »Black Lives Matter« ist eine Reflektion dieser gesicherten selbstverständlichen Erkenntnis.

Das Menschenleben eines Leprakranken in den Slums von Kalkutta oder einer HIV-Infizierten, die in einer Tonne in Lagos nächtigen muss, ist nicht weniger wert als das Leben einer gesunden erfolgreichen Unternehmerin oder eines gesunden tatkräftigen Politikers in Deutschland. Die Problematik liegt in diesem Kontext in der extremen Disproportionalität der Wahrnehmungsempfindlichkeiten und des menschlichen Wahrnehmungsvermögens. Es fehlt die globale Empathie, die Fähigkeit, sich in Menschen aus fremden Kulturen hineinzuversetzen und mit unterschiedlichen Sichtweisen auseinanderzusetzen.

Deshalb geht es in unserer Diskussionskultur letztlich allzu oft um folgende Frage: Wer ist nun eigentlich »Familie« und wer ist »draußen«? Wer gehört dazu und wer nicht? Frei nach dem Motto: Ist das Corona-Virus nun eigentlich »chinesisch«, »asiatisch«, in Wahrheit von ganz woanders oder vielleicht doch auch wirklich global?

Für viele Menschen in unserer Gesellschaft hört Familie an der deutschen Grenze, spätestens an den Grenzen der Europäischen Union auf. Sie berührt es im Mitfühlen nicht, was Hunger und Armut im Einzelnen für Milliarden von Menschen bedeuten, schon gar nicht, wenn man selber nie unter Hunger und Armut leiden musste. Es berührt zumindest nicht nachhaltig. Wobei an dieser Stelle zugleich ausdrücklich gewürdigt werden soll, dass es trotz der genannten Wirkungszusammenhänge eine beträchtliche Menge an Bürgerinnen und Bürgern in der Bundesrepublik gibt, die sich ihrer globalen Verantwortung bewusst fühlen und durch erhebliche Spenden und Sozialleistungen dazu beitragen, dass die Missverhältnisse nicht noch schlimmer sind, als dies ohnehin schon der Fall ist. Das ist aber nicht das Ergebnis globaler Empathie im engeren Sinne, sondern vielmehr Ausdruck besonderer Humanität und Hilfsbereitschaft, und Humanismus setzt selbstverständlich kein transnationales Empfinden voraus.

## Die Welt als Einheit

Das ändert zudem nichts an der Grundproblematik, dass die Mehrheit unserer Gesellschaft leider so wie beschrieben – also ohne Empathie, wirkliches Mitgefühl und echte Betroffenheit für beziehungsweise mit Menschen oder von Problemen am anderen Ende der Welt – denkt und fühlt und es sich eben nicht um eine Minderheit handelt. Das ist das sozial-gesellschaftliche Verständnis in Deutschland, Europa und generell in den OECD-Staaten. Es reflektiert sich unter anderem auch darin, dass soziale Härte und Kälte bei ökonomischen Entscheidungen in aller Regel umso größer werden, je weiter die Entfernung zwischen dem Ort der Entscheidungsfindung und dem Ort der Auswirkung der getroffenen Entscheidung sind. Wer in einem klimatisierten Hochhausturm einer globalen Metropole über für ihn quasi-anonyme Arbeitsplätze entscheidet, die 10 000 Kilometer entfernt an einem anderen Ende der Welt abgebaut oder vernichtet werden, verhält sich anders als der schwäbische Familienunternehmer, der die meisten seiner Mitarbeiterinnen oder Mitarbeiter nicht nur persönlich kennt, sondern sogar in ihrer unmittelbaren Nachbarschaft wohnt und ihnen morgens beim Bäcker oder am Wochenende in der Kirche begegnet.

Dass globale Empathie mithin weder genetisch codiert noch quasi-automatisch antrainiert wird, soll aus der Sicht der Autoren nicht als Kritik, sondern als ein Befund verstanden werden, der immer mehr zur Normalität wird, wenn man ihn nicht durch strukturelle Maßnahmen vernünftig beeinflusst und ihm entgegenwirkt. Und strukturelle Beeinflussung heißt auch hier: Bildung, Information und Diskurs. Globale Empathie ist oder wäre zweifelsfrei eine *Tugend*. Aber es ist auch eine *Fähigkeit*, die erlernt werden muss.

Das Betriebssystem in den Köpfen der Menschen, die 30 Jahre alt und älter sind, ist maximal rational für Argumente zugänglich. Das ist im Übrigen auch schon sehr viel wert. Globale Empathie werden allerdings die wenigsten in dieser Altersgruppe noch erlernen oder empfinden können. Die Sozialisation des Charakters, der Neigungen und Empfindungen ist grundsätzlich abgeschlossen – ebenso wie die Entwicklung der perzeptiven Fähigkeiten und natürlich die neuronale Vernetzung des Gehirns.

Die eigentlichen Voraussetzungen für den Erwerb von Empathie und emotionalen Bindungen werden im frühkindlichen, spätestens im früherwachsenen Alter geschaffen. Für die Generationen Y und Z besteht deshalb noch sehr viel Hoffnung, anders zu denken und anders empfinden zu können als die vielen Generationen vor ihnen – und auch als die gegenwärtige politische Elite es tut. Insbesondere die Generation der Jahrgänge nach 2015 hat über eine gezielte Bildung die einzigartige Chance, als erste auf unserem Planeten *die Welt als Einheit zu begreifen*, soweit es um globale Themen geht, die unsere Zukunft und die unserer Kinder und Kindeskinder berühren. Und aus diesen globalen Themen leiten sich heute fast alle kontinentalen, nationalen, regionalen, lokalen oder familiären Gegebenheiten und Erfordernisse ab.

# Rawls – der Gerechtigkeitsphilosoph

Hilfreich in diesem Zusammenhang ist der Gerechtigkeitsphilosoph John Rawls[15]: Rawls beschreibt eine globale Welt, in der Wohlstand und Armut nicht fair und nicht chancengleich verteilt sind. Die Problematik, mit der wir dabei immer konfrontiert sind, ist die einer gerechteren Welt, in der idealerweise alle Menschen in angemessenem Wohlstand und in Gesundheit leben können. Aber wie könnte diese Welt aussehen?

Rawls befürchtet, dass, unsere Gesellschaft, wenn sie über dieses Thema redet, dann über eine gerechtere Welt auch immer (nur) in dem Bewusstsein redet, Teil dieser, unserer Gesellschaft zu sein. Mit anderen Worten: »*Ich lebe in Hannover, habe meine Vorstellung von Glück und Lebenswirklichkeit, aber auch von weltweiter Armut und Ungerechtigkeit.*« Und wenn die Menschen unter dieser Prämisse miteinander über eine gerechtere Welt reden, dann bleiben sie in ihrer subjektiven Wahrnehmung selbstverständlich der oder die, die sie sind. Die persönlichen Bedürfnisse bleiben nämlich erhalten, und deshalb ist das Ergebnis »*der gerechteren Welt*« nicht global empathisch und schon gar nicht nachhaltig.

Rawls abstrahiert dann aber sehr überzeugend, indem er den Vorschlag eines Diskurses über die globale Entwicklung der nächsten 100 Jahre unter einer anderen, ganz anderen Prämisse macht. Er sagt, dass dann, wenn die Menschen unserer Gesellschaft über eine gerechtere Welt diskutieren und dabei nicht wissen, wer sie letztlich sind, sich die Sichtweisen wirklich ändern. Die Diskutanten wissen also nicht, ob sie intelligent oder dumm, faul oder fleißig sind. Sie wissen auch nicht, ob sie in Deutschland geboren sind oder in Bangladesch oder in West-Samoa. Sie wissen auch nicht, ob sie behindert sind oder gesund. Sie wissen nur, dass sie einer der gegenwärtig 7,4 Milliarden Menschen sind – und damit nicht das, was sie eigentlich sind.

Was sie insbesondere wissen, ist, dass sie am Ende der Diskussion gewissermaßen als Los in den Hut gehen und dann das Los entscheidet. Die Wahrscheinlichkeit, dass der Chefarzt in Hamburg, der sich an einer solchen Diskussion beteiligt hat, auch danach noch Chefarzt in Hamburg ist, ist sehr gering. Sehr wahrscheinlich ist er ganz woanders und etwas ganz anderes, vielleicht eine Frau in der Fabrik in China oder ein Bauer auf dem Reisfeld in Vietnam.

# Der Grundwert der menschlichen Einzigartigkeit

Würde eine Gesellschaft wie die unsrige unter dieser Prämisse über eine globale Gerechtigkeit diskutieren, dann hätten wir vermutlich in kürzester Zeit ein Welt-Hartz-IV, und auch die Corona-Krise hätte sich sicherlich komplett anders entwickelt. Aber nur weil wir wissen, wer wir sind, und weil wir bleiben, wer wir sind, haben wir für die Ärmsten der Armen teilweise nur ein Almosen übrig und nehmen in Kauf, dass immer noch jeden Tag – und durch die Corona-Krise noch mehr – an anderen Orten der Welt viele Menschen an Hunger sterben.

Es fehlt dem Menschen einfach das Betriebssystem, das die beschriebenen *Grundwerte der menschlichen Einzigartigkeit* nicht nur in Verfassungen und Chartas der Vereinten Nationen verbrieft, sondern auch *in dem Bewusstsein eines jeden Einzelnen verankert.*

Das ist im Übrigen nicht überraschend: Das letzte echte »Systemupdate« unseres neuropsychologischen und neurophysiologischen Betriebssystems dürfte vor fast 50 000 Jahren stattgefunden haben. Globalisierung im heutigen Sinne war da noch kein Thema, und die Weltbevölkerung machte nur einen Bruchteil der heutigen aus. Das Leben war lokal geprägt. Und die im gesamten Leben zu verarbeitenden Informationen waren weniger als die Datenmengen, die heute an einem einzigen Tag digital auf uns zurauschen können. Insofern ist es auch nicht überraschend, warum sich der Mensch zunehmend schwer mit dem Umgang mit der exponentiell wachsenden Komplexität seiner Welt und Umwelt tut.

Bei der Gestaltung der Zukunft unserer Gesellschaft brauchen wir nach allem gerade junge Menschen, die offen, engagiert und global empathisch die Zukunftsthemen mit uns diskutieren und Verantwortung übernehmen wollen und bereit sind, mit den Gesellschaften anderer Nationen zu kooperieren und sich ab- und auszugleichen, anstatt sich abzugrenzen und zurückzuziehen. Gedanklich brauchen wir eine Gesellschaft, die eine globale Innenpolitik und einen globalen Interkulturismus für den Erhalt von Wohlstand für nachhaltiger hält als eine nationale Außenpolitik.

Den jungen Menschen in unserer Gesellschaft kann man durch vernünftige Bildung sehr genau vermitteln, woher sie kommen, wem sie ihren Wohlstand zu verdanken haben und was man tun muss, um diesen zu erhalten. Sie müssen, sie können und sie werden begreifen, dass sie eine *intergenerationale Verantwortung* mit Blick auf die Zukunft haben, national wie global. Die nationalen Grenzen werden in den kommenden Jahren und Jahrzehnten immer durchlässiger werden. Bildung ist der – und letztlich der einzige, jedenfalls der zentrale – Schlüssel zur Erhaltung unserer Werte und unseres Rechtsstaats, insbesondere, wenn man die noch längst nicht abgeschlossene, im Grunde noch nicht einmal auf volle Fahrt beschleunigte Globalisierung und Digitalisierung in die Betrachtung miteinbezieht.

## Schweigen ist *nicht* Gold!

Es ist unverkennbar und unbestreitbar: Damit wir wieder zu einem vernünftigen Miteinander in der hypermodernen multimedialen Gesellschaft kommen, ist in der Tat die Renaissance der sogenannten »alten« bürgerlichen Werte und Tugenden wie Respekt vor der Meinung der anderen, Ausreden-Lassen der anderen, die Fähigkeit und der Wille, zuzuhören und sich mit den stärksten Argumenten des Gegners auseinanderzusetzen, sowie eine hohe Achtung vor den Positionen der anderen erforderlich. Und das *international und intergenerational*. Oder ganz einfach: Der »Rückfall« *in* die Ideale und die Errungenschaften der Zeit der Aufklärung.

Dabei brauchen wir mehr wahrheitsliebende »*philosophische Köpfe*« und weniger opportunistische »*Brotgelehrte*« – vielleicht auch in der Wissenschaft, auf die sich Schillers provokant-epochale Antrittsvorlesung aus dem Revolutionsjahr 1789 vor dem versammelten ehrwürdigen wissenschaftlichen Establishment und sein darin verwendetes genial-gewagtes Begriffspaar naturgemäß vorrangig bezogen, vor allem aber in Politik und Medien, und selbstverständlich auch in den vermeintlichen ökonomischen und sonstigen gesellschaftlichen »Eliten«. Was vor 231 Jahren revolutionär klang und war, ist heute – leider – noch immer oder schon wieder fast revolutionär – und gleichwohl noch immer dringendst erforderlich.[16] Wir brauchen Menschen, die den Diskurs mutig, visionär und sachorientiert führen, statt ihn taktisch, risikominimierend und eigennutzgeleitet zu verwalten.

Doch das Allerwichtigste ist: Wir müssen überhaupt am Diskurs *teilnehmen*! Kritisieren des Diskurses der anderen reicht nicht, ist nicht genug für die Gewährleistung eines *lebenden* Rechtsstaats. Die formalen Säulen des Rechtsstaats behalten ihre Tragkraft nur dann dauerhaft, wenn sie auf sicherem Fundament ruhen und laufend »gewartet« werden – so wie auch eine tragfähige Brücke oder eine standfeste Staumauer regelmäßiger und kontinuierlicher Wartung und regelmäßiger Überprüfung und Kontrolle bedürfen. Die beste und zwingendste Grundlage rechtsstaatlicher Wartung und Kontrolle ist dabei Teilnahme und Teilhabe. Wer am Diskurs nicht teilnimmt, macht sich im Hinblick auf Erhalt und Weiterentwicklung von Rechtsstaat und Gemeinwesen potenziell zum Nullum. Und zur Manövriermasse derer, die ohne hinreichende Selbstreflektion andere gern zum eigenen Vorteil zu manipulieren bereit sind.

Die grassierende Tendenz, möglichst für nichts verantwortlich zu sein, als Fähnchen im Wind zu leben und nach Möglichkeit Everybody's Darling sein zu wollen, der – vom Staat umgarnt und beschützt – nichts zu befürchten hat, ist insofern eine fatale Entwicklung. Einfach nur darauf zu setzen, dass das schon von den anderen erledigt wird: Das wird ganz sicher zu nichts führen. Außer dass es so weitergeht wie bisher, wenn es nicht sogar noch den Verfall der gesellschaftlichen Diskurskultur und mit ihm den Verfall und *Zerfall unserer Werte* massiv beschleunigt.

Wenn zudem auch noch die politisch Aktiven und Regierenden an Gemengelagen entlanghangeln, vor oder auf medialen Umfragewellen surfen oder gar orientierungslos umherirren und die Regierten alles über sich ergehen lassen oder sich gar an der Passivität oder Verantwortungslosigkeit noch laben, ist ein Gemeinwesen dem Untergang geweiht.

Aktive Gestaltung der Zukunft erfordert zunächst einmal aktiven Diskurs. Jeder Einzelne von uns kann das Schicksal in die Hand nehmen und Zukunft gestalten. Für sich selbst. Für das Gemeinwohl. Und für den (Rechts-)Staat. Systemisches Schweigen jedoch ist das Gegenteil gelebter Rechtsstaatlichkeit.

# KAPITEL 2

# GLOBALE MEGA-TRENDS ALS HERAUS- FORDERUNG UND GEFAHRENPOTENZIAL FÜR DEN RECHTSSTAAT

Damit der Rechtsstaat im Inland weiter funktioniert, müssen wir – eben auch wegen der Forderung nach globaler Empathie – verstehen, was global passiert, wie es auf uns einwirkt und zukünftig einwirken wird und welche Herausforderungen sich daraus für uns ergeben. Und wir müssen konkrete Schlussfolgerungen daraus ziehen. Nationale Gerechtigkeit ohne internationales Verständnis wird zunehmend unmöglich – und dies umso mehr in einer digitalen Welt, die ohnehin keine Grenzen kennt.

Es ist eine Kernaufgabe und Hauptpflicht unserer Politik, und es muss unser aller Interesse als Bürgerinnen und Bürger sein, unseren in erdgeschichtlichen Dimensionen noch immer blutjungen Rechtsstaat zu stabilisieren, zu festigen und für kommende Generationen robust und belastbar zu hinterlassen. Doch wenn das erfolgreich geschehen soll, müssen wir uns frühzeitig und systematisch mit den globalen Trends und Gefahren befassen, die auf ihn so sicher wie das Amen in der Kirche zukommen werden. Damit wir vom rechtsstaatlich künftig Erwartbaren nicht ebenso überrascht werden wie vom mikrobiologisch langjährig Vorhergesagten.

## Mega-Trend Globalisierung

Wenden wir uns im Kontext der globalen Mega-Trends zunächst etwas einfacheren, vielleicht eher profan anmutenden Fragestellungen zu: Recht und Rechtsstaat in einer »globalisierten digitalisierten« Welt, was heißt das eigentlich? Was bedeutet eigentlich Globalisierung? Eine passionierte Tierschützerin und Safari-Liebhaberin hat im November 2018 eine Lieferung von Lion Sands in Südafrika nach Manacor auf Mallorca erhalten. Internationalisierung bedeutet, dass dies überhaupt möglich ist. Und Globalisierung heißt, dass der viele Tausend Kilometer lange und etliche Flüge beinhaltende Weg der Warenlieferung von Lion Sands über Skukuza über Johannesburg über Brüssel über Amsterdam über Barcelona nach Palma de Mallorca schneller vollzogen wird als die restlichen 40 Kilometer von Palma de Mallorca nach Manacor. Genauso wie selbstverständlich heutzutage der Warenweg von Shanghai nach Hamburg in aller Regel weniger lange dauert als die Reststrecke zur Enddestination etwa in Itzehoe oder Timmendorfer Strand.

Im Kern heißt Globalisierung, dass alles mit allem vernetzt ist. Dass alles zugänglich ist. Dass die Überwindung früher unüberwindbarer Distanzen alltäglich ist. Dass das früher Unbekannte oder Unerreichbare allgegenwärtig ist. Dass fast jeder Griff ins Warenhausregal dem Produkt einer weltweiten Lieferkette gilt. Dass ein Virus aus Zentralchina in Fast-Schallgeschwindigkeit Zentraleuropa erreichen kann. Dass die gestrige Schließung einer Fabrik in Wuhan schon morgen die Teileverfügbarkeit einer Fertigungsstraße in Dortmund oder Birmingham beeinträchtigen und dort Arbeitsplätze gefährden kann. Dass die Ausbreitung einer Pandemie aus Asien in Norditalien Hochtechnologiefabriken multinationaler Konzerne oder lombardischer Familienunternehmen lahmlegen kann, die ihrerseits hochspezialisierte Werkzeugmaschinen nach Asien oder Amerika liefern, von wo aus wieder Endkunden in Italien bedient werden könnten. Oder dass eine Blockade der zwischen der indonesischen Großinsel Sumatra und der malaysischen Halbinsel gelegenen Straße von Malakka durch einen Flugzeugabsturz oder die Explosion eines Flüssiggastankers im Ergebnis die Energieversorgung Japans, Koreas und Chinas beeinträchtigen würde.[17]

Und es geht noch weiter: So weit nämlich, dass das Leben in Rosenheim oder Deggendorf letztlich mehr von Entscheidungen abhängt, die in Peking oder Shanghai, Riyad oder Abu Dhabi getroffen werden, als vom lokalen Landratsamt. Dass der Ort einer Entscheidung und der Ort der Auswirkungen dieser Entscheidung sich immer häufiger und immer mehr voneinander entfernen, entfremden und anonymisieren. Dass damit im Übrigen auch die Zeit für immer vorbei ist, in der der räumliche Zuständigkeitsbereich eines Gerichtes und der räumliche Gegenstandsbereich der zu behandelnden Fälle weitgehend identisch waren.

Der Richter am Amtsgericht in Itzehoe wird ohne Kenntnis der Umstände des Beginns einer vor seinem Gericht zu verhandelnden Lieferkette in beziehungsweise aus Shanghai nicht mehr auskommen können. Itzehoe als virtueller Vorort von Shanghai hat nicht nur ökonomisch, sondern auch rechtsstaatlich eine ganz neue, hyperkomplexe Vernetzung. Der Obstbauer in Schleswig-Holstein und der Montage-Arbeiter aus Wuhan sind als Schicksalsgemeinschaft enger verwoben, als es ihnen je bewusst gewesen sein mag. Wuhan ist überall. Itzehoe auch. Nur die Einwohnerzahl differiert. Geringfügig.

## Mega-Trend Digitalisierung

Doch was bedeutet dann Digitalisierung in diesem Kontext? Digitalisierung im konkreten eingangs geschilderten Fall bedeutet, dass der Weg von Palma nach Manacor zweimal gefahren und am Folgetag nochmals wiederholt werden musste, da einerseits der Auslieferungsfahrer zum Zeitpunkt der ersten Auslieferung gerade keinen Zugang auf das System des ihn engagierenden internationalen Logistikkonzerns hatte, aus dem er hätte entnehmen können, dass die Verzollung bereits bezahlt worden war, und da andererseits, als die Empfängerin der Waren diese Daten elektronisch übermitteln wollte, gerade ihr Internetzugang sich als nicht funktionsfähig erwies, so wie es nicht nur auf Mallorca manchmal, sondern auch im flachen Land Niedersachsens zwischen Hannover und Hamburg sehr häufig der Fall ist.

Wo nun könnte in einem solchen wie dem geschilderten Fall die Schnittstelle zwischen Globalisierung und Digitalisierung einerseits sowie Recht und Rechtsstaat andererseits liegen? Nehmen wir einmal an, dass – was glücklicherweise im konkreten Fall nicht der Fall war – etwas mit der Lieferung schief gegangen wäre, die Ware beschädigt worden wäre, eine andere als die bestellte Ware sich in der Verpackung befunden hätte, die Verpackung irgendwie schon geöffnet gewesen wäre oder irgendein anderes weder zu erwartendes noch zu erklärendes Problem sich eingestellt hätte, das jedoch für die Empfängerin der Warensendung eine Wertreduzierung oder gar Entwertung der bereits vollständig bezahlten und vollständig korrekt verzollten Ware bedeutet hätte. Nehmen wir weiterhin an, dass sich, was im realen Leben ja mitunter vorkommen soll, zwischen Sender und Empfänger keine einvernehmliche Lösung hätte finden lassen, sondern vielmehr Streit darüber entstanden wäre, an welcher Stelle der Prozesskette denn das Problem entstanden wäre oder zumindest entstanden sein könnte. Und nehmen wir schließlich an, dass es dann, was ja auch im realen Leben nicht unmöglich ist, zu einem Rechtsstreit gekommen wäre oder zumindest ein Rechtsstreit hätte in Erwägung gezogen werden müssen. Globalisierung und Digitalisierung im Kontext von Recht und Rechtsstaat oder Recht und Rechtsstaat im Kontext von Globalisierung und Digitalisierung hätten dann beispielsweise die folgenden Fragen auftauchen lassen: Welcher Gerichtsstand beziehungsweise welche Jurisdiktion ist hier überhaupt zuständig? Muss der Fall vor ein südafrikanisches Gericht in Skukuza oder Johannesburg, muss er vor ein belgisches Gericht in Brüssel, muss er vor ein niederländisches Gericht in Amsterdam, muss er vor ein spanisches Gericht in Barcelona oder Palma de Mallorca oder Manacor – oder ist oder wäre vielleicht sogar das Landgericht Hannover zuständig vor dem Hintergrund einer Hannoveraner Geschädigten und potenziellen Klägerin? Und welches Recht kommt überhaupt zur Anwendung? Südafrikanisches, belgisches, niederländisches, spanisches oder deutsches Recht? Oder vielleicht sogar das Recht von Botswana, des Kongo oder Algeriens, wenn irgendein – möglicherweise sogar gezielt durch Dritte induzierter – Zwischenfall im Luftraum irgendeines dieser Staaten ursächlich für den entstandenen Schaden gewesen sein sollte? Wer weiß das schon alles ex ante, egal ob es sich bei dem Betroffenen um einen Rechtslaien oder um einen hochspezialisierten international versierten Vertragsjuristen, Transport- oder Exportspezialisten handelt?

Selbst ganz einfache Sachverhalte werden im globalen Kontext offenkundig potenziell recht diffizil. Stellen wir uns jetzt erst einmal vor, wie komplex der geschilderte, im Grunde höchst einfache Vorgang werden könnte, wenn noch Verwicklungen, Komplexitäten oder Undurchschaubarkeiten digitaler Probleme, streitgegenständlicher Algorithmen oder virtueller Einflussnahmen hinzukämen. Wer würde eigentlich gegenüber wem haften, wenn der südafrikanische Vertragspartner des Endkunden seinen Verpflichtungen aufgrund eines Online-Problems zwischen dem beauftragten Global Player der Logistikbranche und dessen lokalem Auslieferungspartner in Spanien nicht nachgekommen wäre? Würde es bezüglich der verspäteten Lieferung einen Unterschied machen, ob der Datentransfer aufgrund höherer Gewalt wie etwa Gewitterregen oder sonstigen schlechten Inselwetters oder aber aufgrund eines systemischen Algorithmenfehlers nicht zustande gekommen wäre? Und wer wäre beweispflichtig zu der Frage, ob die Warenbeschädigung nicht erst nach der ersten Auslieferung überhaupt entstanden ist und mithin der reale Schaden erst auf das virtuelle Problem zurückzuführen sei?

Zum Glück brauchen wir diesen Fragen an dieser Stelle im Hinblick auf die beschriebene Warensendung nach Mallorca nicht im Detail nachzugehen, da die bestellte Sendung – wenngleich um einen Tag unnötig verzögert – am 23. November 2018 zur höchsten Zufriedenheit der Empfängerin in bestem Zustand und ohne jegliches Problem angekommen ist und ein Tag in diesem Zusammenhang selbstverständlich vollkommen irrelevant ist.

Man mag es allerdings nicht glauben: Eine parallele, ebenfalls von der genannten Tierliebhaberin organisierte Warensendung nach Deutschland – und zwar nach Hannover – ist in der Tat beschädigt angekommen, sodass sich diesbezüglich all die vorbezeichneten Fragen hätten stellen lassen können und potenziell hätten stellen lassen müssen, vielleicht auch vor dem hannoverschen Landgericht – jedenfalls dann, wenn der südafrikanische Vertragspartner sich nicht als »vernünftig« erwiesen hätte, sodass dieses Problem die Gerichtsbarkeit nicht wird befassen müssen und insofern zumindest fallbezogen keine unmittelbare Relevanz erlangen wird.

Höchst relevant ist jedoch in jedem Falle das Grundsatzproblem der Schnittstelle zwischen Globalisierung und Digitalisierung und Recht und Rechtsstaat, das selbstverständlich an Bedeutung dramatisch auch über wertvollste Warensendungen hinausgehen kann und dessen Komplexität in den meisten Fällen die bereits vorbezeichnete, keineswegs unerhebliche noch dramatisch übertrifft.

Gerade vor dem Hintergrund der aktuell in der Diskussion und vermeintlich in der Umsetzung befindlichen Umstellung der Justiz auf die digitale Welt stellt sich im Übrigen offenkundig etwa die Frage, unter welchen Voraussetzungen und Umständen überhaupt das rein Digitale oder Virtuelle zum Gegenstand rechtsstaatlicher Verfahren gemacht werden kann und sollte.

## Mega-Trend Komplexität

Bleibt noch der nicht minder bedeutsame globale Mega-Trend der disproportionalen beziehungsweise disproportional zunehmenden Komplexität in allem, was unser Leben und unser Gemeinwesen – und damit auch Recht und Rechtsstaat – betrifft: Das zunehmende Einbringen von Internetausdrucken als vermeintliche oder wirkliche Beweismittel in rechtsstaatliche Verfahren beispielsweise ist – im Zusammenspiel mit der Digitalisierung – ebenso Reflexion wie auch Ursache wie auch Folge dieser exponentiell ansteigenden Komplexität auch für den Rechtsstaat. Und die Google-Suche von Richtern mag in einem Fall unverzichtbar sein und erst zu einer vernünftigen Rechtsanwendung und einem »gerechten« Urteil führen, in einem anderen Fall hingegen auf einfachen wirklichen oder vermeintlichen »Fake News« – oder auch schlimmeren Formen von »Fake«, die nachstehend noch zu diskutieren sein werden – aufbauen und im Ergebnis das vom Gesetzgeber Gewollte auf den Kopf stellen. Dies ist letztlich nichts anderes als das Spiegelbild der vorbezeichneten Entwicklung.

Dabei sind die Hürden zur Überwindung der Komplexität mitunter noch sehr viel niedriger als in der sachkundigen Erschließung und professionellen Validierung und Verifizierung mehr oder weniger diffiziler Internetinhalte. Sie sind zumindest häufig noch sehr viel profaner: Einfache, präzise und korrekte »Übersetzung« ist hier ein treffendes Schlagwort. In der globalisierten Welt der Wirtschaft vollziehen sich die meisten Transaktionen mittlerweile international, transnational, multinational oder sogar wirklich global. Dem stehen aber in der gelebten Realität rechtsstaatlicher Verfahren in den allermeisten Fällen nationale Rechtsordnungen und Gerichte gegenüber – die selbstverständlich auch in Landessprache tagen und entscheiden.

Einer der Autoren dieses Buches hat selbst erlebt, wie vor einem deutschen Landgericht ein vereidigter Übersetzer in einem Verfahren, bei dem ein englischer Zeuge zu vernehmen war, wahrlich abenteuerlich übersetzte und schon an einfachsten ökonomischen Standardbegriffen zu scheitern drohte. Er hat in Spanien erlebt, wie die Aussagen eines deutschen Zeugen falsch übersetzt wurden und der Versuch der korrekten Übersetzung durch einen der Prozessbeteiligten fast zum Eklat oder sogar zur Einschaltung von Polizei oder Staatsanwaltschaft geführt hätte. Und er hat in England erlebt, dass dem Bruder eines angeklagten Türken, der der englischen Sprache nicht mächtig war, zunächst erlaubt wurde, für seinen Bruder zu übersetzen, er jedoch später wegen Störung (durch Übersetzen) des Saales verwiesen werden sollte – und ein vereidigter oder offizieller Übersetzer war schon gar nicht anwesend und offenbar auch nicht vorgesehen.

Dies sind nahezu als Humoreske anmutende – wenngleich traurige – Beispiele aus vergleichsweise einfachen bis sehr einfachen Verfahren mit einzelnen, ganz wenigen Fragen an die betroffenen Zeugen. Man mag sich allein sprachlich gar nicht vorstellen, wie komplex, kompliziert, unübersichtlich und potenziell fehlerhaft so etwas erst einmal werden kann, wenn in einem höchst komplexen multinationalen Verfahren höchster ökonomischer Komplexität zahlreiche Zeugen zu diffizilen Themen in höchstmöglicher Präzision unter Verwendung sehr anspruchsvoller Fachbegriffe befragt werden müssen. Über das Thema der inhaltlichen, ökonomischen Komplexität, aller diesbezüglichen Wirkungszusammenhänge, Mechanismen und Vernetzungen haben wir dann noch gar nicht gesprochen.

Eines dürfte klar sein: Die mitunter extreme Komplexität internationaler Transaktionen und Wirtschaftsbeziehungen hat derzeit keine, aber auch gar keine Entsprechung auf der Ebene der Ausgestaltung von Recht, Rechtsanwendung, Gerichtsverfahren und juristischer Ausbildung. Wenn der Rechtsstaat und die Rechtsstaatlichkeit mit der Globalisierung und Digitalisierung privater wie auch ökonomischer Abläufe Schritt und ihnen standhalten wollen, sind infrastrukturelle Modernisierung und Weiterentwicklung der juristischen Praxis und Ausbildung etwa in den Bereichen Digitales und Ökonomie unverzichtbar. Alle drei genannten Mega-Trends greifen dabei unmittelbar ineinander und implizieren ähnliche, wenngleich in Summe potenzierte Anforderungen an und Herausforderungen für den Rechtsstaat.

Die Globalisierung vollzog sich über fast 500 Jahre hinweg. Bereits die Medici waren im Grunde semi-globale Banker. Im Kern verlief sie jedoch linear, solange sie auf Handel und Industrie beschränkt war, wenngleich sie in Zeiten der ersten und zweiten Industriellen Revolution selbstverständlich beschleunigt wurde. Die Digitalisierung, für die bereits Gottfried Wilhelm Leibniz die Grundlagen gelegt hatte, vollzog sich bisher in einem sehr viel kürzeren Zeitraum, dafür aber im engsten Sinne exponentiell. Gepaart mit dem dritten Trend der disproportionalen Zunahme der Komplexität selbst im Rahmen innerstaatlicher Strukturen kommt es mithin zu einem *hyper-exponentiellen* Effekt. Dass dieser vor dem Rechtsstaat nicht haltmachen kann und auch nicht wird, liegt auf der Hand. Entsprechend anspruchsvoll sind die sich für die Rechtsanwendung und Rechtssetzung ergebenden »Hausaufgaben«.

## Zusammenwirken dieser Mega-Trends

Kern der Demokratie ist, dass der gesamte Staatsapparat unter der Kontrolle der Bürger steht. Dafür müssen die Bürger seine Komplexität verstehen und beherrschen. Sie müssen die Komplexität beherrschen, um sinnhaft und zielorientiert »herrschen« zu können. Dass die Demokratie potenziell geschwächt wird, wenn der einzelne mündige Bürger die gesamthafte Komplexität nicht mehr wirklich, zumindest nicht mehr völlig durchdringt, ist insofern offenkundig. Dass der Rechtsstaat geschwächt wird, wenn die transnationale Komplexität die Grenzen der Beherrschbarkeit übersteigt, liegt ebenfalls auf der Hand. Die Globalisierung kann dabei sowohl zur Überforderung als auch zur faktischen Außerkraftsetzung nationaler Rechtssysteme – zumindest im Einzelfall – führen. Doch auch soweit dies nicht geschieht, ist die exponentiell steigende Komplexität der digitalen und realen globalen Welt eine große Herausforderung für Recht, Rechtsanwendung und Rechtsstaat.

Dass man sich auch in derart komplexem Kontext nicht immer mit höchstem Diskursniveau und größter Durchdringungstiefe befassen muss oder darf, mag das folgende Beispiel illustrieren, das die Schnittstelle von Globalisierung, Digitalisierung und (relativer) Komplexität in zweifacher Hinsicht betrifft, quasi als Mischung zwischen lustiger Anekdote und erschreckender europäischer Realität, und das sich in vollkommener sachlogischer Kohärenz und Konsistenz und großer räumlicher

Nähe zu der Logistikkette der im November 2018 in Manacor eingegangenen Warensendung befindet: Wer aufbauend auf einer falschen – »digitalen« – Online-Berichterstattung eines ausländischen – »globalen«? – Mediums vor einem deutschen Gericht gegen einen auf einer Finca im Südosten Mallorcas ansässigen Verfasser erfolgreich eine einstweilige Verfügung erwirkt – was vor dem Hintergrund von Jurisdiktion einerseits und Raumlosigkeit der Internetwelt sowie Abwesenheit der Lokalisierbarkeit virtueller Medien andererseits schon gar nicht so einfach ist –, muss sich eine solche einstweilige Verfügung bekanntermaßen auch zustellen lassen, damit sie wirksam und durchsetzbar wird.

Im vorbezeichneten Fall gibt es dafür einen klaren Weg, der vom zuständigen deutschen Landgericht über die relevanten staatlichen Stellen in Berlin und Madrid zunächst nach Palma de Mallorca und von da über Manacor nach Santanyi führt. Und der dann dort erfolglos endet, sofern der Friedensrichter von Santanyi nicht über Führerschein und Auto verfügt, um die einstweilige Verfügung aus dem EU-Partnerland zur Finca des Autors des Artikels zu fahren.

Wer also aus der virtuellen Sphäre der Lieblingsurlaubsinsel der Deutschen in Deutschland medial diffamiert wird, kann sich im Ergebnis mitunter nicht wirklich dagegen wehren. Doch digital gibt es hier Hoffnung für die Rechtsstaatlichkeit: Wenn das autonome Fahren von Kalifornien nach Europa kommt, braucht der Friedensrichter von Santanyi keinen Führerschein mehr, sondern nur noch ein Auto. Das hatte er, als er im vorbezeichneten Fall gebraucht worden wäre, allerdings angeblich leider auch nicht.

Es wird deutlich erkennbar, wie stark die Mega-Trends und Meta-Trends Globalisierung, Digitalisierung und Exponentialisierung der Komplexität einander wechselseitig verstärken, wenn schon im vorliegenden, im Grunde fast primitiv einfachen Beispiel dieser Schnittstellenproblematik mit vergleichsweise geringer Intensitätsausprägung auf allen drei entsprechenden Achsen oder Skalen der Rechtsstaat an seine Grenzen stößt beziehungsweise faktisch im Grunde außer Kraft gesetzt wird.

Alle drei genannten Mega-Trends greifen – wie bereits angesprochen – dabei unmittelbar ineinander und implizieren ähnliche, wenngleich in Summe potenzierte Anforderungen an und Herausforderungen für den Rechtsstaat. Dass sich dies bei stärkerer Intensität oder höheren

Skalenwerten von Internationalisierungsgrad eines Problems, Involvierungsausmaß digitaler oder virtueller Inhalte oder auch Komplexitätsausprägung noch umso schwieriger und problematischer gestalten kann und muss, liegt auf der Hand.

Entsprechend groß, komplex und umfassend sind die resultierenden Hausaufgaben, Handlungserfordernisse und Herausforderungen für die Erhaltung des Rechtsstaats und seiner Funktionsfähigkeit. Und dabei ist ein weiterer, ebenfalls nicht unbedeutender Mega-Trend bisher noch nicht einmal berücksichtigt: die Politisierung beziehungsweise Re-Politisierung rechtsstaatlicher Abläufe und Strukturen.

## Mega-Trend Politisierung

Rund um die Welt lässt sich die zunehmende *Politisierung des Rechts* beobachten. Das gilt ausdrücklich nicht nur für Diktaturen oder Ein-Parteien-Systeme, man muss dafür keineswegs bis nach Nordkorea blicken. Und im demokratischen Europa gilt es auch keineswegs nur für diesbezüglich unter besonderer Beobachtung stehende Länder wie Ungarn oder Polen, sondern es gilt für zahlreiche westliche Demokratien, möglicherweise sogar für die meisten von ihnen; und Deutschland ist diesbezüglich keineswegs ausgenommen.

Ungarn mit seinem Modell einer »illiberalen Demokratie«[18] oder auch Polen mit ähnlichen Tendenzen lassen die Sichtweise oder Vorstellung erkennen, eine effektivere Politik sei insbesondere möglich über eine Stärkung der Exekutive und gleichzeitige Schwächung der Judikative. Aus deutscher Sicht ist dieser Weg gefährlich und dürfte klar abzulehnen sein. Das sind die Lehren aus Weimar! Die Auswirkungen bestehen allerdings im Grunde jetzt schon für Europa, weil die Polen natürlich Richter an den Europäischen Gerichten stellen und somit unmittelbar politischen Einfluss auf die Europäische Rechtsprechung nehmen können, die sich wiederum auch auf die bundesrepublikanische Lebenswirklichkeit auswirkt. Heutzutage ist eben alles mit allem vernetzt.

Doch unbeschadet ungarisch-polnisch-deutscher Rechtsdiskussion war die Re-Politisierung des Rechts auch hierzulande bereits zuvor unverkennbar. Die Politisierung des Rechts beginnt im Grunde schon, wenn ein Ministerpräsident sich hinstellt und ein Urteil des Bundesverfassungsgerichtes öffentlich für falsch befindet oder als irrelevant hinstellt. Oder wenn Politiker nach (zu erwartenden) Vorfällen wie beim G20-Gipfel in Hamburg sich hinterher (unschuldig und unwissend) hinstellen und von Gerichten harte Strafen für (flüchtige) Täter fordern, für die sie (die Politiker) die entsprechende gesetzliche Grundlage (gar) nicht geschaffen haben. Die Grenzen zwischen Politisierung des Rechts, medialem Missbrauch seiner Sanktionskraft und Demagogie sind dabei mitunter fließend. Und wir haben keinen Anlass, mit dem Finger auf andere zu zeigen.

Das Phänomen der Politisierung des Rechts ist indes wahrlich global und universell. Der amerikanische Präsident Donald Trump lässt allenthalben über Twitter wissen, wie welche Vorgänge rechtlich zu bewerten sind und wie damit umzugehen ist, bis hin zu klaren Empfehlungen oder Instruktionen an die Justiz und in den Justizapparat hinein. Vom speziellen, ihn selbst betreffenden Einzelfall bis hin zum globalen Mega-Thema, vom individuellen Umgang mit Frauen bis hin zur abstrakten Welthandelssituation mit Europa oder China – einfach weltumspannend.

Die Politik richtet sich fast überall nach den Regeln von Machterwerb, Machterweiterung und Sicherung der Macht. Die handelnden Akteure haben ihren eigenen Einfluss im Sinn und oftmals nicht primär das Gemeinwohl oder die gedeihliche Zukunftsentwicklung des Landes. Die kurzfristigen Ziele, verbunden mit dem nächsten Wahltermin, sind in diesem Sinne wichtiger als die langfristigen – also die Weichenstellungen für die kommenden Jahrzehnte (oder Jahrhunderte). Und die konkreten politischen Ziele sind oftmals wichtiger als der abstrakte Respekt vor dem Recht. Leider gerade auch in der demokratischen Welt.

Weil das so ist, muss das politische System ergänzt werden durch Instanzen, die das langfristige Wohlergehen der Gesellschaft im Blick haben. Und die Unabhängigkeit der Justiz.

Beides geht Hand in Hand. Wir brauchen ein Zukunftsministerium. Und wir brauchen eine deutliche Stärkung des Justizressorts sowie klarere und stärkere Verhaltensnormen und Kontrollmechanismen zur Wahrung des Schutzes der Justiz vor politischer Einflussnahme. Das sind zwei wichtige Säulen der Zukunft unserer Kinder. In unserer Gesellschaft, in unserem System, in unserer Vorstellung von Rechtsstaatlichkeit.

Wir müssen dabei auch lernen, langfristige Abstraktion über kurzfristige Interessenleitung zu stellen und systeminhärente Widersprüchlichkeiten zu überwinden. Es gibt zahllose Beispiele, die zeigen, wie oft kurzfristige Ziele, die noch so hehr und anstrebenswert sein mögen, mit langfristigen Entwicklungen kollidieren, zum Beispiel

• Ressourcen für Mütterrente und Budgets für Zukunftstechnologien;
• Zementierung regionaler fossiler Energiestrukturen und Schaffung einer globalen regenerativ-solaren Energiewirtschaft;
• Erhalt traditioneller Arbeitsplätze in nationalen Kohle- oder Gaskraftwerken und transformierender globaler Emissionshandel;
• Kernenergieausstieg und Klimaschutz;
• Kurzfristiges Hochfahren der E-Mobilität und nachhaltige energiemix-basierte Emissionseffizienz;
• Humanitäre Flüchtlingspolitik und kompetenzbedarfsbasierte Einwanderungspolitik;
• Kurzfristige Euro-Rettungs-Politik und langfristige Währungsstabilität;
• Kurzfristige Sozialpolitik und nachhaltige Zukunftsgestaltung;
• Politische Wahltermine und gesellschaftliche Prozesskette.

Wir stellen gegenwärtig fest, dass die Mechanismen, die uns begleiten, den Rechtsstaat in Gefahr bringen. Wir stellen fest, dass die Komplexität und die damit verbundenen Entscheidungen alle überfordern. Und das hat eben auch etwas mit der Kultur der Politik zu tun und mit dem schwindenden Vertrauen der Bevölkerung in unsere Demokratie. Täglich ändern sich Aussagen von Politikern. Was gestern noch als harte Linie einer Partei galt, stellt sich nach kürzester Zeit schon wieder ganz anders dar. Beliebigkeit gilt keineswegs als politisch unkorrekt – ganz im Gegenteil: Gerade die Beliebigkeit erlaubt vermeintliche Korrektheit. In konkreter Positionierung hingegen liegt und lauert häufig politische Gefahr.

Entsprechend fällt es der staunenden Öffentlichkeit mitunter schwer, die Willensbildungsprozesse der Politik nachzuvollziehen. Zudem darf man oftmals auch bezweifeln, dass die Politik tatsächlich bereit ist, für langfristige und nachhaltige Reformvorhaben den dafür notwendigen Antrieb zu vermitteln. Vieles, was nämlich langfristig sinnvoll ist, aber eine Veränderung der Lebensumstände der Bürgerinnen und Bürger nach sich zieht, führt zunächst zur Abwehr, also auch zum Verlust von Wählerstimmen. Deshalb meidet man diese Themen und beschränkt sich auf Inhalte geringerer Relevanz.

Die Politik braucht eine neue Kultur der Objektivität und Wachsamkeit. Bei uns und überall. Ein Verfall an politischer Kultur führt zum Zerfall des Rechtsstaats. Das hat die Geschichte deutlich gezeigt. Da wir letztlich alle nicht nur Teil des Rechtsstaats und alle zusammen der Rechtsstaat sind, sondern dasselbe für die Politik gilt, trägt jeder von uns eine hohe Verantwortung – keineswegs »die Politik«, die Politikerinnen und die Politiker allein.

Politische Kultur ist dabei durchaus und insbesondere auch im kulturellen Kontext zu verstehen. Was für uns und aus unserer kulturellen Perspektive politisch und rechtsstaatlich wünschenswert ist, muss nicht überall auf der Welt identisch gelten. Wir dürfen und wir müssen unsere Werte vertreten und verteidigen. Wir sollten aber andere Kulturen nicht belehren und ein unnötiges Überstülpen oder Aufzwingen unserer Vorstellungen ihnen gegenüber vermeiden. Unser Rechtsstaat wird den fulminanten Mega-Trends der Globalisierung und Hyperkomplexität nur dann standhalten können, wenn er lernt, Widersprüche zu überwinden, und wenn er *globale Diversität* respektiert und akzeptiert.

KAPITEL 3:

# CHINA, INDIEN, AFRIKA: DIE ZUKUNFT UNSERES RECHTSSTAATS WIRD NICHT ALLEIN BEI UNS ENTSCHIEDEN

Das Anerkennen und Verstehen globaler Diversität bedingt auch, sich ernsthaft damit auseinanderzusetzen, dass die Zukunft unseres deutschen oder europäischen Rechtsstaats bei Weitem nicht allein in Deutschland oder Europa entschieden wird. China *ist bereits* ein neues – und zugleich Jahrtausende altes – *Kraftzentrum der Welt*. Indien hat sich als Nation und als *Subkontinent auf den Weg gemacht*. Und Afrika ist ein ganzer *Kontinent der Zukunft*. Die massiven geotektonischen Verschiebungen und Verwerfungen, die aus der Globalisierung resultieren, können für uns auch weiterhin eine große Chance sein, sie zeitigen aber auch große Bedrohungen und Gefahren für unseren Wohlstand, unseren Rechtsstaat und dessen Zukunft.

In anderen Ländern sind dabei längst auch Entwicklungen im Gange, die durchaus beispielhaft für Deutschland sein können. Es gibt Länder, in denen politische Entscheidungsprozesse viel schneller und effektiver ablaufen und in denen es deshalb – jedenfalls für die dortige Bevölkerung – viele Gründe gibt, mit dem System politischer Entscheidungen zufriedener zu sein als bei uns. Selbst dann, wenn das mit unserer herkömmlichen Vorstellung von Freiheit und moderner Demokratie nicht immer einhergehen mag.

Dabei ist eben auch ausdrücklich zu respektieren, dass Rechtsstaatlichkeit kein global einheitlich interpretierter Begriff ist. Wollen wir *unseren* Rechtsstaat schützen, sichern und erhalten, dann müssen wir zunächst begreifen, was in den Ländern der Welt passiert, deren Entwicklung auch für unsere Zukunft zentral ist, und was das für uns bedeutet oder bedeuten kann. Und auch, wie wir darauf reagieren können oder müssen oder was wir daraus lernen sollten.

In China beispielsweise genießt Xi Jinping höchste Wertschätzung und größten Respekt dafür, das Land wieder richtig *stark* gemacht und weiter nachhaltig modernisiert zu haben. Dort, wo noch vor einigen Jahrzehnten Hunger herrschte, ist (selbst begrenzter) Wohlstand der Massen eine große Errungenschaft und eine höchst respektable Leistung. Und diejenigen Chinesen, die mehr als einmal das Ausland besucht haben, spüren und genießen den zunehmenden Respekt, den ihr gesamtes Land und ihr gesamtes Volk (das im Grunde aus mehr als 50 einzelnen Völkern besteht) weltweit mittlerweile genießen. Stolz und Selbstachtung sind in einem solchen Kontext naturgemäß wichtiger als Demonstrationsfreiheit oder Minderheitenschutz.

Bei uns hingegen werden aus hehren Motiven der Menschlichkeit, der Gleichheit oder auch des Umweltschutzes häufig politische Entscheidungen getroffen – und auch noch von einem großen Teil der Medien und einem nennenswerten Teil der Bevölkerung gefeiert, die das Land in Wahrheit systematisch schwächen. Und der Verteilung des Kuchens wird sehr viel mehr Zeit und politische Leidenschaft gewidmet als seiner Entstehung und bestmöglichen Rezeptur.

## Was ist eigentlich Freiheit?

Viele der relevanten Oberziele westlicher Demokratien sind im internationalen Kontext *relativ*. Bereits ein und derselbe Begriff oder ein und dasselbe Konzept mögen aus unterschiedlichen kulturellen oder Erfahrungswelten heraus sehr unterschiedlich gewichtet und auch interpretiert werden. Nach deutschem oder europäischem Verständnis gilt etwa die Republik Singapur nicht unbedingt als globales Epizentrum der Freiheit, da dort durchaus Beschränkungen unserer nationalen Individualrechte bestehen, die wir so liebgewonnen haben. Themen wie Bewegungs- und Entfaltungsfreiheit sind für uns – abgesehen von Corona-Zeiten? – Errungenschaften größten Ausmaßes. Deshalb wollen wir uns auch nicht unsere Dose Bier oder unsere Zigarette nach 22.00 Uhr in der Öffentlichkeit verbieten lassen. In Singapur ist es selbst tagsüber verboten, in einer U-Bahn oder U-Bahn-Station eine Dose Cola Light zu trinken, und das Nicht-Spülen einer öffentlichen Toilette oder das Ausspucken von Kaugummi sind illegal und strafbewehrt.

Doch was ist eigentlich Freiheit? Bildet sich Freiheit darin ab, dass man – wie bei uns der mehrfach verurteilte Terrorist Anis Amri vor seinem tödlichen Anschlag auf den Weihnachtsmarkt an der Berliner Gedächtniskirche – unter 14 verschiedenen Identitäten leben kann? Oder zeigt sich Freiheit nicht vielmehr darin, dass – wie in Singapur allnächtlich und allerorten – eine ältere Dame oder eine junge Frau im Minirock und mit High Heels auch nachts um drei noch sicher durch jede noch so entlegene Gasse gehen kann, ohne einem spürbaren Risiko des Handtaschenraubes oder gar sexueller Gewalttaten ausgesetzt zu sein?

Nicht nur 18-jährige Filipinas oder 20-jährige Koreanerinnen, die in Singapur zur Unterstützung ihrer hungrigen Familien daheim als Maid arbeiten oder zur Schaffung eigener internationaler Zukunftsperspektiven kellnernd studieren, sondern auch einheimische ältere Ehepaare oder Touristenfamilien mit kleinen Kindern auf Kurzaufenthalt wissen das enorme Ausmaß innerer Sicherheit in dem hochmodernen Insel- und Stadtstaat als Element wahrer individueller Freiheit zu schätzen. *Angstfreie* Bewegung ist schließlich auch ein zentrales Element persönlicher *Freiheit*. Und Angst, etwa nachts bei Burger King in der Vahrenwalder Straße noch einen leckeren Double Whopper und eine Cola Light mit Kirsch-Vanille zu genießen, schränkt das Freiheitsgefühl in der Heimatstadt der beiden Autoren im Einzelfall durchaus ein. Das werden nicht nur die freundlichen osteuropäischen Verkäuferinnen bestätigen können, die zwischen aus der Küche duftendem Big King XXL und XXL-selbstbewussten, nicht immer gänzlich unaggressiven »Big Kings« vor dem Tresen mitunter einen etwas unsicheren bis verängstigten Eindruck machen.

Parallel zu dem enorm hohen Maß an innerer Sicherheit und zusätzlich zu seiner unglaublichen wirtschaftlichen Erfolgsgeschichte hat es das multikulturelle und multireligiöse Wirtschaftszentrum am Äquator zugleich geschafft, die weltweit vielleicht erfolgreichste und bestfunktionierende Integration zwischen den verschiedenen Religionen und ethnischen Gruppen zu schaffen. Buddhisten, Hindus, Muslime, Christen und Juden leben in Singapur ebenso friedlich zusammen wie Volksgruppen chinesischen, indischen oder malaiischen Ursprungs. In echter und eindrucksvoller Integration, als kulturell und religiös diverse Nation. Aufbauend auf Intelligenz, harter Arbeit und Disziplin. Und auf einem kompromisslosen Konzept von Law and Order, bei dem man schon beim Ausfüllen des Einreiseformulars deutlich darauf hingewiesen wird, dass auf Drogenschmuggel die Todesstrafe steht.

Dabei hat der zahlenmäßig zu mehr als drei Viertel von Han-Chinesen dominierte kleine Inselstaat natürlich noch immer eine enge familiäre Verwobenheit mit dem großen Reich der Mitte. Wenden wir uns also nun der provokanten, jedoch keineswegs wider- oder gar irrsinnigen Frage zu, ob beispielsweise China (trotz oder vielleicht sogar gerade wegen des Ein-Parteien-Systems) es fertigbringt, die Probleme der Zeit besser zu bewältigen als die freiheitlich-demokratische Grundordnung in Deutschland. Wir wollen dabei sorgfältig identifizieren und differenzieren, welche Erscheinungen und Entwicklungen es genau sind, die uns in China als vorbildlich erscheinen mögen. Nichts kann von einer Kultur in eine völlig andere eins zu eins kopiert oder gar transplantiert werden. Aber der demokratische Rechtsstaat kann und muss – gerade auch, um sein eigenes Überleben langfristig und nachhaltig zu sichern – vom Beispiel anderer, gerade auch vom ganz anderen Beispiel der ganz anderen, lernen, um sich nicht in ethisch-moralischem Überlegenheitsgefühl zu verlieren, sondern freiheitlich-demokratische Rechtsstaatlichkeit mit langfristig stabilem Fundament im globalen Wettbewerb abzusichern.

Es muss nicht jeder in China leben wollen, und China hat ohnehin auch ohne massive Einwanderung genügend Menschen und Potenziale. Aber wenn wir nicht bereit oder fähig sind, zu verstehen, was sich dort entwickelt, und von den Chinesen zu lernen, werden wir am Ende mit dem Reich der Mitte, das sich ohnehin als Zentrum Jahrtausende langer Kulturgeschichte und nicht nur als bloßes Staatswesen versteht, nicht mehr im Wettbewerb bestehen und schon gar nicht mithalten können.

Das hätte Auswirkungen nicht nur auf unser wirtschaftliches Wohlergehen, sondern auch für unseren Rechtsstaat. Auch und gerade in Deutschland hat Demokratie am Ende immer mit Wohlstand zu tun gehabt. Insofern haben wir ohnehin keinerlei Grund, zu kritisieren, dass Millionen von Chinesen ihren neu gewonnenen Wohlstand als größte Freiheit empfinden.

## China: Ein Milliardenvolk gibt Gas[19] (während wir als 80-Millionen-Volk auf der Bremse stehen)

Die Geschichte des Wohlstands auf dem Planeten seit Zeiten der Industrialisierung lässt sich in klar definierte Etappen einteilen. Das 19. Jahrhundert war das Jahrhundert der Briten. Das kann man nicht nur in London an vielen Orten stets erahnen, sondern auch in Delhi und Singapur noch immer unmittelbar erspüren. In dem Tiger-Stadtstaat, der ja wörtlich übersetzt eigentlich »Löwenstadt« heißt, zeugen nicht nur der Collyer Quay und die fast allgegenwärtige Präsenz von Sir Stanley Raffles, sondern auch die offizielle Staatssprache von der ruhmreichen Vergangenheit des Vereinigten Königreichs, wenngleich Englisch in den Tropen Asiens mittlerweile in »Singlisch« abgewandelt wurde. Besondere Wortschöpfungen wie das »Handphone« oder auch die sympathische Antwortkurzform »Yes, can« belegen den Einfluss des kulturellen Umfeldes auf die Evolution der Sprache.

Das 20. Jahrhundert hätte vor dem Hintergrund der wissenschaftlichen Exzellenz, der ingenieursseitigen Kompetenz und der industriellen Potenz eigentlich das Jahrhundert der Deutschen werden können, vielleicht sogar müssen. Doch angesichts zweier globaler Katastrophen, die in einem Falle mittelbar und im anderen, noch wesentlich schlimmeren Falle unmittelbar von deutschem Boden ausgingen, wurde es schlussendlich das Jahrhundert der Amerikaner.

Das 21. Jahrhundert indes wird weder von Europa noch von auf europäischen Traditionen basierenden amerikanischen Werten und Vorstellungen vorrangig geprägt werden. Es wird vielmehr das Jahrhundert Asiens mit der aller Voraussicht nach unangefochtenen Führungsmacht China – so wie jedes weitere in der halbwegs überschaubaren Zukunft folgende Jahrhundert vermutlich auch.

Wären wir Chinesen, könnten wir die Welt der Wirtschaft ganz klar und einfach wie folgt beschreiben: »Allein schon wegen unserer ganz besonderen Bevölkerungsstärke, aber umso mehr noch vor dem Hintergrund unseres Erfindungsgeistes, unserer harten Arbeit und unseres besonderen wirtschaftlichen Erwerbsinteresses sind wir im Grunde von jeher die führende globale Wirtschaftsmacht gewesen. Lediglich während eines Wimpernschlages der Erdgeschichte von etwa 500 Jahren sind die Dinge einmal atypisch und etwas weniger günstig für uns gelaufen, sodass wir vor dem Hintergrund von Problemen mit Opium-Input und Wirtschafts-Output unsere naturgegebene Rolle einmal an Engländer und Amerikaner verliehen und auch den Franzosen in Saigon, den Portugiesen in Malakka, den Spaniern in Manila oder den Holländern in Batavia ungeahnte Entfaltungsmöglichkeiten überließen. Aber jetzt holen wir uns unsere uns gebührende Rolle als größte Volkswirtschaft des Planeten zurück, und zwar zügig und konsequent.«

Und genau Letzteres tut die chinesische Führung. Nicht mehr und nicht weniger. Anders als unsere Politik, die sich von Gemengelage zu Gemengelage hangelt und stets bemüht ist, jede Welle des vermeintlich Populären hemmungslos abzureiten, haben die Verantwortlichen in Peking dabei einen Plan, und zwar einen, der – ungeachtet seiner etwaigen moralisch-gesellschaftlichen Bewertung durch uns oder andere – zugleich sehr langfristig, sehr strategisch und sehr nachhaltig ist. Und der nicht etwa in Talkshows zerredet, sondern mit höchster Präzision und Stringenz konsequent umgesetzt wird. Tag für Tag. Einen Plan, der von geostrategischer Dimension ist und die ohnehin schon im vollen Gange befindliche dritte Industrielle Revolution noch weiter beschleunigen wird. Und damit ist keineswegs das viel diskutierte »Internet of Things« gemeint

Während hierzulande die Frauenquote eines der von der Politik meistdiskutierten Wirtschaftsthemen ist, konzentriert sich das ökonomische Denken der chinesischen Führung auf die Ressourcen Afrikas. Dort, wo wir die regionale oder nationale Pkw-Maut zum Wahlkampfthema bis hin zur spontanen Kanzlerin-Lüge machen, befasst sich die chinesische wahrlich globale Verkehrspolitik lieber mit weltweiten Hafeninfrastrukturen. Und zeitgleich mit einer Legislaturperiode, in der bei uns die Ehe für alle als größte parteiübergreifend erreichte Errungenschaft gefeiert wird, besteht in China übergreifender Konsens dahingehend, dass eine neue Seidenstraße nicht nur eine kühne Vision bleiben darf, sondern unmittelbar in die Realität umzusetzen ist.

Wer Shanghais neuen Pudong International Airport mit dem internationalen Kürzel »PVG« einmal live erlebt hat, der fragt sich nicht nur, welch gravierende politische Planungsfehler in unserem Lande, in dem ein Regierender Bürgermeister fälschlicherweise annahm, auf die Planungskompetenz eines Generalunternehmers verzichten zu können, eigentlich ohne Haftungskonsequenzen möglich sind, sondern dem wird auch klar, dass der vermeintliche Mega-Airport »BER« im Grunde ein besserer Provinzflughafen und im Maßstab wahrer globaler Metropolen überspitzt formuliert eigentlich nur ein »Fliegenschiss« ist.

Und wer irrig meint, etwas wie der Pudong-Flughafen sei eben nur in einer Volksrepublik unter der zentralistischen Führung einer kommunistischen Partei möglich, der sei auf Singapurs Changi Airport (»SIN«) verwiesen, in dem das hochkomplexe Milliardenprojekt »Jewel« als Indoor-Outdoor-Fusion mit Freizeitattraktionen, Hotel und Shopping Malls sowohl terminlich als auch finanziell punktgenau realisiert und in Betrieb genommen worden ist.

Wer im Übrigen glauben sollte, dass China zwar in seinen großen Metropolen deutlich aufgeholt habe, in der Infrastruktur der Fläche aber noch immer weit hinter uns zurückliege, liegt ebenfalls falsch: In weiten Teilen hat das Reich der Mitte gerade im Hinblick auf Verkehrsinfrastruktur sowie Internetanbindung und Dateninfrastruktur uns auch in der Fläche bereits weit überholt. Selbst bei Kung-Fu-Meistern in Klöstern entlegener Täler sowie in den Tunneln ehemals unüberbrückbarer Berge sind Internetverbindungen, Telefonverbindungen und sonstige IT-basierte Interaktionsmöglichkeiten besser und stabiler als im Intercity oder auf der Autobahn im flachen Land zwischen Hamburg und Hannover.

Nicht etwa José Ignacio López, der inzwischen weitgehend vergessene einstmals mystifizierte angebliche Sanierer, der sich selbst nicht als Verräter an General Motors, sondern vielmehr als Protagonist der dritten Industriellen Revolution wähnte, die von Amorebieta im Baskenland aus über Wolfsburg die ganze Welt ergreifen sollte, und auch nicht die derzeit allgegenwärtige Digitalisierung, die ja Industrielles gerade nicht reformieren oder revolutionieren, sondern stattdessen in weiten Teilen obsolet machen will, hatten oder haben das Potenzial zur dritten Industriellen Revolution, wenngleich das Internet zugegebenermaßen unser Leben noch nachhaltiger verändern mag als die Ingenuität eines James Watt oder die Effizienzsteigerungen eines Henry Ford. Die wahre, in vollem Gange befindliche dritte Industrielle Revolution ist nichts anderes als der unaufhaltsame und radikale, im Grunde sogar disruptive Prozess der Verschiebung des ökonomischen Gravitätszentrums – und ganz besonders auch der industriellen Kerne! – von Europa und Nordamerika nach Asien – basierend auf purer Demografie und demografischer Entwicklung und massiv verstärkt durch die Gleichzeitigkeit einer fulminanten Aufbruchsstimmung in Asien und einer nicht weniger unfassbaren Passivität und Ignoranz, mit der bei uns die Dimensionen der auf uns zukommenden Herausforderungen unterschätzt oder gar abgetan werden.

## Geostrategische Verschiebungen der ökonomischen Tektonik[20]

Damit kommen wir zurück zur Bedeutung der vergangenen Jahrhunderte und ihrer jeweiligen Prägung. Die erste Industrielle Revolution ging im 18. Jahrhundert aufbauend auf schottischen Erfindungen mit englischem Geld von Birmingham und Manchester aus und veränderte im 19. Jahrhundert die gesamte Welt. Die zweite Industrielle Revolution hatte ihre Vorläufer im frühautomobilen Deutschland des späten 19. Jahrhunderts, gelangte jedoch im 20. Jahrhundert in den Vereinigten Staaten zur vollen Realisierung und prägte sodann ebenfalls den gesamten Globus. Die dritte und vermutlich bedeutsamste Revolution der Industriegeschichte und industriellen Entwicklung hat bereits in der letzten Dekade des 20. Jahrhunderts in den Metropolen des Reichs der Mitte, Peking und Shanghai, aber auch in eigens neu geplanten Städten wie Shenzhen oder Taizhou begonnen, ist in vollem Gange und wird unseren Planeten und seine ökonomischen Kräfteverhältnisse vermutlich nicht nur für 100, sondern vielleicht für 1000 Jahre oder mehr wesentlich beeinflussen.

Doch blicken wir gar nicht so weit in die Zukunft – fragen wir stattdessen ganz einfach, wie die Welt der Wirtschaft oder die Wirtschaft unserer Welt denn wohl in 80 Jahren am Ende dieses, unseres Jahrhunderts aussehen mögen. Einige Prognosen können nicht erst für das Jahr 2100, sondern auch für die Zeit schon einige Dekaden davor mit an Sicherheit grenzender Wahrscheinlichkeit gestellt werden:

• China wird die größte Volkswirtschaft der Welt sein, Indien die zweitgrößte. Jedenfalls dann, wenn es China gelingt, sein Vielvölkerreich mit insgesamt 56 Nationalitäten zusammenzuhalten und auch die Disparitäten zwischen »superreich« und »bettelarm« zu überwinden.

Und wenn Indien es zudem schafft, die naturgemäß hyperkomplexe Demokratie eines Milliardenvolkes mit gleichzeitig hoher Effizienz und Stringenz der wirtschaftlichen Entwicklung zu verbinden.

- Indonesien wird sich in diesem Szenario mit den Vereinigten Staaten von Amerika einen intensiven Wettbewerb um den dritten Platz auf dem Podium der größten Volkswirtschaften unseres Planeten liefern und diesen Wettstreit demografie-basiert vermutlich am Ende irgendwann gewinnen. Dabei haben die USA zunächst noch einen erheblichen Infrastrukturvorteil, der allerdings Indonesiens Bevölkerungsdynamik auf Dauer nicht wird standhalten können – jedenfalls dann nicht, wenn es Indonesien gelingt, auch weiterhin dem islamistischen Fundamentalismus jeglichen Nährboden zu entziehen.

- An die G7 oder G8, wie wir sie heute kennen, wird man sich jedenfalls hinsichtlich ihrer Zusammensetzung bestenfalls noch in den Geschichtsbüchern und Schulmaterialien erinnern. Maximal ein Land des alten Europas hat überhaupt noch eine kleine Chance, vielleicht unter den zehn größten Volkswirtschaften der Welt zu verbleiben, nämlich Deutschland, aber auch nur dann, wenn die selbstgefällige Behäbigkeit der Spitzen-Entscheidungsträger endlich der Einsicht in Erfordernisse und Notwendigkeiten weicht und richtige Entscheidungen getroffen werden.

- Länder wie Brasilien und Mexiko werden einstmals stolze Volkswirtschaften wie Frankreich, Italien oder Spanien weit hinter sich gelassen haben.

- Staaten wie Vietnam oder die Philippinen werden die größten relativen Gewinner der globalen Veränderungsprozesse sein.

- Und das ökonomische Kräfteverhältnis zwischen ehemaligen Kolonialmächten und ehemaligen Kolonien wird sich in vielen Fällen ins diametrale Gegenteil des Altbekannten verkehrt haben.

59

# Lernt Mandarin![21]

Das alles sind nicht nur Fragen von politischer oder nationalökonomischer Bedeutung, sondern auch von unmittelbarer betriebswirtschaftlicher Relevanz. Jeder Vorstand, der über das aktuelle Budget oder die laufende Mittelfristplanung auch nur ein wenig hinausdenken möchte, muss sich zwingend die Frage stellen, welchen Beitrag er und sein Unternehmen dazu leisten können und müssen, dass auch unsere Kinder und deren Kinder zumindest noch halbwegs vernünftige Lebensgrundlagen vorfinden werden. Aber das gilt natürlich auch für den Staat an sich und für die öffentliche Verwaltung nicht minder.

Da Kommunikation – egal ob im persönlichen Gespräch oder auf dem Wege elektronischer Medien oder gleich im Zusammenwirken mit künstlicher Intelligenz – stets mit Sprache zu tun hat, ist die erste Erfordernis für jeden zukunftsorientierten Manager, am besten selbst Mandarin zu lernen, zumindest aber sicherzustellen, dass die nachfolgenden Führungsgenerationen im Unternehmen rechtzeitig Mandarin lernen können.

Und wer es mit dem Global-Philosophen Ludwig Wittgenstein hält, der zu Recht erkannte, dass die Grenzen unserer Sprache zugleich die Grenzen unserer Welt markieren, muss auch bereit sein, zu erlernen, wie man »chinesisch denkt«. Letzteres äußert sich nicht nur in der geostrategischen Dimensionalität des naturgemäßen Verständnisses und Selbstverständnisses der bevölkerungsreichsten Nation unseres Globus oder in der generalstabsmäßigen Umsetzungsorientierung einer historisch einzigartigen Kombination von zentralwirtschaftlicher Steuerung mit lupenreinem Kapitalismus, sondern ganz besonders in den Denkstrukturen an sich.

Um diese Denkmuster ein wenig zu ergründen, bietet es sich an, in die innere Struktur eines chinesischen Schriftzeichens einzusteigen. Wie interdependent und von multiplen Wirkungszusammenhängen sowie einfachen Kausalwurzeln gekennzeichnet das chinesische Denken ist, lässt sich anhand des Schriftzeichens für »gewinnen« 贏 sehr schön veranschaulichen. Dieses besteht nämlich seinerseits gleich aus fünf verschiedenen Schriftzeichen mit in diesem Zusammenhang zum Teil äußerst bemerkenswerten und für Westler im Einzelfall vielleicht eher unerwarteten, jedoch durchgehend treffenden Bedeutungen:

- Der Tod als Versinnbildlichung der Notwendigkeit, Risiken einzugehen, wenn man gewinnen will.
- Der Mund zur Veranschaulichung der Bedeutung guter Reputation und guter Mund-zu-Mund-Information und -Berichterstattung.
- Das Gewöhnliche beziehungsweise Einfache, da man nur gewinnen kann, wenn man bodenständig und realistisch ist und gleichzeitig auch einfachen Details Aufmerksamkeit zuwendet.
- Eine Muschel als Symbol des Besitzens und Pflegens von Ressourcen.
- Und last, but not least der Mond: Nur wer bereit ist, Tag und Nacht zu arbeiten, wird schlussendlich zum Erfolg kommen und siegen.

Es dürfte keiner weiteren Erläuterung bedürfen, dass es nicht nur in der Spitzenpolitik, sondern ganz besonders auch im Top-Management und in der bundesdeutschen Exekutive sowie natürlich auch auf den ökonomischen beziehungsweise administrativen Gestaltungsebenen darunter eines gravierenden Umdenkens und einer noch gravierenderen Weiterentwicklung bedarf, um den global stärksten Wettbewerber endlich besser zu verstehen und ihm auch einen Wettbewerb unter zumindest annähernd Ebenbürtigen doch wenigstens vorübergehend noch liefern zu können.

Doch noch ein Weiteres sollten wir politisch und ökonomisch beherzigen, bevor es zu spät ist: Wir müssen endlich aufhören, unsere Werte, Wertmaßstäbe, Bewertungskriterien und Erfahrungswerte anderen aufzwingen zu wollen. Wenn wir uns trotz aller Sympathie und Bewunderung für unsere asiatischen Freunde wünschen, dass unsere Kinder und deren Kinder und Kindeskinder noch in einer Welt leben können, in der die Europäer noch für sich entscheiden können und dürfen, was sie für richtig halten, und diesbezüglich künftig keine Vorgaben aus Peking, Shanghai, Mumbai oder Delhi entgegenzunehmen haben, und wenn wir uns wünschen, dass ein dann an Bedeutung dramatisch reduziertes Europa noch eine gewisse Eigenständigkeit in der globalisierten Welt der Zukunft entfalten darf, dann dürfen wir uns im Jetzt und Heute nicht länger der Vorstellung hingeben, dass wir das überkommene Recht geschweige denn die dauerhafte Legitimation hätten, anderen in der Welt zu sagen, was Recht oder richtig ist, welchen ethischen oder moralischen Standards sie zu folgen haben, geschweige denn, was Demokratie ist oder sein soll und wie sie innenpolitische oder soziale Probleme zu lösen haben.

Wenn wir die Kleinen sein werden und die anderen die Großen, werden die sich daran erinnern, wie wir sie behandelten, als wir uns noch als groß wähnten. Diese Erkenntnis zu verinnerlichen und tagtäglich zu leben, ist nicht nur Aufgabe und Verantwortung unserer Regierung, sondern auch all jener, die in Industrie, Wirtschaft und allgemeiner Verwaltung Verantwortung haben und tragen. Und zwar an jedem einzelnen Tag.

## Afrika: Quellkontinent der Rechtsstaatszukunft

Doch nicht nur vom chinesischen Wachstumswunder kann man lernen. Von Afrika als einem gesicherten Brennpunkt der globalen Betrachtung kann der gesamte Globus in den kommenden Jahrzehnten profitieren, aber auch genauso verlieren, wenn die Politik der »reichen Welt« und die Wirtschaft nicht die richtigen Weichen stellen. Diese Weichen *müssen* gestellt werden. Denn wenn Deutschland und der Rest der Welt Afrika außer Betracht lassen sollten, dann droht ein globales Desaster, das unseren Rechtsstaat ganz sicher durch eine noch nie dagewesene Bevölkerungsbewegung von Süd nach Nord in seinen Grundfesten erschüttern und zerstören würde. Um das zu verhindern, muss die westliche Welt und damit auch die Bundesrepublik Deutschland die wechselseitigen Chancen, die in dem Ausbau der wirtschaftlichen Zusammenarbeit liegen, endlich begreifen und auch umsetzen – und zwar gesamthaft und vollumfänglich. Die Zukunft unseres Rechtsstaats wird sich auch in Afrika entscheiden – und durch unseren Umgang mit diesem einzigartigen Kontinent.

Afrika ist in der globalen Betrachtung für viele immer nur als einer der ärmsten Kontinente, wohl der ärmste auf der Welt, bekannt. Mit einer Fläche von 30,2 Millionen Quadratkilometern entspricht er etwa 22 Prozent der gesamten Landfläche des Planeten. Mit 1,3 Milliarden Menschen ist dieser Kontinent nach Asien der Erdteil mit der zweitgrößten Bevölkerung der Welt. Ein Großteil der Menschen lebt südlich der Sahara in Armut. Afrika ist der Kontinent mit den meisten Menschen, die an Hunger leiden, und an jedem Tag auch derjenige, auf dem die größte Zahl von Menschen an Hunger stirbt. Insgesamt 256 Millionen Menschen in Afrika leiden an Hunger – und das Tag für Tag. Chronischer Hunger aufgrund von extremer Armut ist die Hauptursache für die hohe Kindersterblichkeit. Die Afrikaner werden von Kriegen und Elend begleitet, die sie immer wieder beim Aufbau einer nachhaltigen Entwicklung zurückwerfen.

Das wesentliche Thema auf der Ebene des Nationalstaats, also auch bei uns, war diesbezüglich bis vor wenigen Jahren immer nur Entwicklungshilfe und humane beziehungsweise humanitäre Hilfeleistung. Es gab einfach nur Geld für Biomasse und *»Vor-Ort-Hilfe«*. Es gab aber kaum strukturelle nachhaltige Förderungsideen für Afrika, die ein wirtschaftliches Wachstum und perspektivisch eine aufholende Gesellschaft ins Leben rufen könnten.

Mittlerweile hat sich dies zum Glück insbesondere aufgrund diverser Vorhaben des Bundesentwicklungsministers Gerd Müller verändert. Zutreffend sagt er sinngemäß: *» Wir brauchen einen Paradigmenwechsel und müssen begreifen, dass Afrika nicht der Kontinent billiger Ressourcen ist, sondern die Menschen dort Infrastruktur und Zukunft benötigen.«*

Afrika ist ein Kontinent, der eine extreme politische Heterogenität mit Diktaturen und Demokratien aufweist und dessen Bevölkerung nach gemäßigten Schätzungen bis zum Jahr 2050 noch um weitere 1,5 Milliarden Menschen wachsen wird. Es kommen also bevölkerungsseitig dimensional noch knapp dreimal Europa in 30 Jahren dazu. Und sie kommen dort dazu, wo das Leben gegenwärtig ohnehin schon vielfach unerträglich ist aufgrund der Lebensdichte, der schwierigen klimatischen Verhältnisse, der mangelnden Bildung und der unzureichenden Gesundheitsversorgung.

Nigeria allein wird von derzeit rund 200 Millionen Menschen bis zum Jahr 2050 auf eine Bevölkerungszahl von gut 410 Millionen anwachsen, womit das Land dann unter den bevölkerungsreichsten Ländern der Welt auf Rang drei oder vier hinter Indien und China und im diesbezüglichen »Wettbewerb« mit Indonesien liegen würde. Doch auch die Bevölkerungszahl Kenias wächst exponentiell. Die Bevölkerung dürfte sich im Zentrum der ostafrikanischen Gemeinschaft, die Kenia, Tansania, Uganda, Ruanda, Burundi und den Südsudan umfasst, von 50 auf 100 Millionen Menschen verdoppeln.

In dieser Entwicklung liegen aber nicht nur Gefahren, sondern auch erhebliche Chancen. Gerade durch das Wachstum der Bevölkerung in den kommenden Jahren kann sich Afrika sehr stark weiterentwickeln und mit Blick auf Wohlstand sukzessive aufholen, wenn die dafür notwendigen infrastrukturellen Voraussetzungen geschaffen werden. Denn die enorme Dynamik der globalen Abläufe geht natürlich auch an Afrika nicht vorbei. Afrika als Region betrachtet wird bereits im Jahr 2035 das größte Arbeitskräftepotenzial weltweit haben. Um das zu nutzen, braucht es jedoch ein globales, zumindest aber ein nationales und europäisches *Bündnis für Afrika*.

Die zunehmende Zahl der Bevölkerung auf dem afrikanischen Kontinent und die damit verbundene zunehmende Zahl an Arbeitskräften bieten enormes Entwicklungs- und Wachstumspotenzial. Nach Asien ist Afrika mittlerweile die am schnellsten wachsende Weltregion. Der Kontinent weist zudem eine der höchsten Urbanisierungsraten der Welt auf. Das Bruttoinlandsprodukt dieses Kontinents wächst seit dem Jahr 2000 stetig um etwa 4,6 Prozent. Das ist die zweithöchste Wachstumsrate der Welt. Viele multinationale Unternehmen insbesondere aus China und Indien richten ihre Produkte deshalb inzwischen auf eine wachsende afrikanische Mittelschicht aus. Auch die Panafrikanische Freihandelszone mit immerhin 54 Nationen birgt ein riesiges Potenzial für die Zukunft dieses Kontinents und für ausländische Investoren, indem auf einen wachsenden afrikanischen Binnenmarkt zugegriffen werden kann. Durch ausländische Investitionen kann die Mittelschicht in Afrika weiterwachsen, die Armut durch immer mehr Wohlstand schrumpfen und das Wachstum der Bevölkerung stagnieren. Die afrikanischen Staaten haben sich eine hochambitionierte Agenda gesetzt, die danach strebt, bis 2063 »*ein wohlhabender Kontinent mit den Mitteln und Ressourcen zu sein, der seine eigene Entwicklung vorantreibt und zwar mit nachhaltiger und langfristiger Verantwortung für seine Ressourcen*«[22].

Afrika braucht afrikanische Lösungen. Und Afrika braucht eine neue Form der Zusammenarbeit mit den wohlhabenden Ländern der Welt. Deshalb gibt es den Pakt für Afrika, der mehr Investitionen nach Afrika lenken möchte, um die Lebensbedingungen grundsätzlich zu verbessern. Das Bundesministerium für wirtschaftliche Zusammenarbeit und Entwicklung hat bereits 2017 in einem Dialog mit Wirtschaft, Wissenschaft,

Kirchen, Gesellschaft und Politik die Eckpunkte für einen *Marshallplan mit Afrika* zur Diskussion gestellt. Der Marshallplan mit Afrika verfolgt unter anderem das Ziel, jährlich circa 20 Millionen neue Arbeitsplätze vor Ort zu schaffen. Diese sollen nicht durch staatliche Entwicklungsgelder, sondern durch die Privatwirtschaft finanziert werden.

Die globalen Player in der Wirtschaft müssen begreifen, dass sie selber nur dann langfristig überleben können, wenn Afrika wirtschaftlich aufholt und die künftigen Lebensbedingungen trotz des Bevölkerungswachstums dazu führen, dass nicht 20, 40 oder gar 100 Millionen Menschen beginnen, nach Norden und nach Europa zu wandern. Denn dann hätten wir ein komplett anderes gesellschaftspolitisches und wirtschaftliches Problem in Europa, das mit der Flüchtlingskrise 2016/2017 nicht im Geringsten zu vergleichen wäre. Unser Sozialstaat hätte überhaupt keine Überlebenschance. Und unser heutiger Rechtsstaat wohl auch nicht.

Noch vor wenigen Jahren gab es gerade in Afrika trotz der Armut eine beachtliche Zufriedenheit und Balance innerhalb der einzelnen Völkergruppen. Das hing damit zusammen, dass durch den Umstand, dass alle arm waren und unterhalb der Armutsgrenze lebten, keine Neiddebatten aufkamen. Das hat sich aber in den zurückliegenden zehn Jahren deutlich geändert. Durch die Globalisierung ist die Welt gläsern geworden. Der afrikanische Durchschnittsbürger, der nach wie vor nicht über eine Kontoverbindung verfügt, aber in Besitz eines Smartphones ist, weiß insofern sehr genau, wie es sein kann oder zumindest sein könnte. Er tummelt sich in den sozialen Medien wie Facebook und Instagram und begreift, dass es ein erhebliches Wohlstandsgefälle zwischen zum Beispiel Europa und Afrika gibt, das er – verständlicherweise – nicht mehr ohne Weiteres hinnehmen möchte. Zudem ist gerade die junge Generation bereit, viele Opfer zu bringen, um an unserem Wohlstand teilhaben zu können.

Die deutsche Gesellschaft, insbesondere die Leistungsträger unserer Wirtschaft, täten deshalb gut daran, durch einen Pakt für Afrika und durch nachhaltige Investitionen die Voraussetzungen dafür zu schaffen, dass Afrika seine enormen Potenziale entwickeln und ausschöpfen kann, dass das enorme Talentpotenzial dort zur Entfaltung gebracht werden kann und dass damit Afrikaner in Afrika bleiben können und sich nicht auf den Weg nach Europa machen müssen. Denn die Entvölkerung ihres

Heimatkontinentes ist letztlich gerade auch für die Afrikanerinnen und Afrikaner nur die zweitbeste Lösung.

## Indien: diversester und homogenster Talent-Pool der Welt

Ein weiteres Beispiel an gewaltiger künftiger Kraft und Entwicklung im globalen Wettbewerb ist Indien. Das Land wächst und wächst und wächst. Zunächst wächst die Bevölkerung – von bereits rund 1,4 Milliarden auf sehr vorsichtig geschätzte 1,64 Milliarden im Jahr 2050. Damit wird Indien für die Zukunft der nächsten Jahrzehnte und Jahrhunderte voraussichtlich das Land mit der weltweit größten Bevölkerungszahl sein. China wird wohl einwohnermäßig dahinter zurückfallen. Bereits heute ist Indien die größte Demokratie der Welt, und ein Buch über Rechtsstaatszukunft kann den Subkontinent mithin unmöglich ignorieren.

Noch tritt nur ein Bruchteil der etwa 1,4 Milliarden Inder als Wettbewerber in der Weltwirtschaft an. Aber es werden immer mehr. Und Indien will bis zum Jahr 2030 sage und schreibe 400 Flugplätze, 20 Hochseehäfen, 111 Kanäle, mehr als 100 »Smart Cities« und nicht weniger als 10 000 Kilometer an Bahnstrecken für Hochgeschwindigkeitszüge bauen. Indien ist ein Land mit einer Bevölkerung, die – ebenso wie China mit einer mehr als 5000 Jahre alten Kultur und Kulturgeschichte und mit hoher gesellschaftlicher Motivation – bereit ist, sich wirtschaftlichen Wohlstand hart und zügig zu erarbeiten. Das ist selbstverständlich höchst legitim, auch wenn es uns vor gewaltige Herausforderungen stellen wird.

Indien wird in wenigen Jahren nicht nur das bevölkerungsreichste Land der Erde sein, sondern auch einen Platz unter den größten Wirtschaftsmächten der Welt beanspruchen. Seitdem sich das Land für den Welthandel geöffnet hat, erlebt es einen sagenhaften Boom. »Jetzt sind wir dran«, sagen die Inder – verständlicherweise. Sie wollen Wohlstand und Konsum. Hier und heute. Die Kosten dafür interessieren erst morgen. Warum sollten sich indische Bürgerinnen und Bürger diesbezüglich anders verhalten als europäische Politikerinnen und Politiker?

Doch nicht alle haben etwas von dem Boom. Weiterhin leben hunderte Millionen Inder in Armut – an ihnen geht der Aufschwung völlig vorbei. Während das Land Atomkraftwerke baut und eine Sonde zum

Mond schickt, müssen Millionen von Indern ihre Notdurft nach wie vor im Freien verrichten, weil sie keine Toilette haben. Die Gegensätze zwischen Arm und Reich haben sich in den vergangenen Jahren sogar noch verschärft. Die Mehrheit der Inder lebt noch immer abseits der großen Städte und versucht, mit Agrarprodukten über die Runden zu kommen. Während Indien weltweit mit die meisten Millionäre und Milliardäre beheimatet, bleibt es bei vielen Sozialindikatoren hinter den Durchschnittswerten von Subsahara-Afrika zurück.[23] Wer einmal die Lepra in den Slums von Mumbai gesehen hat, verliert die Angst vor der Pest – und tut sich schwer mit Corona-bedingten Gesichtsmasken an frischluftigen europäischen Stränden.

Aber was können wir von den Indern lernen? Was bietet der wirtschaftliche Aufschwung für Chancen? Und welche Bedeutung hat Indien für unsere deutsche Rechtsstaatszukunft?

Zunächst einmal ist Indien der wohl zugleich diverseste und homogenste Talent-Pool der Welt. Der Diversität der Ethnien und Kulturen des südasiatischen Subkontinentes stehen dabei die Zentralität der weltgrößten Demokratie und die englisch geprägte Verwaltungsstruktur und Sprachintegration gegenüber. In einem Universum digitaler Arbeitswelten sind Hunderte von Millionen intelligenter, fleißiger und englischsprachiger Inderinnen und Inder eine wahrlich disruptive Kraft.

Wozu Indien und seine Bevölkerung innerhalb kürzester Zeit fähig sind, hat nicht nur der ehemalige Schachweltmeister Viswanathan Anand genial und global symbolisiert, sondern lässt sich auch beispielsweise in der südindischen IT-Metropole Bengaluru besichtigen, wo etwa der Campus des IT-Giganten Infosys selbst manchen Big Player des Silicon Valley vor Neid erblassen lassen dürfte. Im internationalen Kontext wird sich unser Rechtsstaat mithin nicht nur ökonomisch, sondern auch arbeits- und dienstleistungsrechtlich völlig neuen Herausforderungen und Aufgaben gegenübersehen.

Das indische Volk lebt von einem enormen Antrieb, einer ausgeprägten Aufbruchsstimmung. Es ist klug und von einem vorrangigen Ziel geleitet: als Gesellschaft Wohlstand zu schaffen und Anschluss an die »westliche Welt« zu finden. Dafür verfügt es über ein enorm hohes Potenzial an Intelligenz, Menschen und Leistungsbereitschaft. Die Inder wissen, wie sich der Wohlstand in Europa oder den USA in den zurückliegenden Jahrhunderten ausgebreitet und verfestigt hat. Sie wissen auch um ihre Chance, Gewinner der Globalisierung zu werden und zu den Top 3 der wirtschaftlich stärksten Mächte auf diesem Globus aufzusteigen. Indien wird, ob wir es wollen oder nicht und ungeachtet der sozialen Konflikte, die dieses Land begleiten, ganz sicher zu einem Global Player aufsteigen und uns als Wirtschaftsmacht den Rang ablaufen.

Sehen wir es so: Die Inder kommen! Als ein künftiges Kraftzentrum im globalen Wettbewerb. Und das ist auch gut so. »Kinder statt Inder« war trotz positiver Intention vielleicht einer der dümmsten Wahlkampf-Slogans der deutschen Nachkriegsgeschichte. »Kinder und Inder« hätte es heißen müssen. Denn unsere Kinder werden und müssen wechselseitig wichtige Partner der Inder sein. In Bengaluru und Hyderabad wird sich – ebenso wie in Shanghai oder Shenzhen – niemand mehr dafür interessieren, was die Industriekapitäne in Birmingham oder Manchester, in Düsseldorf oder Essen denken oder dachten.

## Neu-Delhi: Hauptstadt der weltgrößten Demokratie

Bereits heute ist die Welthauptstadt der Demokratie nicht mehr London oder Washington, sondern – einwohnerzahlenbasiert – ganz eindeutig Neu-Delhi. Genau aus diesem Grunde hat Indien trotz all seiner gegenwärtig noch bestehenden Probleme geradezu eine Leitfunktion für die ganze Welt und alle demokratischen Rechtsstaaten. Würde das Konzept der Demokratie gerade in dem Land scheitern oder zu dauerhaft ökonomisch und sozial nicht zufriedenstellenden Ergebnissen führen, das die größte Demokratie der Welt darstellt und zu organisieren hat, könnte das im Umkehrschluss als Beweis gewertet werden, dass – jedenfalls ab einer bestimmten kritischen Größe – das Konzept des Ein-Parteien-Systems beziehungsweise der einheitlich-zentralen Staatslenkung strukturell überlegen ist. Oder im nochmaligen Umkehrschluss: Wenn wir nachhaltig an den demokratischen Rechtsstaat europäischer Prägung und Tradition glauben, müssen wir ein massives Interesse daran haben, dass Indien politisch, ökonomisch, sozial und rechtsstaatlich zum dauerhaften Erfolgsmodell wird.

Gemeinsam haben alle geschilderten Erscheinungsformen des wirtschaftlichen Aufschwungs im Übrigen den Umstand, dass sie unbürokratisch, rational und ergebnisorientiert Investitionen und Entscheidungsabläufe steuern und mit einem enormen motivationalen Antrieb zum Ergebnis führen. Wir müssen diese Entwicklungen sehr ernst nehmen und beispielsweise den indischen Aufschwung sehr genau beobachten. Denn die Größe der indischen Volkswirtschaft wird das asiatische Land zu einem wichtigen Zukunftsmarkt und Handelspartner Deutschlands und Europas machen. Da die Geburtenrate nur sehr langsam sinkt, wird der Anteil der arbeitsfähigen Bevölkerung im Alter zwischen 17 und 60 Jahren schon bis zum Jahr 2025 auf knapp 73 Prozent steigen. Dass dies natürlich eine enorme Investition in Bildung bedingt, hat die indische Politik längst erkannt. So findet man Plakate in Neu-Delhi mit der Aufschrift: »*Let's Make India The Skill Capital of The World!*« (»*Machen wir Indien zur Weltzentrale für Kompetenz!*«)[24]

Es wird insofern spannend sein, zu verfolgen, ob die Welthauptstadt der Demokratie auch zur Welthauptstadt der Bildung wird. Dass nicht nur Online-Freelancer aus Bangalore, ferndiagnostizierende Ärzte aus Mumbai oder sogar roboter-gestützt fernoperierende Chirurgen aus Chennai unsere Wirtschafts-, Vertrags- und Erlebniswelten massiv beeinflussen und verändern werden, liegt auf der Hand. Darin liegen Herausforderung und Chance für unseren Rechtsstaat zugleich.

Die Regierungsverantwortlichen müssen sich der beschriebenen Entwicklungen und Veränderungen im Wirtschaftlichen insgesamt, aber insbesondere auch im globalen Machtgefüge, bewusst werden und Konsequenzen ziehen. Beiden Verfassern ist es unerklärlich, dass es nach wie vor zur Verteidigung unserer gesellschaftlichen Werte und unseres Rechtsstaats kein Globalisierungs- und im Übrigen auch kein Digitalisierungsministerium im Bund gibt, sondern das eine Thema nach wie vor singulär im Kanzleramt einer einzigen Abteilung und das andere als eines unter vielen dem Wirtschaftsministerium anvertraut ist.

Einzelne Abteilungen jedoch, besetzt mit noch so tüchtigen Ministerialbeamtinnen und -beamten, werden den unfassbaren Kräften und den schier endlosen Potenzialen, die mehr als 4 Milliarden Menschen allein in China, Indien und Afrika freisetzen können und entfalten werden, nichts, aber auch gar nichts entgegensetzen können. Überhaupt nichts! Und dann haben wir über andere wirtschaftliche und politische Großmächte der Zukunft wie etwa Indonesien oder auch demografisch dynamische Schwellenländer wie Vietnam oder die Philippinen noch gar nicht gesprochen. *Das* ist das Mega-Thema und die *Mega-Herausforderung* unserer Zeit. Nicht etwa Mütterrenten, Frauenquoten oder sonstige Gleichstellungsfragen.

Es wird Zeit, dass unsere Politik begreift, dass sie sich an künftigen Generationen versündigt, wenn sie sich auch weiterhin im national-lokalen Themendickicht profiliert, verbraucht und verschleißt. Wenn wir keine vernünftigen Antworten auf die Herausforderungen finden, die aus China, Indien und Afrika auf uns zukommen, hat unser Wohlstand keine Zukunft. Und unser Rechtsstaat keine Chance.

# Kapitel 4

# Wir brauchen mehr Ressourcen für die Justiz und einen neuen Justizaufbau

Für die medial-gesamthafte Rechtsstaatswahrnehmung der Bevölkerung dürften Gesetzgebungsverfahren und Regierungsverhalten von zentraler Bedeutung sein. Für die individuelle Akzeptanz und den individuellen Respekt für das, was wir Rechtsstaat nennen, werden hingegen eher die individuellen Erlebniswelten in und mit Gerichtsverfahren sowie Medienberichte über Stilblüten des Rechtsstaats und Skandalurteile der Gerichte von vorrangiger Relevanz sein. Wenden wir uns also zunächst der »Judikative«, also der Rechtsprechung und Rechtsanwendung zu. Im Kern soll es dabei um die Strukturen und Abläufe gehen, bevor die grundsätzliche Frage beleuchtet wird, ob das Instrumentarium an Rechtsregeln angemessen ist und ob das Recht und seine Anwendung noch das Rechtsgefühl der Menschen treffen.

Zunächst seien aber die *Ressourcen* thematisiert, die unser Staat seiner Justiz und damit der gelebten und erlebten Realität einer der zentralen, der vielleicht sogar wichtigsten *Rechtsstaatssäule* zubilligt.

Wer friedliches Miteinander in einer zunehmend heterogenen Gesellschaft – auch im Kontext teilweise von der Politik begünstigter äußerer Ereignisse wie zum Beispiel des Flüchtlingszustroms – erhalten will, muss erkennen, dass dies neben sozialer Integration und religiös-ethnischer Toleranz auch zwingend der Einhaltung klarer Regeln des Rechtsstaats und des Respektes vor dem Rechtsstaat bedarf. Die Einhaltung seiner Regeln und der Respekt vor seiner selbst setzen aber wiederum zwingend voraus, dass der Rechtsstaat und insbesondere die Justiz über angemessene und hinreichende sächliche und personelle Ressourcen verfügt.

Eine Polizei, die nicht über betriebsfähige Fahrzeuge, moderne Kommunikationsmittel oder angemessene Bewaffnung verfügen würde, wäre für die Verbrecherjagd ungeeignet und würde den Respekt der zu Verfolgenden wie der zu Schützenden gleichermaßen verlieren. Und eine Justiz, die durch immer mehr Themen und Verfahren überlastet und von immer mehr Menschen und Entwicklungen überrannt wird, muss allein schon kapazitativ und quantitativ, aber natürlich zunehmend auch qualitativ überfordert sein, wenn sie nicht mit hinreichend Budgetmitteln, Personal und moderner Infrastruktur ausgestattet wird. Mit der Folge, dass der *Respekt aller* vor Justiz und Rechtsstaat in Zukunft weiter schwindet.

## Das finanziell-personelle Ressourcenproblem unserer Justiz: Trinkgeld statt Budgetangemessenheit

Wie groß die Ressourcenknappheit unserer Justiz in der gelebten Realität bereits ist, mag man erahnen, wenn man sich vergegenwärtigt, dass in einer quasi nationalen Debatte niemand Geringeres als die Berliner Generalstaatsanwältin öffentlich die Idee befürwortet hat, Schwarzfahren nicht länger juristisch zu bestrafen.[25]

Besonders bemerkenswert ist dabei der Sachverhalt, dass sie über die zuvor etwa vom Regierenden Bürgermeister Berlins erhobene Forderung nach milderen Sanktionen für Schwarzfahrer oder auch jene des Berliner Innensenators nach Herabstufung auf Ordnungswidrigkeit noch hinausging, und zwar mit der Begründung, dass eine Einstufung als Ordnungswidrigkeit die Amtsgerichte nicht wirklich entlasten würde, die sich – beziehungsweise das Kammergericht in Berlin – dann »doch noch mit den Einspruchsverfahren« (und den sich anschließenden Rechtsbeschwerden) »herumschlagen« müssten.[26]

Eine Straftat wie das »Erschleichen von Leistungen« jedenfalls im Falle des Schwarzfahrens *vorrangig aus Gründen der Entlastung* der Justiz nicht mehr als solche behandeln zu wollen (oder umsetzungstechnisch überhaupt durchgängig angemessen behandeln zu können) und entsprechend über eine Bundesratsinitiative zur Änderung des Strafgesetzbuches *aus solchen Gründen* auch nur *nachzudenken*[27], ist schon per se ein sicherer Indikator für die wirkliche Dimension der viel diskutierten Überlastung unserer Justiz, umso mehr, als die Generalstaatsanwältin

72

sehr deutlich machte, dass es ihr in der Tat um die Entlastung der Justiz und konkret der Gerichte in Berlin gehe und dass der entsprechende Straftatbestand *deshalb* »völlig abgeschafft« werden müsse.[28] Die *Bestätigung* des Senates, dass tatsächlich ein entsprechender Gesetzesentwurf der Berliner Justizverwaltung per Senatsbeschluss als Bundesratsinitiative eingebracht werden sollte, wonach selbst Wiederholungstäter weder Strafverfahren noch Geldbuße zu befürchten hätten,[29] belegte offenkundig das Problem.

Gerade der Sachverhalt, dass die entsprechende Bundesratsinitiative *zeitnah* gestartet werden sollte, »um die Berliner Justiz zu entlasten«[30], bestätigte selbst dann, wenn der Senat am Ende wohl – wie vom Senatssprecher bereits angekündigt – nicht so weit gehen wird wie von der Generalstaatsanwältin angeregt,[31] über die *Dimension* des Überlastungsproblems hinaus auch die offenkundige *Dringlichkeit* der Abhilfe.

Man muss dabei gar nicht – wie ein Leserkommentar auf *FOCUS Online* – so weit gehen, aus den Vorschlägen der Berliner Generalstaatsanwältin einen »Offenbarungseid moralischer Verkommenheit« der »politische[n] Klasse dieses Landes«[32] oder etwa von Teilen der Justiz zu schlussfolgern: Unabhängig davon, ob und wie schwer es für den Berliner Senat werden könnte, auf Bundesebene eine Mehrheit für ein Gesetz zur Entkriminalisierung des Schwarzfahrens zu erreichen[33], stellt der bloße Ansatz der *Entkriminalisierung* allein oder vorrangig *aus Ressourcengründen* einen Offenbarungseid rechtsstaatlicher Sachlogik und Ressourcenallokation dar.

Generelle Straffreiheit für Schwarzfahren mag aus anderen Gründen, über die noch zu sprechen sein wird, oder in anderen Kontexten diskussionswürdig sein. Bundesgesetze aber nur deshalb zu ändern, um Landgerichte in der Berufungsinstanz oder Oberlandesgerichte in der Revisionsinstanz zu entlasten, ohne dass sich an Verhältnismäßigkeit oder Sachlogik des Zusammenhangs zwischen (Straf-)Tatbestand und Rechtsfolge irgendetwas geändert hat, erscheint hingegen per se als abwegig.

Der verstorbene Schwiegervater eines der Verfasser dieses Buches ist früher, wenn er in den späten 1950er Jahren seine künftige Frau besuchen wollte, zu Fuß die mehr als 10 Kilometer von einer Seite von Wuppertal zur anderen gegangen, um die vielleicht 10 oder 20 Pfennig für die Schwebebahn zu sparen, damit er ihr von dem so eingesparten Geld ein kleines Eis kaufen konnte – um danach den gesamten Weg auch wieder per pedes zurückzugehen. Auf die Idee, einfach einzusteigen und mitzufahren, ohne zu bezahlen, wäre er nie gekommen. Aber er war auch keine Berliner Generalstaatsanwältin des 21. Jahrhunderts.

Für eines der Mega-Themen des 21. Jahrhunderts, den Klimaschutz, möchte EU-Kommissions-Chefin Ursula von der Leyen sage und schreibe 3 Billionen Euro einsetzen – vielleicht sogar zu Recht. Doch selbst die erfolgreiche und existenziell wichtige Bekämpfung des Klimawandels nutzt nichts, wenn der Rechtsstaat zusammenbricht und die geordnete staatliche Gemeinschaft damit ihre Existenz verliert. Überflutete Straßen sind nicht besser als brennende.

Und es sind nicht einzelne Summen, sondern es ist die unfassbare Disproportionalität im Ressourceneinsatz, die den neutralen Betrachter fassungslos und ratlos machen muss: dreimal 1000 Milliarden Euro europaweit für den Klimaschutz, von denen der größte Einzelbeitrag aus Deutschland kommen soll, 1000 Milliarden Euro für die deutsche Energiewende allein, 1000 Milliarden jährlich für unseren Sozialstaat[34], mehr als 1000 Milliarden für die Euro-Rettung, sehr viel mehr als 1000 Milliarden für die Auswirkungen der Integration von Flüchtlingen in Deutschland in Millionenzahl, mehr als 1000 Milliarden Euro im Übrigen auch für die deutsche Einheit – und ein noch nicht abschließend absehbarer Milliarden-Betrag für die Corona-Freiheit unseres Landes.

Da kann es auch nicht mehr wirklich verwundern, dass es die europäische Spitzenpolitik im Juli 2020 allen Ernstes als »historischen Moment« oder sogar »historische Leistung« ihrer selbst feierte, sich beim EU-Gipfel darauf geeinigt zu haben, ein 1800-Milliarden-Euro-Paket für die Überwindung der Corona-Krise zu schnüren – oder für die Abmilderung der wirtschaftlichen und sozialen Auswirkungen ihrer eigenen Entscheidungen zur Virus-Bekämpfung. 1800 Milliarden, von denen noch nicht ein einziger Euro verdient ist. 1800 Milliarden, die am Ende von den europäischen und dabei zu einem großen Teil von den deutschen Steuerzahlerinnen und Steuerzahlern aufzubringen sein werden. Vor allem im Übrigen von solchen, die noch gar nicht geboren sind.

Die Verwendung von Mitteln wurde also beschlossen – und als Errungenschaft zelebriert –, die noch nicht ansatzweise verdient sind, sondern erst noch erarbeitet werden müssen, von Menschen, die ihrerseits zum großen Teil noch nicht einmal gezeugt sind – und insofern naturgemäß auch noch keine Wählerstimme haben können. Und dies alles frei nach dem Motto »Wie geil sind wir denn, dass wir so viel Geld anderer Leute ausgeben dürfen, das die noch nicht einmal verdient haben«? Man mag fast schon Respekt empfinden wollen vor der gefühlten Kühnheit und Dreistigkeit.

Wie weit und wohin sind wir eigentlich gekommen und was sagt es über den Zustand unserer Politik und unserer Gesellschaft, dass es überhaupt möglich ist, dass die Verständigung auf ein *Ausgaben*paket wahrlich historischer Größenordnung tatsächlich *gefeiert* werden kann, ohne dass *Wertschaffungen* auch nur im entferntesten vergleichbarer Größenordnung zeitgleich überhaupt auch nur ansatzweise *thematisiert* worden wären? Und was sagt es über uns selbst, wenn wir das alles widerspruchslos hin- oder sogar freudig zur Kenntnis nehmen?

»Eintausend Milliarden« scheint für die Politik bei der Bekämpfung vermeintlicher Krisen oder Wahrnehmung großer Chancen oder sozialen Wohltaten inzwischen fürwahr zur kleinsten Euro-Recheneinheit geworden zu sein. Dies gilt indes leider nicht für die Ausbildung unserer Kinder, es gilt nicht für die Ausstattung unserer Universitäten, und es gilt bedauerlicherweise auch nicht für die Ausstattung des Rechtsstaates, der doch von Wiedervereinigung bis Flüchtlingspolitik den festen und sicheren Rahmen für unser Handeln und unser Gemeinwesen bieten soll.

In den PISA-Ergebnissen liegen wir inzwischen Lichtjahre hinter chinesischen Monopolregionen, dem Stadtstaat Singapur und der Samsung-Heimat Korea zurück. Unter den 50 besten Universitäten der Welt befindet sich in diversen Rankings keine einzige deutsche mehr. Und für unsere Justiz geben wir im Durchschnitt im Bund ein lächerliches Prozent und zum Beispiel im Land Niedersachsen weniger als 4 Prozent unserer Staatsausgaben aus. Wir sprechen dabei aber immer über die »Dritte Gewalt« im Staat. Eine Säule, die nicht nur zur Überwachung und Sicherung der Gesetzesanwendung der Exekutive beitragen, sondern auch zur Durchsetzung privater Rechte und zur Sanktionierung von Unrecht verantwortlich sein soll. Eine Säule des Rechtsstaats mit ausgewiesenem Verfassungsrang.

Die Autoren fragen sich, ob das eher ein unfassbarer Skandal oder ein trauriger Witz ist: Dasjenige Land der Welt, das den historisch folgenreichsten und furchtbarsten Zusammenbruch von Demokratie und Rechtsstaatlichkeit mit resultierendem Massenmord und globalen Flächenbrand erlebt und verursacht hat, investiert gerade einmal *einen niedrigen einstelligen Prozentsatz* seiner öffentlichen Mittel in den Erhalt, die Stärke und die Stabilität von Justiz und damit Rechtsstaatlichkeit.

Dabei würde es gar nicht mal so vieler weiterer Mittel bedürfen, um die Funktionsfähigkeit der Justiz dauerhaft zu erhalten. Bereits ein Anstieg der Haushaltsausgaben in den Ländern und im Bund um wenige Millionen Euro würde der Justiz Ressourcen verschaffen, mit denen sie jederzeit in der Lage wäre, den Verfassungsanspruch der Justizgewährung sachgerecht und nachhaltig für Deutschland zu erfüllen.

Das gilt insbesondere auch für die Bereitstellung von ausreichend Personal im nichtrichterlichen Dienst, etwa bei den Rechtspflegerinnen und Rechtspflegern sowie den Beamtinnen und Beamten des mittleren Dienstes und denen des Wachtmeisterdienstes, die man alle nicht aus dem Blick verlieren darf. Denn gerade der nichtrichterliche Dienst bildet das Rückgrat der Rechtspflege, ohne das auch die Richterinnen und Richter beziehungsweise die Staatsanwältinnen und Staatsanwälte den Rechtsstaat nicht vertreten und nicht verteidigen könnten.

Der angemessene Bedarf an Personal für die Justiz richtet sich nach einem Personal-Bedarfs-Berechnungssystem, das durch Multiplikation der Einzelfallbearbeitungszeit mit den tatsächlichen Fallzahlen den tatsächlichen Personalbedarf anschließend berechnet. Der danach erforderliche Personalbedarf in der Zivil- und Strafgerichtsbarkeit sowie bei den Staatsanwaltschaften deckt sich aber *nicht* (!) mit dem gegenwärtigen Personalbestand. Es besteht eine Unterdeckung von bis zu 10 Prozent, in manchen Bereichen sogar bis zu 20 Prozent. Die Personalbedarfsberechnung zeigt somit eindringlich das Erfordernis einer Personalverstärkung. Eine solche findet aber allein aus fiskalischen Gründen nicht statt. Eine sachgerechte Wertschätzung der Säule »Dritte Gewalt« in einem demokratischen Rechtsstaat sähe anders aus. Die Erste und Zweite Gewalt haben hier eine große Verantwortung auf sich geladen, indem sie rechenbare Erfordernisse im Grunde ignorieren.

In der gegenwärtigen Krise merkt das schwerfällige Justizsystem die unter anderem durch die personellen Engpässe eingeschränkten Handlungsspielräume besonders. Termine mussten im März und April 2020 in fast allen Gerichten aufgehoben werden, und seit Anfang Mai geht es nun um den Zugriff auf die begrenzten Ressourcen zur Wiederherstellung von Normalität und Stabilität.

## Der Aufbau unserer Justiz und ihre Abläufe

Doch mit höheren Budgets für Gerichte und Justizapparat allein ist es selbstverständlich nicht getan. Es stellt sich vielmehr die Frage, wie es grundsätzlich mit der Justiz in den nächsten Jahren weitergehen muss. Ist die gegenwärtige Architektur und sind die strukturellen Gegebenheiten der Justiz den künftigen Herausforderungen noch gewachsen?

Die Justiz arbeitet strukturell bedingt zu langsam, ist in zu komplizierte Zweige aufgegliedert und kann deshalb kaum noch auf die Herausforderungen der Gegenwart reagieren – noch weniger auf die der Zukunft. Gerichtsprozesse müssen schneller ablaufen, die Vorschriften müssen entschlackt und radikal vereinfacht werden, die enorme Verrechtlichung muss abgebaut werden. Wir brauchen weniger Instanzen, weniger Gerichte und die Einführung neuer Methoden, die es ermöglichen, einen Prozess auch über weitere Distanzen zu führen.

Die weitere Verlagerung der internationalen rechtlichen Konflikte in die private Justiz der Schiedsgerichte ist mit Blick auf die kontinuierlich zunehmende dynamische Entwicklung unserer Gesellschaft sehr gefährlich. Im Interesse von Bürgern und Rechtsstaat kann sie nicht liegen. Das Recht darf nicht grenzenlos privatisiert werden – und schon gar nicht als Reaktion auf die Schwerfälligkeit eines mengenmäßig überforderten staatlichen Justizapparates, dem angemessene Ressourcen von der Politik vorenthalten werden. Den Rahmen für die Schiedsgerichtsbarkeit, die aufgrund der Privatautonomie weiten Teilen des Zivilrechts offensteht und primär im Vertrags- und Wirtschaftsrecht genutzt wird, schaffen zwar die parlamentarisch legitimierte Zivilprozessordnung sowie internationale Abkommen; was innerhalb der von den jeweiligen Parteien benannten Schiedsgerichte passiert, entzieht sich jedoch inhaltlich staatlicher und öffentlicher Kontrolle. Erfahrene Schiedsrichter können zwar – gerade auch zu komplexen, emotionalisierten oder öffentlichkeitssensiblen Themen – oftmals schnelle und pragmatische Lösungen aufzeigen und gegebenenfalls entsprechend entscheiden, was im Einzelfall für alle Beteiligten vorteilhaft sein kann; eine Privatisierung des Rechts vorrangig unter Aspekten unzureichender staatlicher Ressourcen und Effizienz ist gleichwohl eine bedrückende oder sogar bedrohliche Vorstellung. Das Eingeständnis eines entsprechenden grundsätzlichen Effizienzgefälles zwischen staatlichem und staatlich (unzureichend) alimentiertem Justizapparat einerseits und privaten Schiedsgerichten andererseits könnte der Anfang vom Ende des Rechtsstaats sein, wie wir ihn kennen.

Der vorstehende, bewusst pointierte Befund, ist beängstigend. Zu Beginn des dritten Jahrzehnts des noch jungen Jahrtausends ist es nach Überzeugung der Autoren mit Blick auf die beschriebenen Mega-Trends der Globalisierung, Digitalisierung und der zunehmenden Komplexität dringend erforderlich, sich mit einer *grundlegenden Erneuerung der Justiz* auseinanderzusetzen. Im Ergebnis ist dabei zwischen einer Diskussion über die *Anzahl der Gerichte und Staatsanwaltschaften* einerseits sowie die Thematik der *auf- und ablauforganisatorischen Inhalte* in den Justizbehörden andererseits zu differenzieren. Letztlich hängen alle Inhalte miteinander zusammen und beeinflussen sich wechselseitig. Vor diesem Hintergrund soll nachfolgend versucht werden, den Leserinnen und Lesern das Gefühl für den grundsätzlichen Bedarf an einer Erneuerung der Justiz zu vermitteln.

## Zu viele Gerichtseinheiten beeinflussen die Qualität der Rechtspflege[35]

Die Diskussion über einen neuen Gerichtsaufbau ist so alt oder neu wie die moderne Justiz selbst. Sie wird in regelmäßigen Abständen immer wieder geführt und scheitert jäh an politischen Widerständen aus allen politischen Parteien. Die Abgeordneten, die die Schließung von Gerichten befürworten, müssten nämlich befürchten, vom lokalen oder regionalen Wähler abgestraft zu werden. »Unsere Gerichte arbeiten gut« – was unzweifelhaft mehrheitlich richtig ist – und »Wir brauchen sie in der gegebenen Anzahl in der Fläche« – was so nicht richtig ist – ist die gängige zu hörende Argumentation. Kosten scheinen dabei keine Rolle zu spielen.

Nach fester Überzeugung der Autoren haben wir zu viele Justizbehörden in Deutschland. Allein in Niedersachsen besteht die ordentliche Gerichtsbarkeit, also die Gerichtsbarkeit, die für die Zivil- und Strafrechtspflege zuständig ist, aus 94 (!) Gerichten. Es gibt drei Oberlandesgerichte (in einem einzigen Bundesland!), elf Landgerichte und 80 Amtsgerichte. Daneben existieren drei Generalstaatsanwaltschaften und elf Staatsanwaltschaften.

Dass es so viele Gerichte und Staatsanwaltschaften gibt, ist allein historisch und politisch zu verstehen. Es gibt indes definitiv keine historische Entwicklung und Überzeugungsbildung, die sachorientiert zur Erledigung der Aufgaben in der Rechtspflege 94 Gerichte in Niedersachsen gefordert hätte. So variieren die Gerichte in ihrer Größe auch erheblich. Offenkundig spielen hier Wahlkampf- und Proporzgedanken zum Teil eine größere Rolle als die Fokussierung auf Synergien, Effektivität und Ressourceneffizienz. In dieser Hinsicht scheinen sich die Rechtspolitiker vom Rest gesellschaftlicher Entwicklungen und Erkenntnisse zum Teil ein Stück weit abgekoppelt zu haben.

Nehmen wir als Beispiel das Amtsgericht, das für erstinstanzliche Zivilsachen bis zu einem Streitwert von 5000 Euro und für andere Angelegenheiten wie zum Beispiel Betreuungs-, Nachlass- oder Grundbuchangelegenheiten zuständig ist. Auch Strafsachen, soweit die Straferwartung vier Jahre Freiheitsstrafe nicht übersteigt, werden vor den Amtsgerichten verhandelt. Das kleinste Amtsgericht in Niedersachsen ist Bad Gandersheim mit 1,5 (!) Richterstellen. Hier müssen 1,5 Richterinnen oder Richter in jeder Hinsicht generell aufgestellt sein, das heißt, sie müssen *alle* Rechtsgebiete wie Familien-, Straf-, Betreuungs- und Zivilrecht abdecken und können sich nicht in einem Rechtsgebiet spezialisieren. Effektiv und effizient kann so etwas nicht sein. Das in anderen Gesellschaftsbereichen seit Jahrhunderten stetig weiterentwickelte Prinzip kooperativer Arbeitsteilung hat damit so gut wie nichts gemein.

Das sieht am Amtsgericht Hannover, dem größten Amtsgericht in Niedersachsen, natürlich komplett anders aus. Dort gibt es knapp 100 Richterinnen und Richter, von denen die meisten spezialisiert sind, und zwar im Familien-, Straf-, Betreuungs- oder Zivilbereich. Mit anderen Worten: Die Richterin in Hannover bearbeitet ein Rechtsgebiet schwerpunktmäßig und spezialisiert, während ihr Kollege in Bad Gandersheim alle Rechtsgebiete gleichermaßen abdecken und beherrschen muss. Und die Frage nach der Spezialisierung hat offenkundig ganz entscheidend nicht nur mit Effizienz und Effektivität, sondern vor allem auch etwas mit der *Qualität der Rechtsprechung* zu tun.

Der bundesdeutsche Bürger hat im Durchschnitt circa 1,3-mal in seinem Leben persönlichen Kontakt zur Justiz. Man darf nicht nur deshalb fest davon ausgehen, dass sein Bedarf an Qualität guter richterlicher Entscheidung größer ist als sein Bedarf an unmittelbarer räumlicher Nähe zum Gericht. Das kennen wir ja aus eigenem Erleben auch aus der Medizin: Wenn uns der Hausarzt zu einem 100 Kilometer entfernten spezialisierten Kardiologen schickt, dann fragen wir ja auch nicht danach, weshalb dessen Praxis nicht vor unserer Tür liegt, und beim Hausarzt wollen wir selbstverständlich nicht bleiben, wenn es für unsere Erkrankung einen ausgewiesenen Spezialisten gibt.

Der Vorteil bei der medizinischen Betreuung ist, dass wir den Arzt frei wählen dürfen. Bei dem für uns zuständigen Gericht geht das aber nicht. Das für uns zuständige Gericht wird uns kraft Gesetzes[36] vorgeschrieben, und der Bürger muss sein Recht in der Regel vor dem Amtsgericht einfordern, in dessen Bezirk »*der Beklagte*« seinen Wohnsitz hat, wenn es sich um einen zivilrechtlichen Anspruch handelt. Es geht hier im Übrigen keineswegs um die grundsätzliche intellektuelle Qualität der Richter. Die ist gleichermaßen hoch und äußerst beachtlich. Es geht diesbezüglich ausschließlich um die Qualität der Rechtsprechung. Und die muss unterschiedlich sein, wenn strukturell bedingt die Bürgerinnen und Bürger in dem einen Fall auf einen Allrounder treffen und in einem anderen Fall, ohne Einfluss darauf zu haben, auf einen Spezialisten. Das gilt in Analogie im Grunde auch für die Landgerichte und Oberlandesgerichte.

Schon aus den vorstehenden Situationsbeschreibungen wird deutlich, dass bei einer ausschließlich sachorientierten und nicht politisch bedingten sachfremden Diskussion für jeden erkennbar ist, dass eine Strukturreform über die Anzahl der Gerichte mehr als sachgerecht wäre. Dabei geht es noch in einer einfachen Sicht um die analoge Welt, um den gegenwärtigen Ist-Zustand.

Den Autoren ist sehr wohl bewusst, dass Gespräche, die mit den politischen Entscheidungsträgern geführt werden müssten und müssen, um eine Bewegung in dieses Thema zu bekommen, zunächst vielfach aussichtslos wären oder sind. Es ist ein unbequemes Thema, das die Abgeordneten egal welcher Parteizugehörigkeit alarmieren und auf den Plan rufen würde. »Unser Amtsgericht ist unantastbar.«

Alles bleibt also, wie es ist? Weil es in der Politik nicht um Nachhaltigkeit, sondern um selbstgefällige Beständigkeit geht? Um die Macht und um den Machterhalt?

Nicht, wenn die Bürgerinnen und Bürger erkennen, dass das gegenwärtige überstrukturierte System sie qualitativ und kostenseitig benachteiligt. Bei allem Respekt und aller Sympathie für Bad Gandersheim: Dass ein eigenes Gericht mit eineinhalb Richterstellen in einer *Gemeinde* mit etwas mehr als 10 000 Einwohnern in der globalisierten und spezialisierten Welt des 21. Jahrhunderts *unmöglich* höchste Qualität in der Rechtsprechung und höchste Kosteneffizienz im Ressourceneinsatz leisten kann, liegt auf der Hand, selbst wenn dort die beiden weltbesten Juristen als Amtsrichter im Einsatz wären.

Zudem gibt es einen wesentlichen Unterschied heute und für die Zeit danach im Vergleich zur Vergangenheit: Das sind naturgemäß und nicht überraschend die auch von der Politik nicht zu beeinflussenden Faktoren der Zukunft. Und die haben es nunmehr wahrlich in sich! Ein Faktor, der *unbeeinflussbar* daher- und dazukommt – und der automatisch und zwingend eine Strukturgebietsreform der Justiz nach sich ziehen muss – ist die Digitalisierung der Justiz und die damit verbundene Einführung des elektronischen Rechtsverkehrs. Sobald die Justiz durchgängig und medienbruchfrei ausschließlich elektronisch Rechtspflege betreiben wird – voraussichtlich ab 2025 –, werden sich ganz von selbst Fragen stellen und beantworten, die der analogen Welt entzogen sind. Diese Veränderungen werden zu disruptiven Strukturdebatten allein schon aus fiskalischen Gründen führen und eine Reform zur Folge haben, die auch aus zwingend sachlogischen Argumenten politisch nicht mehr verhindert werden kann.

Wir stehen bereits heute an der Schwelle zur digitalen Justiz mit beginnenden virtuellen Gerichtsverhandlungen und weiteren technischen Fortschritten. Vielleicht, nein: vermutlich gibt es künftig dann irgendwann nur noch ein »Amtsgericht Niedersachsen« mit entsprechenden dezentralen Zuständigkeiten. Dieser Gedanke lässt sich im Grunde endlos fortspinnen, selbstverständlich auch für Land- und Oberlandesgerichte. Die Gerichtsstruktur der Justiz steht an einem *historischen Wendepunkt.*

## Aufbauorganisation der Rechtspflege: Reform des Gerichtsverfassungsgesetzes wegen zu vieler Gerichtsinstanzen

Der Instanzenaufbau in der ordentlichen Gerichtsbarkeit ist im Wesentlichen im Gerichtsverfassungsgesetz (GVG), das im Oktober 1879 als eines der Reichsjustizgesetze in Kraft trat, geregelt. Neben der Debatte über die Vielzahl an Gerichten gibt es seit jeher auch die Debatte über die Vielzahl an Instanzen und Bewegungsmöglichkeiten innerhalb der Rechtspflege, die für eine außerordentliche Belastung und für hohe Kosten des Justizkörpers mit verantwortlich sind. Auch diese Debatte wird seit über 100 Jahren immer wieder, aber bislang immer wieder erfolglos geführt.

Seit dem Vorschlag des Reichsjustizministers Schiffer aus dem Jahr 1928 (!) und dessen Wiederaufgreifen durch die sozialliberale Koalition im Jahr 1969 (!) wurde die Idee der Dreistufigkeit in Dekadensprüngen immer wieder reaktiviert: Abschied von der »Instanzenseligkeit« mit Amtsgerichten, Landgerichten, Oberlandesgerichten und dem Bundesgerichtshof zugunsten einer Struktur mit einem lokalen Gericht – also einem Amtsgericht mit umfassender erstinstanzlicher Zuständigkeit –, einem regionalen Gericht – also einem Land-/Oberlandesgericht mit umfassender Berufungszuständigkeit – und einem Bundesgericht mit Revisionszuständigkeit. Diese Idee muss neu entfacht werden. Die Frage muss etwa mit Blick auf den Strafprozess als Beispiel doch erlaubt sein: Weshalb muss ein Straftäter, der vor dem Amtsgericht wegen Fahrraddiebstahls zu einer geringfügigen Geldstrafe verurteilt worden ist, gegen das Urteil, das ein Richter in einem formalisierten Strafverfahren gefällt hat, noch zwei weitere Instanzen zur Überprüfung der Richtigkeit der Entscheidung einer Instanz haben? 

Das ist in etwa so, als ob es noch einen zweiten Wirtschaftsprüfer zur Überprüfung der Arbeit eines ersten Wirtschaftsprüfers zur Überprüfung des Monatsumsatzes eines Kiosks gäbe – mit dem einzuräumenden Unterschied, dass Rechtmäßigkeit und Unrecht nicht relativiert werden dürfen. Doch auch im Zivilrecht gilt: 80 Prozent der Verfahren werden durch den Einzelrichter entschieden. Weshalb gibt es also keine zentrale Eingangsinstanz?

Dabei ist doch klar: Der Rechtsstaat lebt nicht durch seine Instanzen, sondern allein durch sein rechtsstaatliches Verfahren und von der guten Qualität seiner Entscheidungen. Muss dabei aber wirklich im Bußgeldverfahren jeder Ampelverstoß im Rahmen einer Rechtsbeschwerde mit demselben Aufwand überprüfbar sein wie das Urteil eines Schwurgerichts? Das ist schwer nachvollziehbar. Auch für den Steuerzahler, der die Mittel für eine entsprechende Gleichbehandlung völlig unterschiedlicher Verstöße gegen Regeln unserer Rechtsordnung bereitstellen muss.

Die Beispiele ließen sich beliebig fortsetzen und betreffen letztlich auch den Zivilprozess, bei dem aber faktisch der Instanzenzugang bereits heute durch richterliche Ermessensentscheidungen bei der Berufung und Revision angemessen beschränkt werden kann.

Unabhängig davon müssen wir bei der Bewertung der Zukunftsfähigkeit unseres Rechtsstaats natürlich auch unsere ins Alter gekommenen Prozessordnungen, namentlich die des Zivil- und Strafprozesses, hinterfragen. Sie müssen in Teilen renoviert und neugestaltet werden, um ein potenziell weiter steigendes Verfahrensaufkommen auch in Zukunft bewerkstelligen zu können.

## Ablauforganisation: Reform des Zivilprozesses

Der Rechtsstaat braucht in einem ersten Schritt vor allem eine Reform des Zivilprozesses. Die deutsche Zivilprozessordnung trat neben dem Gerichtsverfassungsgesetz als Teil der Reichsjustizgesetze ebenfalls im Jahr 1879 (!) für die bürgerlich-rechtlichen Rechtsstreitigkeiten in Kraft. Sie ist eine historische Errungenschaft und hat sich in mehr als 100 Jahren mit vielen erfolgreichen Novellierungen sehr bewährt. Viele Länder der Welt beneiden Deutschland um seinen preisgünstigen, leistungsfähigen und rechtsstaatlichen Zivilprozess auch heute noch. Die Zivilprozessordnung hat unterschiedliche politische Systeme, zwei Weltkriege, den Wiederaufbau einschließlich der Wiedervereinigung unserer heutigen Nation begleitet und gefestigt. Sie hat als Kern unseres Rechtsstaats maßgeblich die Durchsetzung von privaten Ansprüchen in einem gut strukturierten Verfahren bewerkstelligt. Sie wurde immer wieder an veränderte gesellschaftliche Verhältnisse angepasst, zuletzt in größerem Umfang durch das Gesetz zur Reform des Zivilprozesses im Jahr 2001[37].

Doch mittlerweile fehlt dem Zivilprozess gerade in den Verfahren, die durch eine besondere Komplexität, einen besonderen Umfang und durch schwierige Rechtsfragen geprägt sind und von einem besonderen wirtschaftlichen Interesse an Beschleunigung begleitet werden, die Durchschlagskraft. In diesem Kontext haben wir bereits festgestellt: Die Gesellschaft und die Wirtschaft national wie global befinden sich in einer äußerst dynamischen Entwicklung. Diese Entwicklung ist wegen der sie teilweise begleitenden disruptiven Veränderungen und Innovationen auf den Märkten der Weltwirtschaft kaum noch übersehbar und kontrollierbar. Die Globalisierung hat nicht nur zur Beschleunigung, sondern auch zur strukturellen Veränderung von Rechtsstreitigkeiten beigetragen.

Insbesondere die an Komplexität zunehmenden nationalen wie internationalen Konflikte mit immer neuen Rechtsfragen und Rechtsvorschriften bringen die Richterinnen und Richter häufig an ihre Grenzen, und die Verfahren verzögern und verlängern sich. Das ist ein ganz wesentlicher Unterschied zu früher. Seit ein paar Jahren hat das zur Folge, dass sich die Nachfrage nach Rechtsentscheidungen der Zivilgerichtsbarkeit zunehmend in die sogenannte private Justiz, namentlich hin zu den bereits erwähnten Schiedsgerichten verschiebt. Viele Parteien meiden die staatliche Justiz, weil es ihr an der notwendigen Flexibilität und Beschleunigung mangelt. So nachvollziehbar das ist, so sehr ist diese Entwicklung aber auch eine Gefahr für unsere funktionierende Marktwirtschaft und für unseren Rechtsstaat.

Die global wie national sich dynamisch verändernden Rahmenbedingungen für Wirtschaft und Gesellschaft führen dazu, dass die Legislative, also der Gesetzgeber, gar nicht mehr in der Lage ist, das materielle Recht, das Grundlage für das wirtschaftliche und gesellschaftliche Handeln ist, in der Geschwindigkeit durch neue Gesetze beziehungsweise Novellierung bestehender Gesetze an die neuen Lebenswirklichkeiten anzupassen, wie es eigentlich notwendig wäre. Zu schwerfällig ist das Gesetzgebungssystem mit der Notwendigkeit der Planung, Konzeptionierung, Beteiligung und Umsetzung. Deshalb braucht der Rechtsstaat gerade in diesen Zeiten eine funktionierende staatliche Rechtspflege, also »*Zivilgerichte*«, die durch spruchrichterliche Tätigkeit das geltende Recht fortbilden, indem sie die Gesetze an die Lebenswirklichkeit der Wirtschaft und an die Gesellschaft im globalen Wettbewerb anpassen.

Die Dritte Gewalt in unserem Rechtsstaat ist inzwischen sehr viel mehr geworden als der isolierte Wächter über die Gesetze. Sie ist inzwischen *Garant* dafür, dass unsere Gesellschaft in allen ihren Ausprägungen in der beschriebenen dynamischen Entwicklung funktioniert und damit das Fundament unseres Rechtsstaats erhält. Das gilt insbesondere für den Bundesgerichtshof als Revisionsinstanz.

Vor diesem Hintergrund und insbesondere mit Blick auf die rasant zunehmende Digitalisierung ist es höchste Zeit, eine grundlegende Reform des Zivilprozesses bis zum Jahr 2030 auf den Weg zu bringen, die den Herausforderungen der Zukunft für die nächsten 20 bis 30 Jahre Rechnung trägt. Eine solche Reform müsste in zwei Legislaturperioden unabhängig von den politischen Mehrheiten auch grundsätzlich möglich sein. Denn Justiz ist nicht politisch. Sie darf jedenfalls nicht politisch sein. Und Justiz ist auch nicht »sexy«! Aber sie ist wichtig. Verdammt wichtig. Für alles, was wir sind und was wir tun.

Es würde den Rahmen des Buches sprengen, eine grundlegende Analyse der gegenwärtigen Schwachstellen und Möglichkeiten einer zielführenden Veränderung des deutschen Zivilprozesses in Betracht zu nehmen. Ein paar wenige Veränderungsansätze seien dennoch kurz angesprochen.

## Weniger gerichtliche Verfahrensdauer, mehr richterliche Verantwortung bei Verfahrensgestaltung

Die größte Schwachstelle ist bei umfangreichen Verfahren *die Dauer* des Zivilprozesses. Es gibt eine Vielzahl an Verfahren, die sich nicht nur über Monate, sondern sogar über viele Jahre hinziehen. Das hat natürlich unterschiedliche Ursachen. Eine Ursache sticht jedoch hervor: Der förmliche Zivilprozess ist zu wenig flexibel, um auf die Bedürfnisse der

Parteien einzugehen. Die Richterinnen und Richter dürfen sich selbstverständlich auch nicht befangen machen. Je komplexer und je streitiger ein Rechtsstreit ist, umso mehr Zeit nimmt er für sich aufgrund einer sehr formalen gesetzlichen Prozessführung und -gestaltung in Anspruch. Hinzu kommt der Zeitaufwand, den die Richterinnen und Richter gegenwärtig benötigen, um den Prozessstoff überhaupt angemessen zu durchdringen.

Wir brauchen dabei ganz unstreitig eine Beschleunigung der Zivilverfahren und eine schnellere Rechtssicherheit, als das gegenwärtig auf der Grundlage der geltenden Zivilprozessordnung möglich ist. Ein maßgeblicher Faktor ist in diesem Kontext die Einbindung der künstlichen Intelligenz, über die später noch eingehend zu sprechen sein wird. Sie wird den Richterinnen und Richtern bei der Bewältigung der Komplexität entscheidend behilflich sein und damit die richterliche Effizienz deutlich fördern. Verfahrensabläufe werden sich verkürzen, und es wird diesbezüglich Änderungen an Verfahrensvorschriften geben müssen.

Auch unabhängig davon brauchen wir mehr verfahrensfördernde Strukturverantwortung für Richterinnen und Richter selbst. Damit ist eine höhere Verantwortung bei der Gestaltung der Verfahren gefordert, der gegenwärtig ein zu stark formalisierter Prozessablauf entgegensteht. Das »Framing« des Zivilprozesses stimmt nicht mehr. Wir brauchen mehr Ermessen für die Richterinnen und Richter auf der Grundlage der Gleichbehandlung der Parteien und der Sicherstellung der Gewährung des rechtlichen Gehörs bei ihrer Prozessgestaltung. Gegenwärtig können Verfahren nach § 495a der Zivilprozessordnung nur bis zu einem Streitwert von 600 Euro nach billigem Ermessen geführt werden. Weshalb ist das eigentlich seit mehr als 20 Jahren unverändert der Fall?

Verstehen kann das vermutlich niemand. Ein Vorschlag könnte sein, die Möglichkeit, dass Richterinnen und Richter Verfahren nach billigem Ermessen steuern dürfen, auf einen Streitwert bis zum Beispiel 20 000 Euro zu erweitern. Und dabei ginge es nicht vorrangig um die schnelle Erledigung, also um eine Entlastung der Justiz. Es ginge vielmehr um die Flexibilisierung der Rechtspflege und um die Erhaltung der Nachfrage an spruchrichterlicher staatlicher Tätigkeit.

Es gäbe noch viele andere Beispiele, die hier erwähnt werden könnten, aber den Rahmen des Buches sprengen würden. Eine Vision ist allerdings schon heute fast Realität und wächst aufgrund der Corona-Krise fast exponentiell: Die sogenannte *virtuelle Gerichtsverhandlung* nach § 128a der Zivilprozessordnung. Noch vor Monaten wäre es undenkbar gewesen, die mündliche Verhandlung in einem Zivilprozess in der Art und Weise durchzuführen, dass sich die Parteien und ihre Anwälte nicht im Gerichtssaal, sondern an einem anderen Ort, in der Regel der Kanzlei des Anwalts, befinden. Von der bereits seit 2002 bestehenden Möglichkeit sind im Landgericht Hannover, das im Jahr im Durchschnitt knapp 5000 Verfahren zu erledigen und zu verhandeln hat, zuletzt vielleicht 20 pro Jahr unter Bezugnahme auf die genannte Vorschrift dezentral geführt worden. Und dauerte die mündliche Verhandlung auch noch so kurz, ist in der Regel der Prozessvertreter aus München für eine zehnminütige Verhandlung nach Hannover mit dem ICE oder per Flugzeug angereist.

Nach Corona oder während Corona hat sich die Bereitschaft für eine digitale Verhandlung extrem verändert. Aus fester Überzeugung der beiden Autoren wird sie noch in diesem Jahrzehnt im Zivilprozess durchgängig gelebte Praxis für zumindest ein Drittel aller Zivilverfahren werden. Es wird zunächst selbstverständlich noch immer zahlreiche Verfahren geben, bei denen die unmittelbare Anwesenheit der Verfahrensbeteiligten und der Zeugen vor dem erkennenden Gericht der Sachaufklärung und einer ausgewogenen Entscheidung besser gerecht wird. Aber in den Verfahren, in denen ausschließlich die dokumentierbare Sachebene und der Austausch von Rechtsfragen im Vordergrund stehen, wird sich die virtuelle Praxis durchsetzen.

## Und der Strafprozess?

Was ist nun mit dem Strafprozess, der in der öffentlichen Wahrnehmung vielfach als die »*eigentliche Justiz*« wahrgenommen wird? Auch der reiht sich in den Reformbedarf zur Entschlackung der Abläufe und letztlich zur Schonung der justizseitigen Ressourcen nahtlos ein. Auch die Strafprozessordnung gehört zu den Reichsjustizgesetzen und ist vor mehr als 140 Jahren (!) am 1. Oktober 1879 in Kraft getreten. Sie ist unbestreitbar ebenfalls eine Errungenschaft, die sich als sehr nachhaltig erwiesen hat und eine bedeutende Grundlage und Voraussetzung für unseren Rechtsstaat ist. Gerade der deutsche Strafprozess dient weltweit als Vorbild, weil er den Angeklagten, der Unrecht tat, als Subjekt eines rechtsstaatlichen Verfahrens einbindet und den Staat verpflichtet, diesem Umstand durch ein faires Verfahren Rechnung zu tragen.

Es gibt viele Regeln im Strafprozessrecht, die den Subjektstatus des Angeklagten schützen und ihm umfangreiche Möglichkeiten für seine Verteidigung zur Verfügung stellen. Das ist ohne Zweifel auch gut so. Unser Rechtsstaat steht zur Unschuldsvermutung und erwartet zu Recht von einem Strafprozess, dass die Schuld des Angeklagten zur vollen Überzeugung des Gerichts nachgewiesen werden muss, ganz ohne Frage. Das ist auch sehr richtig so, wollen wir nicht in Zeiten zurückfallen, die wir längst hinter uns haben. Es bedarf ganz sicher einer transparenten Absicherung, die nachhaltig sein muss, bevor jemand in Deutschland zu seiner strafrechtlichen Verantwortung mit gegebenenfalls langjähriger Freiheitsstrafe oder hoher Geldstrafe gezogen wird. Und dieser Erkenntnisprozess muss auch formalisiert sein, ohne Wenn und Aber. Niemand darf unschuldig verurteilt werden, und Schuld und Unschuld sind nicht relativierbar.

Die Strafprozessordnung hat sich insoweit bewährt. Seit ihrem Inkrafttreten wurde sie natürlich vielfach, auch strukturell, immer wieder mal geändert. Insbesondere in den zurückliegenden 75 Jahren kam es zu einer expansiven Novellierungsgesetzgebung. Fehlleitungen aus der Weimarer Zeit wurden beseitigt, Entwicklungen in der Gesellschaft wurden erkannt und durch Anpassungen strukturell berücksichtigt.

Aber wo steht der Rechtsstaat in der Bundesrepublik mit der Strafprozessordnung heute? Sind die aus den Gesetzen abzuleitenden Mechanismen noch geeignet, justiziabel – das heißt auch: beherrschbar – zu sein?

Die Antwort lautet: Nein – zumindest dann, wenn die Regierungen in Bund und Ländern nicht weitere Ressourcen für Personal zur Bewältigung des Aufkommens in der Strafrechtspflege zur Verfügung stellen. Die gegenwärtige Struktur des Strafprozesses überfordert überwiegend die Gerichte – vor allem in Ballungszentren. Sie führt zu einer unangemessenen Belastung des Personalkörpers, zu unangemessenen Kosten und damit insgesamt auch unter Berücksichtigung der verfassungsmäßigen Grundsätze eines »*fairen Verfahrens*« zu einem unangemessenen Aufwand. Nicht zuletzt in Zusammenwirkung mit der Digitalisierung und den damit verbundenen Fragen gilt das Erfordernis einer Jahrhundertreform mit anderer Begründung deshalb natürlich auch für den Strafprozess. Und dabei darf es keine Denkverbote geben. Alles an Argumenten sollte erlaubt sein, was sich im Rahmen rechtsstaatlicher Verfahrensgrundsätze bewegt. Auch hier soll exemplarisch ein Beispiel genannt werden, um ein Gespür zu vermitteln: der sogenannte *Unmittelbarkeitsgrundatz*.

Dieser besagt, dass das Gericht sich im Rahmen der Hauptverhandlung einen unmittelbaren Eindruck vom Tatgeschehen zu verschaffen hat; das ergibt sich aus § 250 der Strafprozessordnung. Dies führt dazu, dass das Gericht zum Beispiel sämtliche Zeugen, die für das Tatgeschehen relevant sind, aber bereits schon vor der Polizei oder dem Ermittlungsrichter ausgesagt haben, erneut vernehmen muss, selbst dann, wenn nach klarer Aktenlage an deren Glaubwürdigkeit und Glaubhaftigkeit keine Zweifel bestehen. Dieser Umstand führt zu einem enormen Aufwand im Strafverfahren. Abhängig von der Komplexität und dem Umfang der vorgeworfenen Straftaten sowie der Zahl der Angeklagten liegt in dieser Problematik der zentrale »Zeitfresser« des Strafprozesses mit erheblichen Implikationen für Personal und Kosten.

Wenn wir diesen Grundsatz an dieser Stelle hinterfragen, dann gilt es Folgendes zu berücksichtigen: Von 100 Prozent der Anklagen, die bei Gericht eingehen, wird bei circa 95 Prozent die Hauptverhandlung eröffnet, und in weniger als 10 Prozent der Fälle erfolgt am Ende nach einem umfangreichen Strafverfahren ein Freispruch. Aber, wenn das so ist, könnte man dann nicht den Unmittelbarkeitsgrundatz in das Ermessen der Prozessbeteiligten stellen mit der Folge, dass Zeugen nur auf Antrag oder von Amts wegen nach empfundener Notwendigkeit vernommen werden und ansonsten nach Aktenlage entschieden wird?

Es gäbe noch viele weitere Vorschläge zur Effizienzsteigerung, über die im Rahmen eines Reformkonzepts kontrovers diskutiert werden müsste. Exemplarisch weiter benannt seien nur: Harmonisierung der Unterbrechungsfristen, Optimierung des Beweisantragsrechts, audiovisuelle Dokumentation des Strafverfahrens und Ausweitung des Selbstleseverfahrens – alles natürlich stets auf der Grundlage unserer Verfassung und unserer freiheitlich-demokratischen Grundordnung.

Die Straftaten werden in der Zukunft nicht abnehmen, die Durchdringung unserer Gesellschaft mit Straftaten im analogen wie auch im digitalen wird eher zunehmen, und wir müssen uns deshalb über nachhaltige Strukturen Gedanken machen, die das alles mit den verfügbaren sächlichen und personellen Mitteln (noch) bewerkstelligen lassen. Das Nachdenken über strukturelle Verbesserungen im Strafprozess ist und bleibt eine Daueraufgabe der Politik, der Justizverwaltung und der Gesellschaft. Selbst eine konzeptionell »perfekte« Strafprozessordnung nutzt dann nur noch begrenzt, wenn sie mit den verfügbaren Ressourcen schlichtweg nicht mehr handhabbar ist.

Im Weiteren stellt sich die Frage: Was ist eigentlich in einer globalen Gesellschaft, die sich dynamisch und gesellschaftlich rasant entwickelt und verändert, in einem Land wie der Bundesrepublik Deutschland strafbar oder sollte strafbar sein, und wie gestaltet sich das, was von der Gesellschaft als strafbar empfunden und vom Gesetzgeber als strafbar materialisiert wurde, im Strafverfahren?

## Reform des materiellen Strafrechts: stets Bindung an Recht und Gesetz

Zunächst ist ein Grundsatz bei der praktischen Anwendung von Strafgesetzen[38] vor die Klammer zu ziehen und hervorzuheben. Und er steht – zumindest in der Bundesrepublik – aber auch nicht im Geringsten zur rechtsstaatlichen Disposition:

*Das Volksempfinden über die Richtigkeit, Nachvollziehbarkeit oder Lebendigkeit von Urteilen spielt überhaupt keine – und zwar gar keine – Rolle bei der Rechtsanwendung der Richterinnen und Richter.*

Der Rechtsstaat ist unteilbar. Er braucht Konsistenzmaßstäbe nach allen Seiten. Der Rechtsstaat braucht keine Richterinnen und Richter, die subjektiv beeinflussbar sind. Sie sollen durch ihre Urteile auch nicht eine entsprechende Haltung zeigen. Subjektive Haltung kann man am Stammtisch oder auf der Straße, im persönlichen oder privaten Gespräch zeigen. Bei der Ausübung ihres Berufes dürfen Richterinnen und Richter aber keine subjektive Haltung zeigen. Sie sind *ausschließlich* an Recht und Gesetz und an sonst nichts gebunden. Für diese Nüchternheit muss man im Interesse der Aufrechterhaltung unseres Rechtsstaats unbedingt streiten.

Insofern ist es im Übrigen unsäglich und mitunter unerträglich, wenn die Exekutive, aber auch die Medien mit Entscheidungen der Rechtsprechung nicht einverstanden sind und die Justiz dann an das Volksempfinden bei der Urteilsfindung erinnern. Die Bindung an Recht und Gesetz ist unabdingbare Voraussetzung für das Funktionieren und für die Erhaltung unseres Rechtsstaats.

Sie hebt uns im weltweiten Vergleich heraus. Sie hat zu einem Standortvorteil auch für die Wirtschaft beigetragen. In einer globalisierten Welt ist es inzwischen Allgemeinwissen, dass wir in Deutschland einen noch funktionierenden Rechtsstaat haben, gerade wenn es um die Unabhängigkeit der Rechtsentscheider geht. Deswegen gibt es global agierende Unternehmen, die ungeachtet der hohen Arbeits- und Produktkosten in Deutschland Geld investieren und nicht in Spanien oder Italien, wo die Kostenstruktur mitunter deutlich günstiger ist.

Und das muss auch so bleiben. Richterinnen und Richter sind nicht verantwortlich für die Gesetze. Sie sind nicht verantwortlich dafür, ob oder wie der Gesetzgeber dem Volksempfinden Rechnung tragen wollte, und auch nicht etwa dafür, dass der Gesetzgeber im Einzelfall dem Volksempfinden mit seiner Gesetzgebung nicht Rechnung getragen haben könnte. Sie orientieren sich an dem Gesetz, an das sie nach Artikel 20 des Grundgesetzes allein gebunden sind. Das ist ganz wichtig zu verstehen und immer wieder zu betonen.

# Entkriminalisierung des Rechts: Bedarf es einer Änderung des Strafgesetzbuches und diverser Nebengesetze?

Zu den Kennzeichen des deutschen Strafrechts gehört die exponentielle Zunahme des materiellen Strafrechts, und zwar sowohl im Strafgesetzbuch als auch im Nebenstrafrecht. Die Gesetzgebung reagiert auf das Volksempfinden – und sie reagiert auch auf singuläre mediale Ereignisse beziehungsweise auf einzelne durch die Medien ins Bewusstsein der Wählerinnen und Wähler gelangte Straftaten, obgleich sich aus Sicht führender Kriminologen beispielsweise seit 1970 das strafbarkeitsrelevante Verhalten der Bevölkerung nicht wesentlich verändert und ihre kriminelle Energie nicht wesentlich erhöht hat. Die Regelungsflut des

Gesetzgebers in der von 2013 bis 2017 dauernden 18. Legislaturperiode im Hinblick auf die verschiedensten Delikte von der Sexualstraftat bis hin zum Widerstand gegen die Staatsgewalt kann hier exemplarisch sein.[39] Aber was ist eigentlich strafwürdig in unserer Gesellschaft oder sollte es sein, und was ist es nicht?

Oder anders gefragt: Wo sollte der Staatsapparat Geld für die konsequente Verfolgung von Straftaten zur Verfügung stellen und wo eben nicht? Haben die gesellschaftlichen Veränderungen in diesen Tagen dabei Auswirkungen auf das Rechtsempfinden der Bürgerinnen und Bürger? Und wie sollte man dann bei der Frage der Sanktionierung von potenziell strafwürdigem Unrecht im Rahmen der Rechtssetzung damit umgehen?

Bei all diesen Fragen geht es nicht vorrangig um die Entlastung der Justiz, sondern um die Bewertung bestimmter Straftaten in ihrer gesellschaftlichen Interpretation als noch strafwürdig oder anders beurteilbar. Es geht auch um die Frage der Verhältnismäßigkeit in Zeiten, wo sich das Bewusstsein, Unrecht zu tun, immer wieder ändert und Dinge salonfähig werden, die herkömmlich und über Jahrzehnte als Unrecht und strafbewährt beschrieben wurden. Für den Strafgesetzgeber kam eine Entrümpelung des Strafrechts bisher allerdings offenbar nicht, zumindest nicht umfassend in Betracht. Aber dort, wo immer neue Möbel hinzukommen, ist man ohne Abtransport der nicht mehr wirklich benötigten irgendwann übermöbliert. Das ist im Strafrecht nicht anders als im normalen täglichen Leben.

Es gibt sehr wohl Anwendungsfelder für eine Reduzierung von Straftaten, über die sich ein intensiver inhaltsbezogener Diskurs durchaus lohnt. Er wird in Teilen auch schon geführt, aber bislang leider ohne Erfolg. In diesem Kontext lässt sich vielleicht an zwei Beispielen exemplarisch erläutern, dass es sich lohnt, Gedanken auf eine Entkriminalisierung des Rechts zu »verschwenden«:

Großes Entlastungspotenzial könnte in einer kontrollierten Legalisierung der Cannabisnutzung beziehungsweise -verwendung in geringen Mengen liegen. Die regulierte Abgabe zum Beispiel über Apotheken wäre denkbar. Die gegenwärtige Kriminalisierung der Konsumenten verfehlt ihren Zweck. In Deutschland konsumieren rund 1,2 Millionen Erwachsene monatlich oder häufiger Cannabis. Ein Rückgang des Cannabiskonsums ist nicht zu verzeichnen. Vielmehr führt die repressive

Drogenpolitik in Deutschland zu einer Zunahme der organisierten Kriminalität. Was unterscheidet aber eigentlich den Konsum von Cannabis in geringen Mengen von dem Konsum von Alkohol, wenn es um die gesundheitlichen Auswirkungen geht? Warum leidet die Volksgesundheit der Länder nicht exorbitant, in denen, wie zum Beispiel in Kanada, der entsprechende Cannabiskonsum nicht unter Strafe steht?

Und was spricht eigentlich inhaltsbezogen gegen eine Herabstufung des nach § 265a Strafgesetzbuch strafbaren Schwarzfahrens zur Ordnungswidrigkeit? Temposünden und Falschparken sind Ordnungswidrigkeiten. Fahren ohne Fahrschein im Bus oder der Bahn gilt aber als Straftat, obgleich es sich um eine bloße Vertragsverletzung handelt. Rechnerisch waren 500 Polizisten im Jahr 2018 nur mit Schwarzfahrern beschäftigt. Muss weiter mit Kanonen auf Spatzen geschossen werden? Weshalb muss ein Schwarzfahrer im Wiederholungsfall womöglich ins Gefängnis, ein notorischer Falschparker aber nicht? Und für eine Entkriminalisierung sprechen hier auch die Beendigung der Praxis von (Ersatz-)Freiheitsstrafen und die Selbstkontrolle der Verkehrsbetriebe.

Diese Überlegung steht im Übrigen keineswegs im Widerspruch zur zuvor geäußerten Kritik am Ansatz der Entkriminalisierung *allein oder vorrangig* aus Ressourcengründen. Aber dort, wo letzterer aus inhaltlichen oder Gleichbehandlungsgrundsätzen heraus ohnehin angemessen oder gar erforderlich erscheint, spricht natürlich nichts dagegen, dann auch eine angemessene Ressourceneffizienz zu realisieren.

Wirtschaftsstraftaten verursachen enorme Schäden, keine Frage. Betroffen hiervon ist nicht nur unsere Volkswirtschaft, sondern auch der einzelne Bürger. Die Bekämpfung der Wirtschaftskriminalität als solcher dient deshalb nicht nur der Aufrechterhaltung unserer Rechtsordnung, sondern ebenso der Sicherung unseres Wirtschaftssystems. Aber was heißt das in der Realität? In der Realität haben wir es häufig mit Tätern zu tun, die bei dem, was sie tun, kein ausgeprägtes Unrechtsbewusstsein haben, sondern der Meinung sind, ihr Handeln sei (noch) rechtmäßig. Hinzu kommt, dass unabhängig von den Schäden, die durch eine Wirtschaftsstraftat entstehen, die Täter in aller Regel nicht in Untersuchungshaft genommen werden, weil kein Haftgrund, namentlich der der Fluchtgefahr, vorliegt. Die Täter verfügen in der Regel über eine feste Anstellung, über soziale Kontakte und sind nicht vorbestraft. Dieser Umstand führt dazu, dass – neben einem sehr komplexen und sehr lange dauernden Ermittlungsverfahren – die bei Gericht eingehenden Anklagen nicht zeitnah bearbeitet werden können. Denn sogenannte Haftsachen gehen vor, und die Personaldecke in der Justiz reicht nicht aus, um die sogenannten Nichthaftsachen gleichermaßen wie die Haftsachen zu fördern. Und wenn die Anklagen dann, teilweise erst kurz vor der Verjährung, zur Verhandlung anstehen, sind sie häufig nicht mehr nachweisbar, oder die zuständige Kammer muss wegen der überlangen Verfahrensdauer einen erheblichen Strafabschlag gewähren. Das hat zur Folge, dass statt einer zur vollstreckenden Freiheitsstrafe nicht selten, sondern sehr häufig, diese Angeklagten ohnehin »mit einem blauen Auge« davonkommen. Mit anderen Worten: Die Verfahren werden häufig gegen Zahlung einer Geldauflage eingestellt, oder die Angeklagten werden zu einer Freiheitsstrafe bis zu zwei Jahren verurteilt, deren Vollstreckung allerdings zur Bewährung ausgesetzt wird.

Wenn das aber so ist, liegt es dann nicht nahe, darüber nachzudenken, ob die Sanktionierung als Straftat (noch) richtig ist oder eine schnellere Reaktion durch die Verhängung eines nachhaltigen Bußgeldes nicht viel sinnvoller erscheint? Stehen die erheblichen personellen Kosten bei Polizei und Justiz zu dem am Ende ausgeurteilten Ergebnis noch in einem vernünftigen Verhältnis? Und ist Schwarzfahren für 3 Euro eigentlich wirklich dem Grunde nach eine »*Wirtschaftsstraftat*« so wie Untreue über 3 Millionen oder Anlegertäuschung über 3 Milliarden?

Erfolgt die Reaktion einer Straftat, wie häufig im Bereich der Kleinkriminalität, aber auf dem Fuß, dann erscheint der Sanktionsrahmen umso größer. Vor diesem Hintergrund hat die Öffentlichkeit nachvollziehbar den etwas überspitzten Eindruck, »*dass man die Kleinen sich zur Brust nimmt und die Großen laufen lässt*«. Auch das gilt es strukturell bei Reformansätzen zu berücksichtigen.

Das Strafrecht hat nun einmal die Funktion einer Ultima Ratio der Sozialkontrolle. Die Politik und die Justizverwaltung müssen deshalb im Wege einer regelmäßigen Selbstkontrolle darlegen, dass dieser Funktion des Strafrechts noch durch materielle Gesetzgebung Rechnung getragen wird. Alles, was angemessen zu einer sinnvollen Effizienzsteigerung der »kostbaren Ressource Recht« durch weniger Strafvorschriften führen kann, sollte vernünftig umgesetzt werden.

## Das »Volksempfinden«: Sind die verhängten Strafen noch gerecht?

In Reaktion auf die in den zurückliegenden 30 Jahren durch die Medien immer transparenter gewordene Welt an Straftaten in unserer Republik ist der Ruf nach höheren Freiheitsstrafen immer lauter geworden, gerade auch wieder in diesen Tagen, wenn es zum Beispiel um den sexuellen Missbrauch von Kindern geht. Und selbstverständlich sind und erscheinen die entsprechenden Forderungen jedem verständlich.

Natürlich ist es nachvollziehbar, dass medial öffentlich gemachte Einzelereignisse das Volksempfinden berühren und Reaktionen geradezu herausfordern. Und dass sexuelle Gewalt an Kindern und Jugendlichen viel Leid, ja geradezu unermessliches Leid schafft, wird von niemandem bestritten. Doch neben dem nachvollziehbaren subjektiven Empfinden aus Erlebnissen der Gegenwart gibt es auch eine objektive Sicht, die mitunter etwas anders, differenzierter aussieht.

Statistisch haben Straftaten gegen die sexuelle Selbstbestimmung in Summe, auch gegen Kinder und Jugendliche, sich in den zurückliegenden Jahren nicht vermehrt. Sie waren schon immer existent, aber tendenziell stärker verborgen. Den Bürgerinnen und Bürgern unserer Gesellschaft werden aber durch die mediale Berichterstattung im Fernsehen, in den Zeitungen und im Internet gegenwärtig Eindrücke vermittelt, die auf eine Radikalisierung und Verwahrlosung unserer Gesellschaft in bisher unbekanntem Ausmaß hindeuten könnten und denen nach allgemeinem Empfinden nur durch eine Verschärfung der Strafrahmen vorhandener Strafgesetze durch den Gesetzgeber und damit mit höheren Freiheitsstrafen durch die Strafjustiz begegnet werden kann.

Strafe verfolgt aber keinen Selbstzweck. Sie ist auf die individuelle Schuld des Einzelnen ausgerichtet. Wir haben ein Schuldstrafrecht, das nicht primär generalpräventiv, also abschreckend wirken soll. Doch Letzteres ist der Fall, wenn die Politik auf die Forderung der Öffentlichkeit reagiert und Strafen ohne nachhaltige, empirische Belegung repressiver Notwendigkeit einfach mal eben erhöht. Dass höhere Strafen – neben mehr Kosten für die Unterbringung in Justizvollzugsanstalten – tatsächlich zu einer Reduzierung von neuen Straftaten durch Abschreckung führen, muss nicht nur stark bezweifelt, sondern kann im Grunde nahezu ausgeschlossen werden. Empirisch gibt es dafür jedenfalls keine Anhaltspunkte. Es sei denn, man bewegt sich in den interkulturellen Rahmen und geht nach Singapur, wo drakonische Strafen – allerdings in völlig anderem kulturellen Umfeld – in der Tat mit einem Minimum an wahrgenommener Schwerstkriminalität einhergehen.

## Der Prävention gehört die Zukunft: mehr Geld für Bildung und Erziehung

Der entscheidende Ansatz in diesem Kontext ist nämlich nicht die »*Repression*«, sondern die »*Prävention*«. Es ist grundsätzlich sinnvoller, mehr Geld in die frühkindliche Bildung und in die vernünftige und funktionierende Integration von Immigranten zu investieren, anstatt in höhere Freiheitsstrafen. Menschen darauf vorzubereiten, sich an Regeln zu halten, sie zu respektieren und grundsätzlich zu achten, ist natürlich sehr viel sinnvoller, als Geld für die Verwahrung der Menschen auszugeben, denen eine entsprechende Sozialisation zumindest im Einzelfall verwehrt wurde. Das gilt selbstverständlich auch für andere Strauchelnde in unserer Gesellschaft, die aus sozial schwachen Familien kommen und sehenden Auges in eine Kariere als Straftäter hineinwachsen, mit der Folge, dass man aus deren Bundeszentralregisterauszug nach wenigen Jahren ein Buch binden kann.

Die Situation ist schwierig. Sie ist angespannt. Jeder spürt, dass sich die Dinge verändern und dass damit unser komplettes gesellschaftliches System in wenigen Jahren ein komplett anderes sein wird. Bei allem Ideenreichtum müssen wir aber auch realistisch sein. Möglichkeiten für eine umfassende Justizreform sind wie beschrieben nicht neu. Seit mehr als 100 Jahren werden sie in stetiger Regelmäßigkeit immer wieder erst angeschoben und dann doch verworfen. Sie scheitern nie an der systemischen Notwendigkeit. Sie scheitern vielmehr an den Lobbyisten und an den Partikularinteressen in den Parlamenten. Im Grunde geht es immer ums liebe Geld. Die Interessen der Anwaltschaft entsprechen dabei nicht immer den Interessen der Justiz, und das unabhängig davon, dass auch sie Organe der Rechtspflege sind. Unter den Parlamentariern im Bund und in den Ländern befinden sich naturgemäß mehr Anwälte und Notare als Richter oder Staatsanwälte. Es ist gleichwohl müßig, das immer wieder zu beklagen.

Doch die Digitalisierung wird etwas Umfassendes, etwas unfassbar Neues bewirken. Sie wird nicht nur in der Justiz die Reformbereitschaft erhöhen, sondern auch und gerade in der Politik. Sie wird der Motor der erforderlichen Justizreformen werden. Und sie ist unaufhaltbar.

Natürlich ändert sich auch das Bewusstsein der Gesellschaft in Bezug auf die sachgerechte Beantwortung der Frage, was erlaubt ist und was nicht, vor allem auch, was wie bestraft werden muss – und was nicht. Die Politik, die vom Volk gewählt wird, hat diesem Empfinden Rechnung zu tragen. Und der Druck auf die Politik wächst. Entscheidend ist jedoch, dass die Politik das Volk auch faktenbasiert informiert und letztlich dann auf der Grundlage eines faktenbasierten gesellschaftlichen Bewusstseins die richtigen Entscheidungen durch eine sachgerechte Gesetzgebung im Bund und in den Ländern trifft. Nicht zuletzt in diesem Sinne muss gute Justizpolitik auch gute Informations- und gute Bildungspolitik sein.

# KAPITEL 5

# WIR BRAUCHEN EINE REFORM DER ENTSCHEIDUNGSABLÄUFE IN DER LEGISLATIVE

Reformen in Deutschland kommen – wie bereits beschrieben – viel zu zäh und mühsam voran, weil zum Fortschritt viel zu viel Abstimmungsbedarf erforderlich ist. Die viel zu komplexe Verzahnung der Zuständigkeiten von Bund und Ländern erschwert das enorm. In Parlamenten wird wegen der aufgefächerten Fraktionslandschaften die Meinungsbildung und Entscheidungsfindung immer schwieriger. Obendrein dominiert der kurzfristige Effekt die langfristige Sinnhaftigkeit und der Parteienfilz das Gemeinwohlinteresse.

Wir brauchen offenkundig eine Reform der Legislative, insbesondere der politischen Entscheidungsprozesse, die unserer Gesetzgebung und unseren Gesetzen zugrunde liegen. Gerade die Qualität dieser *für den* Rechtstaat und *im* Rechtsstaat so zentralen Entscheidungsprozesse befindet sich mittlerweile im freien Fall. Drei zentrale Gesetzespakete der vergangenen Jahre belegen dies eindrucksvoll; sie haben durchweg und allesamt zwei Dinge gemeinsam – *unfassbare Kosten* für die heutige und für Folgegenerationen von jeweils mehr als 1000 Milliarden Euro bei gleichzeitigem *unfassbaren Mangel* an Sorgfalt, Überlegung und Durchdringungstiefe im Hinblick auf den politischen Entscheidungsprozess:

## Eurokrise: Fraktionsdisziplin vor Sachverständnis

In der Eurokrise und vermeintlichen Euro-Rettungs-Politik wurde auch für Nicht-Ökonomen erschreckend deutlich, wie überfordert mit der Situation selbst und gerade die Spitzenpolitik offenkundig war. Die Bundeskanzlerin und ihr damaliger Finanzminister gaben ein Kontensicherheits-Versprechen ab, zu dem sie nicht legitimiert waren und dessen Einhaltung vollkommen außerhalb ihrer Entscheidungs- und Verantwortungssphäre lag. Genauso gut hätten sie garantieren können, dass China europäische Umweltstandards oder Indien deutsche Brandschutzvorschriften einhalten wird. Krisenmitverursacher des finanzwirtschaftlichen Flächenbrandes versuchten und profilierten sich plötzlich als Feuerwehrleute – in etwa so, wie man das aus dem Hollywood-Blockbuster »*Backdraft – Männer, die durchs Feuer gehen*« schon kannte, in dem einer der Fire-Fighter die Flammen und ihre erfolgreiche Bekämpfung so sehr liebt, dass er selbst zum getriebenen Feuerteufel wird.

Ob die Aufsichtsratsmitglieder von KfW[40] und IKB[41] seinerzeit ein kollektives Erweckungserlebnis vor der Kinoleinwand hatten, mag hier dahingestellt bleiben. Dass indes politische Verantwortliche bei ihren Mandatswahrnehmungen in Landesbanken die mathematischen Verbriefungsmodelle transnationaler Risikopakete wirklich verstanden hatten, als über deren Genehmigung Beschluss gefasst wurde, darf getrost als widerlegt betrachtet werden. Und dass in den Rettungsverhandlungen zwischen Bundesregierung und Finanzinstituten die finanzwirtschaftlichen Leichtmatrosen und -matrosinnen der politischen Seite von den Konteradmirälen der Geldwirtschaft über den Tisch gezogen wurden, dürfte ebenfalls gesicherte Erkenntnis sein. Mit der Folge von *Billionen-Lasten* für deutsche Sparer und Bürger und deren Kinder und Kindeskinder.

Doch es geht hier gar nicht um die seinerzeit begangenen *inhaltlichen* Fehler der politisch Verantwortlichen, sondern vielmehr um die skandalösen *Abläufe* und die unfassbare Leichtigkeit, mit der dem Bürger verantwortliche Mandatsträger die Banken aus dem und die Bürger in das Risiko hineinmanövrierten. Exemplarisch sei diesbezüglich das sogenannte *Bad-Bank-Gesetz* genannt, mit dem der Deutsche Bundestag das deutsche Volk finanzwirtschaftlichen Haftungsrisiken zuvor nie gekannter Größenordnung aussetzte – und dies, ohne dass die Mehrzahl der Abgeordneten zuvor auch nur ansatzweise verstanden hätten, welche Folgewirkungen das für die von ihnen vertretenen Bürger eigentlich im Einzelfall oder auch im kollektiven Extremfall letztlich haben könnte.

Einer der Autoren dieses Buches war am Vorabend der Parlamentsbefassung Gast der Stallwächter-Party des Landes Baden-Württemberg in dessen imposanter Landesvertretung in Berlin und hatte dabei die Gelegenheit, mit etlichen der Bundestagsabgeordneten aus dem »Ländle« über das am folgenden Tag zu Beschließende zu sprechen. Keiner der anwesenden Parlamentarier konnte ihm in für ihn verständlicher Art und Weise erklären, worüber am nächsten Tag eigentlich genau abgestimmt würde. Mehrere berichteten indes – fast mit Angst in den Augen – vom Aufruf oder auch persönlichen Anruf ihres Fraktionsführers zum Thema Partei- und Fraktionsdisziplin. Solange aber derartige Machtspielchen die faktenbezogene Sachanalyse ersetzen – es ging an jenem Tage ja nur um ein paar Hundert Milliarden ... –, dürfen wir uns nicht wundern, wenn das Vertrauen der Bürger in Politik und Rechtsstaat schneller verdampft als der Aufguss in der Sauna.

## Energiewende: Landtagswahl vor Versorgungssicherheit

Keinen Deut besser liefen die Dinge bei der so viel gerühmten »Energiewende« ab. Damit dies ganz klar gesagt sei: Selbstverständlich haben jeder Staat und jedes Volk der Welt das Recht, ihre Energiepolitik so zu gestalten, wie sie das für richtig halten, solange dadurch nicht Interessen Dritter, internationale Verträge oder die Überlebensinteressen unseres Planeten illegitim verletzt werden. Und es war einer der Autoren dieses Buches, der – als er noch Vorstandsvorsitzender desjenigen deutschen Energiekonzerns mit dem seinerzeit höchsten Kernenergieanteil am Erzeugungs-Mix war – sogar öffentlich anregte, den Kernenergieausstieg in der Verfassung festzuschreiben[42], um so den Übergang in eine globale regenerative solare Energiewirtschaft zu ermöglichen. Insofern ist das im Rahmen der Energiewende Entschiedene inhaltlich selbstverständlich legitim, wenngleich es ökonomisch, energiewirtschaftlich und klimaschutztechnisch unsinnig sein mag und das Management der Energiewende – wie seit Jahren fast täglich zu bestaunen ist – amateur- bis stümperhaft vollzogen wird. Doch Letzteres wäre eher ein Thema für das Folgekapitel, in dem es um die Exekutive, also den Vollzug von Entscheidungen geht.

Der eigentliche Skandal – und zwar ein Skandal wahrhaft fulminanten Ausmaßes – liegt auch hier in der *Art und Weise* der relevanten Entscheidungs*prozesse*. So wurden Entscheidungen, die die deutsche (und europäische) Energieversorgungslandschaft für Jahrzehnte irreversibel verändern und über weit größere Zeiträume nachwirken, unter dem Eindruck eines diskretionären Einzelereignisses – wie schlimm auch immer das gewesen sein mag – und einer anstehenden Landtagswahl im Schnelldurchlauf getroffen, und zwar ganz offenkundig ohne angemessene Sensitivitäts-, Nachhaltigkeits-, Wirtschaftlichkeits-, Versorgungssicherheits- oder Risikoanalysen. Jeder Manager, der als Vorstand einer Aktiengesellschaft so handelte, würde sich potenziell Organhaftungsansprüchen in Multi-Milliarden-Höhe und Strafverfahren wegen Untreue gegenübersehen.

Mehrere Umwelt- und Wirtschaftsminister mehrerer Parteien haben inzwischen einräumen müssen, dass die Gesamtkosten der Energiewende sich auf mindestens 1000 Milliarden Euro belaufen werden – nachdem den Bürgern zunächst suggeriert worden war, das sei alles zum Nulltarif zu haben oder würde der Wirtschaft womöglich sogar helfen. Würde die Politik an sich selbst dieselben Maßstäbe anlegen wie an Wirtschaftslenker, dann wäre auch diese Irreführung im Hinblick auf kurs-(beziehungsweise stimmen-)relevante Tatsachen und Veröffentlichungspflichten selbstverständlich strafbewehrt beziehungsweise strafbar.

Aber auch diesen Billionen-Betrag müssen ja nicht die übereilt handelnden Politiker aufbringen, sondern die Bürger und Energieverbraucher – also letztlich wir alle. Die Kosten der Energiewende entsprechen im Übrigen circa 12 500 Euro je Bürger. Was hätten wohl die Menschen in Berlin-Marzahn oder Hannover-Linden zur so gefeierten Energiewende gesagt, wenn man vor Entscheidungsfindung durch die Platten- und Altbau-Etagenwohnungen gegangen wäre und jeder zu Recht umweltaffinen vierköpfigen Patchwork-Familie erklärt hätte, dass sie rechnerisch mit bis zu 50 000 Euro dabei sein wird? Hätten Planungs- und Managementfehler in Japan dann auch zu einer deutschen Sofortreaktion und zu einem deutschen Alleingang in der Energiepolitik geführt?

Doch derartige Überlagerungen generationenübergreifend bedeutsamer Strukturentscheidungen durch kurzfristige partei- oder machttaktische Erwägungen sind in der Energiepolitik selbstverständlich kein Einzelfall. Das alles gab es auch schon vor Fukushima. Einer der Autoren dieses Buches hat selbst erlebt, wie am Ende eines wichtigen

Termins mit Vertretern der Energiekonzerne und der Energieverbände der Staatssekretär des Bundeswirtschaftsministeriums, der für die im Kontext Emissionshandel und Energiepolitik seinerzeit anstehenden Weichenstellungen zuständig war, nach dem Eindruck einzelner Anwesender einigermaßen hemmungs- und schamlos – oder sagen wir lieber: mit beeindruckender Offenheit – alle ansonsten Eingeladenen bat, die Sitzung nun zu verlassen, da er noch mit den Vertretern des zentralen Energiekonzerns seines Heimat-Bundeslandes »im kleinen Kreis« weitersprechen wollte.

Seine Bundesregierung wurde indes ebenso abgewählt wie später die Landesregierung Baden-Württembergs, die doch gerade durch die Reaktion auf Fukushima im Amt gehalten werden sollte. Sein zuständiger Minister trat indes später in den Aufsichtsrat der wichtigsten Tochtergesellschaft eben des Konzerns ein, dem noch ein Privatissime vergönnt war. Vielleicht sieht so ja *vernetzte Energiepolitik* an der Schnittstelle zwischen Kraftwerken, Netzen, Handel und Kunden aus.

## »Corona Craze«: Ansteckungsangst vor Befassungssorgfalt?

Ein weiteres, drittes Beispiel für die mitunter maßlose Diskrepanz zwischen (geringer) Befassungsintensität und (massiver) Auswirkung von politischen Entscheidungspaketen stellt die im Prolog bereits angesprochene Reaktion auf die vermeintlich kriegsähnliche Bedrohung durch das Corona-Virus Covid-19 dar. Auch diesbezüglich soll es an dieser Stelle nicht um die Frage der Richtigkeit oder Unsinnigkeit der Inhalte der getroffenen Entscheidungen gehen, sondern um die *Abläufe und ihre (mangelnde) Rechtfertigung*. Und die Angst vor Ansteckungsgefahr im Parlament befreit dessen Abgeordnete selbstverständlich nicht von der Verpflichtung zu angemessener Sorgfalt beim Treffen von beispiellosen Entscheidungen mit beispiellosen Einschränkungen und beispielloser Tragweite für ihre Bürgerinnen und Bürger.

Gab es *zum Zeitpunkt* der Überarbeitung des Infektionsschutzgesetzes eine klare Faktenlage? Gab es eine *Evidenz* über die Mortalitätsquote des Erregers? Gab es *Belege* oder gar *Beweise*, dass seine Auswirkungen die einer schweren Wintergrippe dramatisch übersteigen würden? Wurde bewertet, dass eine Wirtschaftskrise epochalen Ausmaßes auch im Gesundheitsbereich mehr Leid und mehr Tote national wie global verursachen könnte?

Wurde dementsprechend in Erwägung gezogen, dass dies letztlich im schlechtesten Fall zur größten fahrlässigen Tötungsaktion der Geschichte der Bundesrepublik werden könnte? Wurden angemessene Abwägungen getroffen zwischen der Intensität der beschlossenen Einschnitte und alternativen Handlungsoptionen? Wurde überhaupt abweichenden Mindermeinungen noch zugehört? Gab es einen den Namen verdienenden Diskurs?

Und können und dürfen von der Bundeskanzlerin in Bezug genommene *Kapazitätsgrenzen* des Gesundheitssystems in Verbindung mit nebulösen »Reproduktionsraten-Modellbetrachtungen« denn wirklich ein Grund zur fast *grenzenlosen* Außerkraftsetzung zentraler Grundrechte sein? Können unsichere Daten, deren Validität selbst und gerade unter Experten äußerst strittig und höchst umstritten war und ist, überhaupt zur Grundlage weitreichender Entscheidungen und guter Politik[43], geschweige denn der Grundrechtsbeschneidung gemacht werden? Kann man in einem Land, in dem versuchter Selbstmord nicht strafbar ist, rein denk- und sachlogisch gesunden Menschen überhaupt rechtskonform verbieten, das Haus zu verlassen, sich miteinander zu treffen und frei zu bewegen – und zwar völlig unabhängig von der Frage der Einschätzung der Gefahrenlage realer oder virtueller Corona-Risiken?

Dass die Politik dennoch in der Form in der Nachkriegsgeschichte nicht dagewesene Einschnitte *ohne eindeutige Faktenlage* und *ohne vollständige Transparenz* ergriffen hat, und zwar ohne dass auch nur eine einzige der vorstehenden Fragen gegenüber dem Souverän – dem Volk – abschließend, klar und positiv beantwortet und bejaht worden wäre, wirft im Grunde ein vernichtendes Licht auf die Zustände und Abläufe in unserem Rechtsstaat, die offensichtlich nach *mehr als 70 Jahren* einem *Audit*, einer sachkritischen Überprüfung auf Angemessenheit und Zukunftsfähigkeit unterzogen werden müssen, so wie das etwa bei börsennotierten Aktiengesellschaften *jährlich* – etwa im Hinblick auf die Wirksamkeit der Risikomanagementsysteme – der Fall ist. Auch hier legen die politischen Entscheidungsträger an andere gänzlich andere Maßstäbe als an sich selbst.

Geradezu bizarr mutet vor diesem Hintergrund an, dass die Bundeskanzlerin anlässlich ihrer Rede im Europaparlament in Brüssel zu Beginn der 6-monatigen EU-Ratspräsidentschaft Deutschlands gerade die Bedeutung der *Grundrechte* in den Vordergrund stellte und vor allem *Wahrheit* und *Transparenz* anmahnte. In ihrem eigenen Land waren Grundrechte *massiv beschnitten* worden, *ohne dass* hinreichende oder gar vollständige Transparenz über Wirkungszusammenhänge und Verhältnismäßigkeit durchgängig sichergestellt gewesen wären. Die Wahrheit ist aus Sicht eines Redners oder einer Rednerin natürlich immer gegeben oder gestaltbar – jedenfalls dann, wenn er oder sie die Wahrheit selbst definiert. Doch dazu später mehr.

## Realpolitische Legislative Anno 2020 – Verfassung »kein Kriterium« mehr?

Besonders bemerkenswert vor dem genannten Hintergrund mutet eine Online-Push-Nachricht von *BILD* an, die noch innerhalb der ersten drei Wochen der erwähnten deutschen EU-Ratspräsidentschaft – und zwar exakt am 19. Juli 2020 kurz vor 14 Uhr – auf den Displays ungezählter Handy-Nutzer und damit auch bei den Autoren erschien: »Merkel und Rutte – Streit um Rechtsstaatlichkeit in Europa« lautete es da vielsagend. Dass es 75 Jahre nach dem Zweiten Weltkrieg überhaupt einen von Deutschen mit Niederländern geführten Streit über Rechtsstaatlichkeit geben kann, ist an sich schon verstörend – jedenfalls aus angemessen selbstkritischer deutscher Sicht. Dass gerade die deutsche Kanzlerin dabei in den potenziellen Verdacht geriet, im Rahmen des EU-Corona-Gipfels über weitere Verschuldungsprogramme geradezu unvorstellbaren Ausmaßes möglicherweise auch noch die Rechtsstaatlichkeit wirtschaftlichen Interessen oder vielleicht sogar machtstrukturellen Erwägungen opfern zu werden, spricht für sich.

Einer der Autoren musste sich in dieser Situation spontan an eine Begegnung erinnern, die er nur wenige Tage zuvor mit einem der Kanzlerin-Partei zugehörigen einflussreichen Mitglied des Deutschen Bundestages gehabt hatte. Mit der Frage konfrontiert, wie rechtmäßig oder verfassungsgemäß eigentlich die Corona-Politik der Bundesregierung sei, entgegnete der ranghohe Parlamentarier, der von der Ausbildung her

*Rechtsanwalt* ist, das, »*was ein Verfassungsrichter in fünf Jahren dazu sagt*«, könne »*kein Kriterium*« für politische Entscheidungen sein, nicht einmal ein Orientierungspunkt; das sei schlichtweg irrelevant. Eine nach Empfinden der Autoren geradezu unfassbare Sichtweise eines Juristen und Bundestagsabgeordneten. Sieht so etwa die vielzitierte »*neue Normalität*« des Jahres 2020 aus?

Es ist damit jedenfalls offenkundig, dass zumindest Teile der Politik die (potenzielle) *Verfassungswidrigkeit und damit Illegalität ihres eigenen Handelns* kennen oder zumindest vermuten, sie aber offenbar schlichtweg ignorieren oder akzeptieren. Doch wie wollen wir Kalle Napf oder Otto Normalbürger erklären, dass Taschendiebstahl in der Fußgängerzone auch weiterhin verboten bleibt, wenn Spitzenvertreter der Gesetzgebung die Verfassungsmäßigkeit ihrer eigenen Gesetze und damit ihres eigenen Handelns für potenziell *irrelevant* erklären?

Und es sei deutlich betont: Auch noch so gute Vorsätze und noch so legitime Ziele dürfen zentrale Grundsätze von Legalität und Rechtsstaatlichkeit nicht außer Kraft setzen können. Das gilt für eine humanitäre Flüchtlingspolitik genauso wie für die Bekämpfung des Corona-Virus. Und es gilt nicht nur unter formal juristischen, sondern auch unter politisch pragmatischen Aspekten: Wer nämlich auch nur ein einziges Mal aus vielleicht noch so guter Intention mit der Begründung, es solle Gutes getan und geholfen« werden, eine Ausnahme von den Prinzipien von Rechtsstaatlichkeit, Verfassungsmäßigkeit und Regieren durch Gesetz zulässt, öffnet eine Tür, durch die dann auch andere mit weniger guter Absicht und Interessenlage gehen können.

Die Demagogen und Propagandisten des Nazi-Terrors hätten sicher keine moralischen Bedenken gehabt, ihre noch so perversen Entscheidungen und Maßnahmen in ebenso perverser Interpretation als dem Wohle der Bevölkerung oder gar der Menschlichkeit dienend zu verbrämen und hinzustellen, wie die Geschichte in furchtbarster Weise gezeigt hat. Wer aus der politischen Mitte heraus Grundsätze und Erfordernisse der Verfassung und der Verfassungsmäßigkeit in Frage stellt und sogar Urteile von Verfassungsrichtern für letztlich irrelevant erklärt, stärkt genau die politischen Kräfte an den Rändern, die zu bekämpfen er vorgibt. Und er erweitert bewusst oder unbewusst deren Handlungsraum. Im Grunde stellt sich die Frage, ob nicht jeder Parlamentarier, der das, was

Verfassungsgerichte tun und sagen, ausdrücklich und expressis verbis nicht als Kriterium seines Handelns betrachtet, vom Verfassungsschutz überprüft oder sogar überwacht werden müsste. Eine unter verschiedensten Aspekten wahrlich furchtbare Vorstellung.

## Corona als Sargnagel des Euro?

Zum Zeitpunkt der entsprechenden einschneidenden politischen Beschlüsse Ende März und Anfang April 2020 stand im Übrigen bereits fest, dass durch sie alle zwei Monate 500 Milliarden Euro Schaden auf die Bundesrepublik und ihre Wirtschaft zukommen könnten. Auch hier wurde also ohne entsprechend transparente validierte Faktenlage mit Bürgervermögen in Billionenhöhe jongliert. Auch damit werden sich Verfassungsrichter und Verfassungsgerichte vermutlich im Kontext der Verhältnismäßigkeit noch zu befassen haben. Vielleicht in fünf Jahren. Vielleicht auch schon früher. Oder auch noch danach.

Und dabei ist noch gar nicht reflektiert, dass die politische Reaktion auf den Corona-Virus durchaus das Potenzial hat, nicht nur die Einigkeit auf europäischen Gipfeln zu stören und die Stimmung zu vergiften, sondern auch den *Euro zu zerreißen*. Neben der unfassbaren europäischen Neuverschuldung wurden nämlich auch die ökonomischen Disparitäten in dessen Währungsraum durch Corona beziehungsweise die Corona-Politik weiter verstärkt. Die ebenfalls hart getroffenen USA haben jedenfalls das Problem der unterschiedlichen Fiskal- und Sozialsysteme nicht und das Problem der wirtschaftlichen Unterschiede nicht im selben Umfang wie die Eurozone.

Zu einem bestimmten Zeitpunkt wurde bei uns mit 600 Milliarden Euro bewusst in Kauf genommenem Schaden zur Rettung von 10 000 Menschenleben argumentiert – 60 Millionen Euro also pro vielleicht gerettetes Menschenleben. Das ist zumindest ethisch ein großer Fortschritt. Noch gar nicht lange zuvor schien ein Menschenleben kaum 60 Euro wert zu sein. Und Infektionsvermeidung wurde auch erst durch Corona zum politischen Königsthema befördert.

Auf den konkreten Hinweis, wie bei flächendeckender Nutzung hochinnovativer Magnesium-Technologie an Stelle althergebrachter Metall-

Implantate (deren Werkstoffe wie Titan beziehungsweise resultierende Titandioxid-Partikel im Übrigen potenziell toxisch und karzinogen sein können) jährlich Tausende von Infektionstoten und Anästhesieopfern weltweit vermieden und zudem perspektivisch noch Kosteneinsparungen für das deutsche Gesundheitssystem in Milliardenhöhe erzielt werden könnten, hatte der seinerzeit gerade neu ins Amt gekommene Bundesgesundheitsminister schriftlich mit dem lapidar-herzlichen Dank für die guten Wünsche zu seiner Ernennung reagiert. War die etwa mehr wert als ein oder viele Menschenleben? Oder waren er beziehungsweise sein Mitarbeiterstab vielleicht durch etwaige verfrühte Parteivorsitz- oder Kanzlerambitionen abgelenkt vom langfristigen Patientenvorteil?

Wie sehr die Intensität und mitunter Differenziertheit im Umgang mit der nunmehr allseits als Oberziel angestrebten Infektionsvermeidung inzwischen zugenommen hat, wurde einem der Autoren dieses Buches endgültig klar, als er in der Nacht vom 4. auf den 5. August 2020 nach getaner Arbeit noch kurz die Videotext-Nachrichten des Tages lesen wollte. Eine Sekunde vor 3:39 Uhr erfuhr er so (noch gerade rechtzeitig), dass Berlin drei Tage später die Bordelle wieder öffnen wolle:[44] »*Praktiziert werden dürfen Massagen und BDSM.*«[45] Sexuelle »*Dienstleistungen mit Geschlechtsverkehr*« sollten dann ab September »*wieder zulässig sein*«, allerdings nur »*unter strengen Auflagen*«.[46] Covid-19 als Diskriminierungsfaktor zulasten der einfachen schnellen Nummer und zugunsten des komplexen Sadomasochismus? Langweilige Heterosexualität hingegen nur unter Kontrolle der Corona-Sittenpolizei? Oder wird die dann auch die regelmäßige Desinfektion verschwitzter Folterwerkzeuge durch stündliche Hausbesuche stringent kontrollieren?

## Flüchtlingspolitik: Legislative überflüssig?

Anders als bei den drei vorstehend genannten zentralen Gesetzespaketen hat die Flüchtlingspolitik gezeigt, dass es bei uns inzwischen im geeigneten medial-emotionalen Ambiente möglich zu sein scheint, *auch ganz ohne* spezifische gesetzliche Grundlage und am Parlament vorbei Entscheidungen zu treffen, die über *Jahrzehnte* nachwirken werden und über *Jahrhunderte* nachwirken können – und das aus Angst vor »hässlichen Bildern« in der Tageszeitung des *nächsten Tages*. Das ist menschlich nachvollziehbar. Aber ist es rechtsstaatskonform?

Es ist jedenfalls im Hinblick auf den *Ablauf* der Entscheidungs*prozesse* – bei allem Respekt für Humanismus, humanitäre Hilfe, mitfühlende Bundeskanzlerinnen oder visuell ängstliche Bundesinnenminister – im Grunde ein Skandal unfassbaren Ausmaßes. Herzliche »Willkommenskultur« und vorbildlicher Einsatz vieler Bürgerinnen und Bürger für ankommende Flüchtlinge, die mitunter unter Einsatz ihres Lebens furchtbarstem Schrecken gerade eben entkommen konnten, haben zu Recht Deutschlands Ansehen in der Welt gestärkt. Dennoch können Hilfsbereitschaft, Menschenwürde und humanitäre Unterstützung nicht Grundlage dafür sein, wesentliche Kriterien der Rechtsstaatlichkeit oder auch wesentliche Grundprinzipien verantwortungsvoller Entscheidungsfindung außer Kraft zu setzen. Es ging und geht hier schließlich nicht nur um sehr viel mehr als um 1000 Milliarden Euro – potenziell um den zehnfachen Betrag oder auch noch deutlich mehr – und damit um Vermögen oder Verschuldung unserer Kinder, Kindeskinder und deren Kinder und Kindeskinder, sondern um wesentliche Fragen und fundamentale sowie nachhaltigste Veränderungen heutiger und künftiger Gesellschafts- und Bevölkerungsstruktur, bezüglich derer bereits elementarste Grundprinzipien der Demokratie eine Legitimation durch die bestehende Bevölkerung zwingend voraussetzen würden.

Und ähnlich wie bezüglich Euro-Rettungs-Politik, Energiewende oder Corona-Bekämpfung will dieses Buch auch hinsichtlich der Flüchtlingspolitik keine inhaltliche und schon gar keine ideologische Debatte hinsichtlich Richtigkeit oder Falschheit, ethischer Berechtigung oder ökonomischer Unvernunft getroffener Entscheidungen führen. Aber es *muss* – wenn wir noch irgendwie *an den Rechtsstaat glauben wollen* – die Frage nach Evidenz, Transparenz, Kriterien, Faktenbezug, Sorgfalt, Durchdringungstiefe, Angemessenheit, Ausgewogenheit, Auswirkungen, Szenario-Analyse, demokratischer Legitimation und *Rechtsstaatskonformität* der zugrunde liegenden realen Entscheidungs*prozesse* gestellt werden dürfen und auch gestellt werden.

Um es einmal sehr überspitzt auf den Punkt zu bringen: Es wäre auch völlig legitim, wenn wir Deutschland in »Nordsyrien« umbenennen und den (von beiden Autoren dieses Buches ausdrücklich zutiefst respektierten) Islam zur Staatsreligion erheben würden – aber *selbstverständlich nur,* wenn dies durch Änderung des Grundgesetzes *demokratisch und rechtsstaatlich legitimiert* würde (und die Kern-Grundrechte etwa der Artikel 3 und 4 des Grundgesetzes dadurch nicht angetastet würden).

Dass bei der Öffnung der Grenzen vor der Kulmination der Flüchtlingskrise die Exekutive indes ohne angemessene gesetzliche Grundlage handelte, dürfte nicht ernsthaft infrage stehen. Entscheidend ist für die Zwecke unserer Betrachtung dabei nicht der Sachverhalt, dass ein Staat, der aufhört seine Grenzen zu schützen, im Grunde aufhört, ein Staat zu sein. Entscheidend ist vielmehr, dass selbst dann, wenn man Gutes tun und humanitäre Hilfe leisten möchte, dies stets auf gesetzlicher Grundlage geschehen muss.

Der Nicht-Jurist unter den Autoren dieses Buches hat seinerzeit mit einem pensionierten Bundesrichter des Nachts in London leidenschaftlich über genau diesen Aspekt gestritten. Der ehemalige Spitzenrichter vertrat dabei – zunächst – die Auffassung, die *Humanität* rechtfertige in einer solchen Situation das erfolgte Handeln. Eine einzige Frage reichte jedoch offenbar aus, dass er erkannte, dass selbst langjährige BGH-Erfahrung nicht zwingend vor Irrtum oder Fehlinterpretation schützt: »*Wenn ich morgen früh in London eine Bank überfalle und ausraube, aber vorher bereits per notarieller Erklärung und vorab unterschriebener Bankvollmacht sicherstelle, dass das erbeutete Geld nur für humanitäre Zwecke in Somalia oder Simbabwe eingesetzt wird, habe ich dann einen Bankraub begangen oder bin ich unschuldig?*«

Selbstverständlich steht nicht einmal das Gebot der Humanität über dem Rechtsstaat, so wie auch kein einziger Mensch über dem Gesetz steht – weder spendenerfahrene Bundeskanzler noch humanitätsaffine Bundeskanzlerinnen. Wie wollen wir dem Taschendieb auf der Straße erklären, dass sein Diebstahl auch dann strafbar ist, falls er der Ernährung der Familie dient, wenn gleichzeitig die oberste Exekutive unserer Republik ihr Handeln auf Grundsätze außerhalb gesetzlicher Absicherung und Grundlage stützt?

Und wer legt – die Frage wurde bereits angedeutet – eigentlich fest, was der »humanitären Hilfe« dient und welche Handlungen damit auch außerhalb der Rechtsstaatlichkeit als moralisch legitim oder ethisch legitimiert erscheinen sollten? Erich Honecker hätte ganz sicher Argumente gefunden, dass und warum Mauerbau und Schießbefehl Akte der Humanität waren, und das Nazi-Terror-Regime hätte – wie bereits dargelegt – zweifelsfrei auch nicht davor zurückgeschreckt, übelste Perversionen industrialisierten Massenmordes in vermeintlich rechtfertigendes Vokabular zu kleiden. Wer Rechtsstaatlichkeit durch vermeintlich übergeordnete ethisch-moralische Ziele relativiert, demontiert faktisch den Rechtsstaat und öffnet der Willkür Tür und Tor. Das Gesetz ist das Entscheidende. Ohne Gesetz geht es nicht.

## Vertrauen in den Rechtsstaat: Pulverisierung statt Stabilität

Angesichts der Leichtigkeit, mit der unsere politische Elite Gesetze erlässt, überarbeitet und dann deren Einhaltung relativiert, kann es nicht wirklich überraschen, dass ausweislich der Ergebnisse einer exklusiven Erhebung für FOCUS Online fast die Hälfte der Deutschen mittlerweile der Justiz misstraut.[47] Den nur noch knapp 41 Prozent aller Bundesbürger, die großes oder sehr großes Vertrauen in die Justiz haben, stehen laut den Ergebnissen der entsprechenden repräsentativen Online-Umfrage unter mehr als 5000 wahlberechtigten Deutschen 45 Prozent gegenüber, deren Vertrauen in die Justiz gering oder sehr gering ist.[48] In den neuen Bundesländern stellt letztere Gruppe mit rund 52 Prozent nicht nur die relative, sondern sogar die absolute Mehrheit.[49]

Das ist erschreckend. Sehr erschreckend! Und es wird noch erschreckender bei Betrachtung der differenzierten Ergebnisse im Hinblick auf die Altersstruktur. Mit zunehmendem Alter steigen offenbar die Vorbehalte: In der Gruppe der über 65-Jährigen ist das Vertrauensverhältnis zur Justiz am stärksten beschädigt.[50] Mit anderen Worten: Gerade bei den in und mit rechtsstaatlichen Verfahren vermeintlich Erfahrenen ist das Vertrauen in die Justiz besonders angeschlagen – ein fürwahr besorgniserregender Befund!

Das reflektiert eine massive Krise des Rechtsstaats – und zwar einer wahrlich erschreckenden Dimension. Wenn weniger als die Hälfte der Bürgerinnen und Bürger noch Vertrauen in die Justiz hat, dann befindet sich der Rechtsstaat nicht nur im Verfall, sondern schon im *Zerfall*.

Denn der Rechtsstaat sind wir alle. Und wenn *mehr als die Hälfte von uns* kein entsprechendes Vertrauen mehr hat, dann hat sich der Rechtsstaat offenbar in weiten Teilen und gegenüber weiten Teilen der Bevölkerung schon *selbst abgeschafft*. Und wenngleich der Justizapparat selbst für derartige Entwicklungen zweifelsfrei auch eine Mitverantwortung trägt, ist die Legislative doch die erste Kausalstufe der Prozesskette der Gewaltenteilung zwischen Gesetzgebung, Ausführung und Rechtsprechung. Sie trägt insofern auch zentrale Verantwortung für den Verfall gesellschaftlicher Werte und den Zerfall rechtsstaatlicher Akzeptanz und Identifikation.

Bemerkenswert ist dabei, dass sogar mehr als 60 Prozent der Befragten nicht oder eher nicht denken, dass in Deutschland vor Gericht alle Menschen gleich sind, verglichen mit nur einem Drittel, die dies eher oder auf jeden Fall bejahen.[51] Derartige wahrgenommene Ungleichheiten oder Ungleichheitswahrnehmungen dürften bei (vernünftig) algorithmisierter Rechtsanwendung nicht mehr zu erwarten sein. Dies beziehungsweise diese wird an anderer Stelle – im Kapitel 10, etwa unter dem Abschnitt »Einheitlichkeit, Gleichheit, Gerechtigkeit« – noch zu diskutieren sein.

Hier kann vielleicht eine Analogie zum besseren Verständnis beitragen: Ungeachtet der konkreten Entwicklung, der Explosion oder des Verfalls der Werte von Bitcoins oder anderen digitalen »Währungen« wird sich die Zukunft auch der *Crypto-Finanz* in und anhand der Vertrauensfrage entscheiden: In dem Moment nämlich, in dem die Bürger und Verwender von Zahlungsmitteln mehr *Vertrauen in die Integrität (und Legitimation) von Algorithmen* als in jene von Politikern, Zentral- oder Investmentbankern haben, drohen traditionelle Währungen und traditionelle Banken, wie wir sie kannten, von digitalen Tools und Playern substituiert zu werden – und zwar in Instagram-Geschwindigkeit. Dasselbe Schicksal droht potenziell unserem Rechtsstaat – jedenfalls in der Form, in der wir ihn kannten, schätzten und respektierten.

Wenn Algorithmennutzung mit dem Smartphone selbstverständlich ist und Vertrauen in die traditionelle Justiz gleichzeitig massiv schwindet, sind alle Ingredienzien für eine technologiebasierte Umwälzung des Rechtssystems gegeben – ob wir das wollen oder nicht. Es liegt letztlich in den Händen unserer Parlamentarier und Richter, durch Wiederherstellung des zu einem signifikanten Teil offensichtlich bereits verlorenen Vertrauens (und in der Hand der Exekutive, durch angemessene Ressourcen-Allokation und bestmögliche Ausstattung der Gerichte!) zu erreichen, dass das Volk dauerhaft hinreichendes Vertrauen in die Gesetzgebung, in die Anwendung der Gesetze und in die ihnen zugrunde liegenden Abläufe hat. Wenn das Vertrauen in den Rechtsstaat jedoch ebenso schnell sinkt wie die öffentliche Verschuldung steigt, dann sägen wir an dem Ast, auf dem wir alle sitzen. Und zwar mit der Motorsäge.

## Die föderale Struktur der Bundesrepublik: Zersplitterung und Komplexität statt Effizienz und Ganzheitlichkeit

Zur Stabilisierung und Wiederherstellung des Vertrauens der Bürgerinnen und Bürger in den Rechtsstaat müssen nicht nur Abläufe transparenter, Entscheidungen nachvollziehbarer und das Entscheidungsverhalten bürger- und volksorientierter werden, sondern auch der komplexe, föderale Aufbau der Bundesrepublik Deutschland muss – noch dazu im europäischen Kontext – durch weniger Bundesländer entschlackt, vereinfacht und effizienter gestaltet werden. Denn durch die dadurch reduzierten Abstimmungsschwierigkeiten zwischen Bund und Ländern würde die Legislative in ihren Entscheidungsprozessen deutlich an Effizienz und Tempo gewinnen.

Der für den konstitutionellen und architektonischen Aufbau der Bundesrepublik Deutschland verantwortliche parlamentarische Rat, der von den Siegermächten des Zweiten Weltkriegs einberufen beziehungsweise legitimiert wurde, hatte – neben anderen – ein sehr nachvollziehbares Ziel umzusetzen: Voraussetzungen dafür zu schaffen, dass sich das Dritte Reich inmitten Europas und der gesamten Welt niemals mehr wiederholen dürfe, würde oder könnte. Vor diesem Hintergrund, aber auch aufgrund der Geschichte Deutschlands, kam ein zentralistischer Staat Deutschland nicht in Betracht. Der neue Staat musste aus Sicht der Alliierten nachhaltig föderal sein, um die Entscheidungsprozesse und Abläufe mit Blick auf ein wirtschaftliches und insbesondere machtorientiertes Wachstum zu verlangsamen. Es musste ein Bundesstaat sein. Und das trat dann auch im Mai 1949 mit dem Inkrafttreten des Grundgesetzes ein.

1949 wurde in den Besatzungszonen der drei West-Alliierten die Bundesrepublik Deutschland mit zunächst zwölf Bundesländern gegründet. 1952 fusionierten Baden, Württemberg-Baden und Württemberg-Hohenzollern zum Land Baden-Württemberg. 1957 trat das bis dahin autonome Saarland der Bundesrepublik bei. Mit der Wiedervereinigung am 3. Oktober 1990 kamen Thüringen, Sachsen, Sachsen-Anhalt, Brandenburg und Mecklenburg-Vorpommern dazu. Die Bundesländer sind teilsouveräne Gliedstaaten, die ihrerseits eigene staatliche Aufgaben erfüllen. Bund und Bundesländer sind zu einem übergeordneten Ganzen zusammengeschlossen, sodass die Staatsqualität des Gesamtstaates durch die föderale Vereinigung begründet wird.

Durch diese einerseits politisch stabilisierende Architektur ist allerdings auch »gewährleistet«, dass es im administrativen Bereich und im Bereich der Gesetzgebung zwischen den Bundesländern und dem Bund immer wieder erhebliche kostenintensive Friktionen und Abstimmungsschwierigkeiten gibt. Das föderale System für sich gesehen ist nicht das Problem. Vielmehr ist es die Vielzahl der Bundesländer, die Abstimmungsprozesse verlangsamt und damit die politische, gesellschaftliche und wirtschaftliche Entwicklung der Bundesrepublik Deutschland erschwert. Das gilt in einem Sechs- oder Sieben-Parteien-System natürlich noch umso mehr als früher im Drei-Parteien-System der ersten Hälfte der bisherigen bundesrepublikanischen Geschichte.

Ganz eindeutig: 16 Bundesländer sind für sich allein genommen schon zu viel, um die notwendigen Abstimmungen untereinander und mit dem Bund in einer sehr schnelllebigen und äußerst dynamischen Zeit sachgerecht zu verwirklichen. Aber auch die heterogene Struktur der Länder in Bezug auf Wirtschaft, Größe und Einwohnerzahl bedingt Änderungsbedarf. Nur ohne die systemische Abhängigkeit der Länder von Zuweisungen und Fördertöpfen von Dritten können die Länderparlamente frei und selbstbestimmt entscheiden. Davon sind viele Länder aber weit entfernt. Es werden im Jahr mehr als 11 Milliarden Euro zwischen armen und reichen Bundesländern über den Finanzausgleich umverteilt. 16 Bundesländer kosten natürlich, aber sie rechnen sich in ihrer Zusammensetzung nicht. Wir brauchen deshalb eine *historische Reform zur Neugliederung der Bundesländer* – und zwar dringend. »NRW« mit circa 18 Millionen Einwohnern, Thüringen mit knapp über 2 Millionen oder

Bremen mit deutlich unter 700 000 Einwohnern können naturgemäß keinen fairen und annähernd gleichen Wettbewerb untereinander austragen – weder um die Ressourcen noch im Hinblick auf deren strukturelle Verfügbarkeit.

Für eine Neugliederung sprechen zunächst erhebliche Einsparungen von Verwaltungskosten durch den Wegfall von Landesparlamenten und -regierungen. Gibt es weniger Bundesländer, dann gibt es aber zudem weniger Landtagswahlen. Somit wird der Dauerwahlkampf eingeschränkt, und es besteht mehr Raum für eine reformfreudigere Bundespolitik durch zukunftsweisende Gesetzgebungsvorhaben. Die Länder wären dann auch besser in der Lage, ihre Interessen gegenüber dem Bund und untereinander zu vertreten. Aber vor allem wird die Gesetzgebung im Bund erleichtert, wenn der Abstimmungsbedarf mit den Ländern im Bundesrat strukturierter, konzentrierter, effizienter und letztlich effektiver durchgeführt werden könnte, als das gegenwärtig passiert.

Sinnvoll wären aus dieser Perspektive etwa sechs bis neun statt bisher 16 Bundesländer. Und was spricht eigentlich gegen eine Neugliederung des Bundesgebiets? Aus der Geschichte wissen wir, dass es immer wieder – bis in die Gegenwart – Vorschläge und Vorstöße in diese Richtung gegeben hat. Sie sind immer an den Partikularinteressen der Politik und der Politikerinnen und Politiker gescheitert, die durch eine solche Reform mit dem Verlust ihres Mandats oder anderen Nachteilen zu rechnen hatten. Aber auch die Gesellschaft als solche tut sich schwer. Es ist fraglich, ob die für eine Neugliederung der Bundesländer notwendige Mehrheit nach einer Volksbefragung tatsächlich ohne Weiteres erreichbar wäre. Und auch die Autoren wollen ihre landesspezifische Identifikation mit ihrem »Heimatland« Niedersachsen nicht verhehlen. Doch die Einsicht des Geistes in das eindeutige Erfordernis muss die starke Identifikation des Herzens mit der Region überwiegen und überwinden.

Das Gesagte gilt gleichermaßen auch für die Kommunen in den Ländern. Auch davon gibt es offenkundig zu viele, die erhebliche Kosten verursachen und einer Reduzierung ihrer Anzahl bedürfen – dies umso mehr im europäischen Kontext. Ein gebietskörperschaftlicher Aufbau etwa über sieben Stufen (Europa – Deutschland – Bundesland – Bezirk – Landkreis – Stadt/Gemeinde – Stadtbezirk) wäre im globalen Wettbewerb überhaupt nicht überlebensfähig. Schon fünf (Europa – Deutschland – Bundesland – Landkreis – Stadt/Gemeinde) sind im Grunde zu viel. Wenn Europa wirklich das ist und das sein soll, was wir in ihm so gern sehen wollen, dann entspricht ein europäischer Staat in etwa einem Bundesstaat der USA (wobei Litauen als europäischer Hotspot der Informationstechnologie offenkundig sehr viel kleiner und weniger wirtschaftsstark ist als Kalifornien, Deutschland aber zugegebenermaßen deutlich mehr Wirtschaftskraft hat als etwa Idaho oder Wyoming), ein Bundesland einem »County« und die bundesdeutsche Stadt oder Gemeinde eben der US-amerikanischen »City«. Man sieht: Für die rund 300 deutschen Landkreise und Landräte bleibt – jedenfalls in dieser Analogie – kaum Platz.

Gleichwohl gibt es gewisse Fortschritte: Als einer der Autoren vor etwas mehr als 13 Jahren im Rahmen eines Sanierungskonzeptes für Deutschland forderte, Dichte und Komplexität des vielstufigen Aufbaus zu reduzieren, gab es noch genau 323 Landkreise in unserer Republik.[52] Aktuell sind es nur noch knapp 300, genau 294. Neun Prozent Reduktion und Vereinfachung in annähernd eineinhalb Dekaden ist zwar sehr überschaubar, aber dennoch wurden kritische Stimmen offenbar gehört, und der Trend ging zumindest in die richtige Richtung. Das ist ein Stück weit ermutigend. Aber eben auch nur ein Stück.

Denn wie absurd die hierzulande diesbezüglich geführten Diskussionen mitunter wirklich sind und wie träge und zäh die entsprechenden Veränderungsprozesse vonstattengehen, zeigt der Blick nach China mit seiner ungeheuren Dynamik und seinen gewaltigen Dimensionen: Gleich drei chinesische »Provinzen« (Guangdong, Shandong und das Han-Chinesische Kulturzentrum Henan) haben deutlich mehr Einwohner als die gesamte wiedervereinigte Bundesrepublik Deutschland, und Sichuan dürfte in Realität wohl auch schon an uns vorbeigezogen sein. Wir leisten uns einen föderalen Aufbau und Unterbau, den wir uns in dieser Form im globalen Wettbewerb nicht länger leisten können. Die Chinesen hingegen investieren ihre entsprechenden Effizienzvorteile in Zukunftsthemen wie Dateninfrastruktur oder künstliche Intelligenz und erhöhen damit den Abstand an Entwicklungsgeschwindigkeit und Veränderungsdynamik immer weiter.

## Strukturdebatte für den kommunalen Raum: weniger kommunale Einheiten

Im föderalen System der Bundesrepublik Deutschland stellen Gemeinden und Gemeindeverbände neben Bund und Ländern eine eigene Verwaltungsebene dar, die sich vom Grundsatz her sehr bewährt hat und erhalten bleiben muss. Gar keine Frage! Sie verfügen kraft Verfassung über das Recht der kommunalen Selbstverwaltung und sind deshalb für alle Angelegenheiten der örtlichen Gemeinschaft, also für die öffentliche Daseinsvorsorge in eigener Verantwortung zuständig. Das ist auch sehr vernünftig. Dort, wo die Sachkompetenz liegt, sollten auch die nachhaltigen sinnvollen Entscheidungen für die Bürgerinnen und Bürger getroffen werden. Die kommunalen Strukturen sind ohne Zweifel eine große Errungenschaft und ein wichtiger Bestandteil unseres Staatsaufbaus – besser bekannt als »*Bund, Länder und Kommunen*«.

Kaum noch nachvollziehbar und in der Zukunft schon gar nicht bezahlbar sind aber die *Anzahl* seiner Einheiten und damit die Struktur des Kommunalaufbaus – Landkreise, Städte und Gemeinden. Viele Milliarden von Euro werden für die Verwaltung von Kommunen jährlich ausgegeben, und aus politischer Korrektheit heraus denkt niemand darüber nach, dass man das dringend und zwingend ändern müsste.

Es geht dabei nicht nur um Kosten, sondern auch um inhaltliche Erwägungen, die eine Reduzierung der Komplexität rechtfertigen. Dabei spielt insbesondere, sogar ganz maßgeblich, auch der demografische Wandel eine Rolle, der ausreichend in den Blick zu nehmen ist: Die Kombination aus Bevölkerungsrückgang in der Fläche, Abwanderung der erwerbsfähigen Bevölkerung und zunehmender Alterung der Gesellschaft im Zusammenwirken mit erheblichen administrativen Kosten werden über kurz oder lang dazu führen müssen, dass ohne eine neue Gebietsreform die gegenwärtige Struktur unsere Kommunalsystems nicht mehr aufrechterhalten werden kann – und damit ohne Reform die rechtsstaatliche Struktur wankt. Nach der Wiedervereinigung erlebten die meisten Gemeinden noch ein Bevölkerungswachstum. Heute sind es weniger als 5 Prozent.

Aus alledem folgt ganz eindeutig: Wir brauchen eine grundsätzliche nationale Reform des Aufbaus unseres Bundesstaates und der damit einhergehenden Entscheidungsstrukturen in Bund, Ländern und Kommunen. Ohne eine Reduzierung der Entscheidungseinheiten werden wir den Herausforderungen der Zukunft fiskalisch ohnehin nicht und qualitativ nur äußerst schwerfällig mit einer zügigen Regelsetzung für die Dinge, die für die Zukunft wichtig sind, begegnen können. Anders ausgedrückt: Indem wir uns heute aufgeblähte Strukturen und Überadministration leisten, vernichten wir Zukunftsperspektiven unserer Kinder und Kindeskinder.

Drei Milliarden Euro sollen in Deutschland laut Strategie der Bundesregierung bis zum Jahr 2025 in künstliche Intelligenz (KI) investiert werden.[53] Das sind genau 2 Prozent der Zahl, die sich das *ohnehin schon führende* China für die kommende Dekade entsprechend in US-Dollar vorgenommen hat.[54] Pro Jahr und wechselkursbereinigt will China also *das 22-Fache* dessen investieren, was uns hierzulande als Mega-Strategie unserer Bundesregierung verkauft wird. Und der hiesige KI-»Jahreseinsatz« liegt nicht einmal bei einem *Tausendstel* dessen, was das Corona-Virus uns beziehungsweise unseren Politikern wert zu sein scheint. Im Kontext der kommunalen Strukturdebatte lässt sich insofern festhalten: besser jährlich zusätzliche 300 Millionen Euro in künstliche Intelligenz investieren als weiterhin ein Vielfaches in die Verwaltung und Administration von rund 300 Landkreisen mit 300 – wenn auch noch so intelligenten – Landräten.

Ließe sich hier vielleicht das Rüttgers-Wortspiel variieren? »Künstliche Intelligenz statt intelligenter Landräte«? Für die Zukunft unserer Kinder? Oder aber: »Künstliche Intelligenz *und* intelligente Landräte«! Zumal künstliche und Landrats-Intelligenz zusammen durchaus eine formidable Wirkung sollten entfalten können. Für unser aller Wohl.

# Die Themen der Gesetzgebungsdebatten unserer Politik: Peripherprobleme statt Zukunftsthemen

Doch nicht nur Leichtigkeit und Oberflächlichkeit im Entscheidungsverhalten sowie strukturelle Komplexität im Entscheidungsaufbau, sondern auch die Befassungsthemen und -schwerpunkte der politischen und gesetzgeberischen Prozesse lassen die Menschen zweifeln und das Vertrauen in den Rechtsstaat verlieren. Die Bürgerinnen und Bürger sind nämlich sehr viel klüger, als die Politik oftmals meint. Sie erkennen sehr wohl, dass und wo sich die Politik auf völlig unwichtigen Nebenkriegsschauplätzen tummelt, anstatt sich den wirklich wichtigen Zukunftsthemen zu widmen.

Wie sehr die deutsche Politik mittlerweile auf unwichtige Randthemen ausweicht, zeigt sich ebenfalls nirgends deutlicher als im Vergleich mit China, dem Land, das Deutschland inzwischen als Exportweltmeister abgelöst hat. Xi Jinping, der dort weitestgehend unumstrittene Herrscher des Reiches der Mitte, hat drei mittelfristige Oberziele chinesischer Politik öffentlich definiert: *ökonomische Dominanz, politische Dominanz* und *militärische Dominanz.* Der angestrebten und zu erwartenden globalen ökonomischen Dominanz der neuen Seidenstraße setzen wir die Pkw-Maut bayerisch-österreichischen Grenzkalibers entgegen. Dem angekündigten und ausgesprochenen, übrigens keineswegs haltlosen macht-politischen Dominanzanspruch des größten Volkes der Welt, dessen Geschichte durchaus von Frauen-Power und Macht-Konkubinat während der Kaiserzeiten geprägt war, entgegnen wir mit Frauenquoten und weiblicher Befehlsgewalt. Und auf die von Peking verfolgte militärische Dominanz reagieren wir mit Armee-Kindergärten und Transsexuellen-Armeen?

Wären in China jeder achte Panzer, jedes zehnte Kampfflugzeug, jeder zwölfte Kampfhubschrauber und kein einziges U-Boot einsatzbereit, würde der dafür verantwortliche Verteidigungsminister sicherlich entlassen, vermutlich zu langjähriger Haft verurteilt, vielleicht sogar hingerichtet. Oder auch einfach nur dorthin gebracht, wo ihn niemand mehr findet. Hierzulande qualifizieren vergleichbare Erfolgswerte allem Anschein nach für das höchste politische Amt, das Europa zu bieten hat. Globalisierung ist eben in der Tat – und zum Glück! – auch divers und divergent.

Nun wollen wir keineswegs China als das perfekte Beispiel für den idealen Rechtsstaat hinstellen. Aber ohne jeden Zweifel kümmert sich die chinesische Politik – völlig anders als unsere – sehr wohl um die zentralen Zukunftsthemen, die für Wohlstand, Erfolg und Stärke künftiger Generationen bedeutsam sind. Dort haben wir ein 1,4-Milliarden-Volk, das Gas gibt, und hier eine selbstgefällige Mediendemokratie, in der die Politik mehrheitlich auf der Bremse steht.

## Die wahren Zukunftsfragen

Wollen wir aber gerade unseren demokratischen und rechtsstaatlichen Selbstansprüchen auch weiterhin genügen, kommen wir nicht umhin, dass die Politik den Mut und die Selbstdisziplin aufbringt, die wirklich wichtigen, wenn auch teilweise recht unbequemen Zukunftsfragen zu stellen, zu beantworten und dies in Gesetzgebungsform zu gießen:

- Was sind die Technologien der Zukunft und wie können sie gefördert statt verhindert werden?
- Was sind die Wohlstandsdifferenziale der Zukunft und wie können sie erhalten und ausgeschöpft werden?
- Was sind die Ausbildungswelten der Zukunft und wie können sie frühzeitig entwickelt werden?
- Was sind die Arbeitswelten der Zukunft und wie können sie vernünftig gestaltet und gesichert werden?
- Was sind die Forschungswelten der Zukunft und wie können sie ideologiefrei eröffnet und exploriert werden?
- Was sind die notwendigen Ressourcen zur Zukunftsgestaltung und wie können sie rechtzeitig generiert und bereitgestellt werden?
- Was sind die tektonischen Wettbewerbsverschiebungen im Rahmen der Globalisierung und wie können wir in diesem Wettbewerb mittelfristig bestehen und ökonomisch überleben?
- Was sind die sicherheitspolitischen Herausforderungen und Gefahren einer Welt zwischen Nuklear-Remanenz des Kalten Krieges und Virtual-Präsenz digitaler Cyber-Warfare und wie kann ihnen erfolgreich begegnet werden?
- Was sind die inneren Herausforderungen einer Gesellschaft fundamental veränderter Strukturen jeglicher Art und wie kann ihr Zusammenhalt geschaffen und langfristig erhalten werden?
- Was sind die Bedrohungen für den Rechtsstaat als zentrales Formalfundament friedlichen Miteinanders in einer Welt des Wertezerfalls und wie kann ihnen Einhalt geboten werden?

Dies sind die zehn vielleicht wichtigsten Zukunftsfragen, an deren Beantwortung unsere *Zukunft* und wahrscheinlich sogar unsere *Existenz* hängen werden. Mütter-Rente, Homosukzessiv-Adoption und Ehe für alle mögen löbliche Konzepte sozialer Fürsorge und gesellschaftlicher Vielfalt und Toleranz sein. Unser *Überleben* als Gesellschaft, als Volk, als Volkswirtschaft, als Staat und als Rechtsstaat sichern sie nicht.

Nur wenn unsere Gesetzgebung und damit unsere Volksvertreter – anders als zurzeit – wieder in der Lage sind, die wirklich wichtigen Themen in einer angemessenen Zeit auf den Weg zu bringen, kann und wird unser Rechtsstaat intern stabil bleiben und sich unser Staat zudem extern im globalen Wettbewerb behaupten und weiter beziehungsweise wieder Respekt verschaffen. Doch diese Themen wollen nicht nur sinnhaft und angemessen in Gesetzesform abgebildet, sondern auch effektiv, effizient und vor allem zügig umgesetzt sein. Damit sind wir beim Thema des nächsten Kapitels: Auch die Exekutive unserer Republik muss reformiert und verbessert werden. Zwingend. Und dringend.

# KAPITEL 6

# WIR BRAUCHEN EINE REFORM DES TREFFENS UND DER UMSETZUNG VON ENTSCHEIDUNGEN IN DER EXEKUTIVE

Wir leben in einer Zeit, die so schnelllebig ist wie nie zuvor. Dennoch hält Deutschland in naiver Nostalgie an einem schwerfälligen Verwaltungsapparat fest, der in der Welt seinesgleichen sucht.

Während es im Abschnitt zuvor vornehmlich um die Reform der Legislative geht, also der politischen Entscheidungsprozesse, widmen wir uns in diesem Abschnitt der Umsetzung in der Verwaltung, also der Exekutive.

Wie dringend hier reformiert werden muss, wenn Legitimation und Identifikation durch die Bürgerinnen und Bürger wiederhergestellt werden soll, zeigt dabei die gelebte Realität europäischer Politik: Dass man in das höchste Amt, das die europäische Exekutive zu bieten hat, gelangen kann, ohne dafür je eine einzige Stimme einer einzigen Wählerin oder eines einzigen Wählers in einem einzigen Mitgliedsstaat der Europäischen Union erhalten zu haben, ist im Grunde ein unfassbarer Vorgang, den wir allerdings resignativ-abgestumpft schon als Normalität hingenommen haben.

Wer aber unseren Rechtsstaat in europäischer Einbindung im Spannungsfeld zwischen Straßburger Machtlosigkeit, Brüsseler Hinterzimmerbürokratie und Perpetuum Mobile gebetsmühlenartig sich wiederholender EU-Gipfel-Bekenntnisse einerseits und sich im Stich gelassen fühlenden Bürgerinnen und Bürgern zwischen Inverness und Timisoara, von Turku bis Estoril anderseits noch glaubwürdig und funktionsfähig erhalten will, kann derartige vermeintliche Normalität nicht wirklich dauerhaft tolerieren. Die faktische Fast-Diktatur einer demokratisch unzureichend legitimierten und schon gar nicht wirksam kontrollierten Brüsseler Exekutive war – neben der demokratisch kaum besser legiti-

mierten Flüchtlingspolitik der deutschen Bundeskanzlerin – ein wesentlicher Grund für den Brexit, der im Übrigen die Gewichte in Europa
weiter zugunsten derer verschoben hat, die Staats-Etatismus, Schulden-
vergemeinschaftung und transanationale Sozialtransfers propagieren,
und damit nicht nur Europa in Summe, sondern ganz besonders auch
seiner stärksten Wirtschaft – der deutschen – massiv schaden wird.

## Straßburg – Brüssel – Berlin: von Bananenzahlen und Zahlenbananen

Wollte man Deutschland darüber hinaus von Brüssel aus schaden,
brauchte man sich nur hinreichend unsinnige EU-Regularien erdenken
in der Hoffnung, dass die Deutschen am Ende die Einzigen sein werden,
die das in einer Mischung aus naiver Europa-Gläubigkeit und traditioneller Obrigkeitshörigkeit auch umsetzen, um sich letztlich selbst Schaden
zuzufügen.

Die Datenschutz-Grundverordnung (DGSVO) ist dafür ein schönes
Beispiel. Ein deutscher Regionspräsident sagte dazu, dass seine eigene
Behörde, wenn sie sich denn wirklich vollumfänglich an die DGSVO
halten und alle Einzelanforderungen berücksichtigen wolle, im Grunde
aufhören müsse zu existieren, da sie unter voller Einhaltung der DGSVO-
Parameter ihre Aufgaben nicht mehr erfüllen könne und schlichtweg
handlungsunfähig sei. Seine Parteifreunde in Bundes- und Landesregierung hätten dafür allerdings kein Ohr.

Solange wir Gesetze schaffen, die nicht nur die Wirtschaft lähmen, sondern sogar von der öffentlichen Verwaltung selbst als überhaupt nicht ein-
haltbar betrachtet werden, haben wir ein Problem – ein großes Problem.
In mancher Hauptversammlungseinladung deutscher Aktiengesellschaften nehmen die Datenschutzhinweise inzwischen mehr Raum ein als die
eigentliche Tagesordnung beziehungsweise die Inhalte selbst. Und internationale Handelsbeziehungen oder Kapitalmarkttransaktionen werden
durch überzogene Datenschutzregelungen auf der einen – europäischen –
Seite genauso belastet wie durch weitgehende Abwesenheit derartiger
Vorstellungen und zum Teil auch eines entsprechenden Bewusstseins auf
mancher anderen Seite, etwa in verschiedenen asiatischen Staaten.

Die nahezu kritiklose Überführung europäischer Normen in deutsches Recht ist auch insofern problematisch, als Gesetzesentstehungsprozesse auf europäischer Ebene mitunter sehr intransparent sind und ihre demokratische Legitimation mithin auch nicht immer eindeutig ist. Zudem führt das Prinzip des Auftretens einzelner EU-Kommissare als zentralistische Sachverwalter der Normenentstehung dazu, dass in einzelnen Regelungen fast durchgängig auch Interessen einzelner Länder abgebildet sind. Wer »Berichterstatter« auf EU-Ebene ist, hat eben stets auch ganz besonders den Blickwinkel der eigenen Machtbasis im Auge. Allein die Ausmaße der europäischen Bürokratie in der belgischen Hauptstadt müssen im Übrigen schon zu einem Übermaß an Regelungen führen, da ja schließlich jeder Bürokrat am Ende auch irgendetwas produzieren will und sollte.

Die viel zitierte Regelung zur angeblichen Bananenkrümmung, bei der in Wirklichkeit Länge und Dicke im Vordergrund stehen, dient als ein hinreichend abschreckendes Beispiel. Präzise heißt sie in deutscher Sprache: »Verordnung (EG) Nr. 2257/94 der Kommission vom 16. September 1994 zur Festsetzung von Qualitätsnormen für Bananen«. Ihre Grundlage ist die »Verordnung (EWG) Nr. 404/93 in der Fassung der Verordnung (EG) Nr. 3518/93«. Sieht so bürgernahe Transparenz im Sinne demokratischer Legitimation aus? Bedarf angemessener Bananengenuss numerischer Erinnerungskünste?

Anwendung fand die Bananenverordnung seit dem 1. Januar 1995, also bereits vor mehr als 25 Jahren. Das einer überdimensionierten Exekutive zu verdankende Rechtskonstrukt hat also bereits ein Vierteljahrhundertjubiläum zu feiern, quasi zum Wohle von Hunderten von Millionen derart beglückter EU-Bürgerinnen und -Bürger. Wie gut, dass es zwischenzeitlich an neue Bananen-Realitäten angepasst und verändert wurde, zuletzt durch die »Verordnung (EG) Nr. 228/2006«, die am 17. Februar 2006 in Kraft trat. Und inzwischen gibt es ja endlich auch die »Durchführungsverordnung (EU) Nr. 1333/2011 der Kommission vom 19. Dezember 2011 zur Festsetzung von Vermarktungsnormen für Bananen, von Bestimmungen zur Kontrolle der Einhaltung dieser Vermarktungsnormen und von Anforderungen an Mitteilungen im Bananensektor«. Ohne die wäre gefahrloses Bananenkauen zwischen Lissabon und Helsinki auch ganz sicher nicht mehr möglich gewesen.

Damit ist dann ja auch für die Bundesanstalt für Landwirtschaft und Ernährung wieder genug Arbeit und Betätigungsraum geschaffen. Begünstigung freien Handels sieht indes anders aus. Und ein Kontinent, dessen zentrale Regierungs- und Verwaltungseinheiten Kraft, Energie und Geld für derartige Themen einsetzen, ist im Grunde ein sterbender Kontinent. Es sei denn, man glaube, mit aus Costa Rica importierten und nach derartiger administrativer Veredelung dann nach China zu re-exportierenden Bananen die neue Seidenstraße nutzen oder gar fluten zu können. Aber China ist selbst – übrigens nach Indien – der zweitgrößte Bananenproduzent der Welt. Pech für die Europäische Union. Aber gut für China. Und gut auch für das Klima.

Doch nicht nur Brüssel muss entrümpelt werden. Auch die deutsche Bürokratie ist übermöbliert. Es gibt zu viele politische Einheiten und Verwaltungsebenen, deren Zuständigkeiten gegeneinander nicht klar genug abgegrenzt sind. Damit kommt es im Verwaltungsvollzug zu Kompetenzgerangel und zu viel zu großen Abstimmungsnotwendigkeiten. Dies führt zu dem, was Verwaltungswissenschaftler »negative Koordination« nennen – also das Ergebnis, sich höchstens auf einen kleinsten gemeinsamen Nenner verständigen zu können. Wir brauchen eine grundsätzliche Reform der öffentlichen Verwaltung in Deutschland.

Vor allem aber brauchen wir zunächst wieder ein Verständnis, dass wir in einer Gesellschaft leben, in der das Gesetz gilt und nicht das Befehls-Prinzip, und wir brauchen eine Exekutive, die das Gesetz und die Verfassung *uneingeschränkt achtet*. Auch hier hat die verrückte Corona-Welt des Jahres 2020 in kaum zu überbietender Klarheit deutlich gemacht, *wie* dringlich und wichtig es ist, einmal innezuhalten, zu reflektieren, zu erinnern – und zu reagieren!

## Virologenrat als systemischer Gesetzesersatz – oder gar als Rechtfertigung zum systematischen Verfassungsbruch?

Die folgenden Fragen waren bereits im Hinblick auf die Legislative unserer Republik zu stellen: Können und dürfen Kapazitätsgrenzen des Gesundheitssystems und Reproduktionsraten-Modellbetrachtungen ein Grund zur Außerkraftsetzung zentraler Grundrechte sein? Können unsichere und umstrittene Daten zur Grundlage solcher Grundrechtsbe-schneidungen gemacht werden? Kann man, wenn versuchter Selbstmord nicht strafbar ist, jemandem verbieten, das Haus zu verlassen, um sich mit einem Virus anzustecken – egal wie gefährlich oder ungefährlich der sein mag? Die letztgenannte Frage entstammt im Übrigen nicht allein der Kreativität der Autoren, sondern dem Diskurs mit einem ehemaligen Vize-Kanzler, der einzelne Regierungsentscheidungen offenbar ebenfalls mit Staunen betrachtete.

Es war der Verfassungsgerichtshof des Saarlandes, der als erster sei-ner Art Ende April 2020 die Corona-Regelungen im dortigen Bundes-land kippte, feststellte, dass der Staat *rechtfertigen* müsse, warum und wie lange er Grundrechte beschneide, *Unklarheit* über die Wirkungsweise des Corona-Virus offen ansprach, *aussageleere* Infektionszahlen beklagte und Freiheitsbeschränkungen der Bürger als *endgültigen Nachteil* für die-selben konstatierte.[55] Und in der Tat hatte bis dahin niemand transparent und nachvollziehbar erklären können, warum seinerzeit 4600 Tote mit Corona Grundrechtseinschränkungen rechtfertigen sollten, über die bei 25 000 Toten durch Grippe niemals irgendjemand auch nur eine einzige Sekunde ernsthaft nachgedacht hätte – geschweige denn hatte.

Im Umkehrschluss belegt das Urteil der Verfassungsrichter des kleinsten Bundeslandes im Übrigen in größter Deutlichkeit, wie grotesk und überzogen die öffentliche und wohl auch die staatsanwaltschaftliche Reaktion auf die Kritik der zwischenzeitlich von der Polizei in die Psych-iatrie verfrachtete Heidelberger Rechtsanwältin war, die zuallererst und zuallervorderst die (offenkundige) Verfassungswidrigkeit der politischen Reaktion auf den Corona-Virus öffentlich beklagt und die entsprechenden Grundrechtseingriffe ihres Bundeslandes verfassungsrechtlich angegrif-fen hatte. Sie hatte dabei – ähnlich wie der Verfassungsgerichtshof von der Saar – unklare und für eine Grundrechtseinschränkung unzureichend belegte Daten und Wirkungszusammenhänge beklagt. Wenn etwa – wie allseits akzeptiert – Infiziertenzahlen in Summe naturgemäß deutlich hö-her sein *müssen*, als sich das aus Tests nur eines Teils der Bevölkerung no-minal ergeben kann, und die Anzahl der Toten wegen Corona *unmöglich* höher sein kann als die derjenigen, die mit, aber nicht aufgrund des Virus verstorben sind, dann muss sachlogisch *zwingend* die Mortalitätsrate deut-lich niedriger sein als gemeinhin angenommen und oftmals behauptet.

Oder sollte oder wollte man jetzt auch gegen die obersten Verfassungsrichter eines Bundeslandes staatsanwaltschaftlich ermitteln, weil sie offenkundig das Prinzip der Verfassungsmäßigkeit über das Befehlsprinzip der Exekutive gestellt haben? Es ist Zeit, dass wir alle begreifen – oder uns wieder vor Augen führen –, dass, anders als es uns mitunter die höchsten Repräsentanten unserer Exekutive vorleben oder vormachen, der Zweck eben nicht die Mittel heiligt. Die Euro-Rettung rechtfertigt nicht das Eintreten-Müssen deutscher Steuerzahler für ausländische Schulden. Die Humanität rechtfertigt nicht das Auflösen von Grenzen und Ignorieren verbindlicher Regelungen. Und selbst die Gesundheit rechtfertigt nicht die Verletzung des Grundgesetzes und des Prinzips der Verhältnismäßigkeit.

Ansonsten könnten nämlich die vermeintliche Moral und das vermeintlich Humanitäre oder Gesundheitsfördernde den Rechtsstaat vollständig und jederzeit außer Kraft setzen, etwa wenn irgendein nobelpreisverdächtiger Virologe einen synthetischen Hyper-Virus ersinnen, erfinden oder erkennen würde. Doch welche ist eigentlich die Instanz, die entscheidet, *was* in einer solchen Situation ethisch geboten und *wem* als Experten wirklich zu vertrauen ist? Die Wahrheitsfindung in Händen des Chefs oder der Chefin der nationalen Exekutive als Schlüssel zur Allmacht? Doch wieder Reichstagsbrands-Logik als Schlüssel zur Eliminierung von Verfassung beziehungsweise Grundgesetz?

Es ist alles zu unternehmen, um die rechten und linken Ränder nicht weiter zu stärken, sondern die so bedeutsame und über Jahrzehnte so erfolgreiche Mitte unserer Gesellschaft. Das Herz unseres Staates. Die Seele unseres Gemeinwesens und friedlichen Miteinanders. Und doch oder sogar gerade deshalb muss auch die heikel anmutende Frage erlaubt sein: Hätte man nicht ein Recht zum Widerstand gegen einen offenkundigen Verfassungsbruch? Möglicherweise sogar eine Pflicht, die Verfassung zu schützen und ihre Einhaltung sicherzustellen?

Bezeichnen wir nicht allzu oft und allzu zutreffend die DDR als »Unrechtsstaat«, weil etwa der Schieß*befehl* mit unserem Konzept von Rechtsstaatlichkeit, von Freiheit und von Grundrechten zum Beispiel auf körperliche Unversehrtheit oder auch freie Bewegung nichts zu tun hat? Aber müssen wir dann nicht – egal, ob geschossen oder geheilt werden soll – ganz grundsätzlich *jede* Unvereinbarkeit exekutiven Handelns mit Verfassung und Gesetz und insbesondere den von uns als universell angesehenen Grund- und Menschenrechten skeptisch sehen und aufs nachhaltigste hinterfragen? Sollten – nein: müssen – nicht inhaltlich-ethische und verfassungsrechtlich-formale Rechtsstaatlichkeit Hand in Hand gehen?

Können oder könnten im Übrigen Bundeskanzlerin und 16 Minister-präsidenten und Stadtstaaten-Bürgermeister eigentlich im Amt verblei-ben, wenn sie systemisch oder gar systematisch die Verfassung (oder gar mit der Verfassung?) gebrochen hätten? Was, wenn es sich gar um den größten Verfassungsbruch der bundesdeutschen Geschichte handelte? Womöglich aus Unsicherheit und Sorge, aus Angst, Unkenntnis oder Un-vermögen – oder sogar Kalkül? – Fragen und Gedankenspiele, denen man lieber nicht nachgehen und die man schon gar nicht vertiefen möchte.

## Das dreifache Corona-Dilemma

Dass Regierende wie etwa die zuvor taumelnde Bundesregierung oder auch der besonders corona-stringente fränkisch-bayerische Ministerprä-sident von ihren vermeintlich tatkräftigen Handlungen maßgeblich pro-fitiert haben, zeigte sich mehr als deutlich in den entsprechenden Um-fragewerten, die bundespolitisch einer Parabel glichen und im Freistaat schon fast eine logarithmische Darstellung erforderlich gemacht hätten. Daraus ergibt sich jedoch ein dreifaches Dilemma.

Erstens fühlen sich die politisch Handelnden selbstverständlich nach-drücklich bestätigt, wenn durch ihr Handeln Ihre Akzeptanz- und Be-liebtheitswerte in Windeseile nach oben schnellen. Gerade, weil Amts-verbleib häufig Hauptziel von Amtsführung ist, wird langfristig für das Volk nachteilige Amtsführung so nicht nur kurzfristig vom Volk be-lohnt – quasi der umgekehrte Schröder-Agenda 2010-Effekt –, sondern führt auch noch zu einer Intensivierung in Wirklichkeit kontraprodukti-ver Maßnahmen. Allein in dieser Hinsicht hat das Corona-Virus nicht nur mikrobiologisch-medizinisch, sondern auch politisch-kulturell massiven Schaden angerichtet, indem es eine populistische Umfragenorientierung statt einer unbequem-faktenbasierten Sachorientierung als Handlungs- und Entscheidungsparadigma noch verstärkt hat.

Zweitens führt vor diesem Hintergrund die Kombination von starkem Exponieren in Richtung starker Eingriffe einerseits mit der potenziell verfassungsrechtlich starken Angreifbarkeit ebendieser Eingriffe dazu, dass es für die Handelnden bereits nach kurzer Zeit kein Zurück mehr gibt oder geben konnte. Dort, wo Reflektion, Dämpfung und Korrektur ergriffener Einschnitte erforderlich gewesen wären, mussten diese nach Wahrnehmung der Entscheidungsträger vielmehr intensiviert und prolongiert werden, um das eigene Handeln zu rechtfertigen. Wer möchte schon einräumen, sich vergaloppiert und die Verfassung verletzt zu haben, wenn er durch den fortgesetzten Verfassungsbruch sogar Wählerstimmen hinzugewinnen kann?

Und für den Fall, dass am Ende doch jemand wagen sollte, allzu kritisch nachzufragen, kann man sich ja auch intelligent, ideologisch oder auch populistisch absichern. Die diesbezüglich kluge Bundeskanzlerin hat bei ihrem Auftritt im Europaparlament in Brüssel anlässlich des Beginns der 6-monatigen EU-Ratspräsidentschaft Deutschlands vorsichtshalber schon mal einen Zusammenhang zwischen Kritik an der Corona-Politik und *Hass und Hetze* insinuiert: »Mit Lüge und Desinformation lässt sich die Pandemie nicht bekämpfen, so wenig wie mit Hass und Hetze.« Stimmt. Die Pandemie sollte man nicht mit Desinformation zu bekämpfen versuchen, schon gar nicht mit Hetze. Und Populismus nicht mit Populismus.

Wer die Corona-Politik attackiert, betreibt also potenziell »*Hass und Hetze*«? Und jeder, der die Flüchtlingspolitik kritisiert, ist ohnehin potenziell ein *Rassist*? Wird vielleicht irgendwann jeder ein »*Staatsfeind*« sein, der das Regierungshandeln kritisch oder gar für Einige zu kritisch betrachtet – und das auch noch zu äußern wagt? Wer gibt uns eigentlich das Recht, China und Putin zu kritisieren und dort vollmundig mit Grund- und Menschenrechtsansprüchen aufzutreten, wenn Kritik an Grundrechtseinschränkungen im eigenen Land derart tabuisiert wird? Corona-bedingt wurden die Grundrechte bei uns im Übrigen länger eingeschränkt als in China. Und dazu mit wirtschaftlich und sozial viel dramatischeren Folgen.

Doch noch ein drittes Dilemma begünstigte und begünstigt die handelnde Politik in dieser Situation: Der Beweis, dass die ergriffenen Maßnahmen auch medizinisch unnötig oder sogar kontraproduktiv waren, kann per se niemals erbracht werden, da beziehungsweise solange wir nicht einen Zugang zu Paralleluniversen haben, der uns wie im Science-Fiction-Film zeigen könnte, was passiert wäre, wenn die Welt sich anders entwickelt oder die Politik anders entschieden hätte. So kann Corona für das eine oder andere, das man nur schwer erklären konnte oder auch gar nicht erklären wollte, nunmehr als perfektes Argument oder sogar als Ausrede dienen. Und unsere Politiker können sich – so zumindest das mögliche Kalkül – auch in Jahren und Jahrzehnten noch dafür feiern lassen, dass sie – mit oder ohne planmäßigem Verfassungsbruch – einen Schaden und eine Katastrophe verhindert haben, die vielleicht ohnehin nie eingetreten wäre.

## Corona-Pakete: vorausschauende Lebensrettung oder ungewollte fahrlässige Tötung?

Doch was eingetreten ist und sehr lange und schmerzhaft nachwirken wird, sind die belegbaren katastrophalen Schäden durch die zur Bekämpfung einer vermeintlichen Pandemiekatastrophe ergriffenen Maßnahmen. Diese betreffen nicht nur den vom Bundesfinanzminister selbst konstatierten Zeitraum einer fiskalischen Belastung von mehreren Jahrzehnten. Sie erschöpfen sich auch nicht in mehreren Hundert oder gar Tausend Milliarden Euro reduzierter Wirtschaftsleistung in verschiedensten Betrachtungsperioden. Und wie will der Staat den Bürgern eigentlich den »endgültigen Nachteil« ersetzen, den er ihnen aus Sicht der saarländischen Verfassungsrichter bereits durch Ausgangsbeschränkungen potenziell zufügt oder zugefügt hat?[56]

Hinzu kommt: Wer wird am Ende die Lasten tragen für etwaige Staatshaftung anlässlich Tausender von Schadensersatzprozessen durch die politischen Corona-Pakete geschädigter Unternehmen und Unternehmer? Wieso muss ein Geschäft mit einer Größe von 801 Quadratmetern geschlossen bleiben, wenn eines mit 799 öffnen darf? Werden die verantwortlichen Politiker sich selbst in die Haftung nehmen? Oder werden sie das tun, was seit Jahrzehnten – nein: seit jeher – »erfolgreich« praktiziert wurde: uns allen in Form von Steuererhöhungen oder Geldentwertung die Konsequenzen von Politikversagen aufzuerlegen?

So mancher und so manche, die sich zunächst noch über »Home Leave« und »Home Office« freuten, werden sich noch wundern, wie teuer sie diese Zeit in letzter Konsequenz noch zu stehen kommen wird – es sei denn, es fände sich ein nationaler oder globaler Sponsor für die wohltätig-lobenswerte und ökonomisch bemerkenswerte Idee, die Arbeit im Home-Office dauerhaft sogar mit einer Zusatzprämie zu vergüten.

Doch selbst die gleichermaßen unfassbaren wie unüberschaubaren ökonomischen Folgen und Folgeschäden der Corona-Politik sind nicht das Ende der corona-kausalen Fahnenstange. Am schwersten und beträchtlichsten werden nicht die konjunkturellen, sondern vielmehr gerade die *maximalen gesundheitlichen Folgeschäden* einer vermeintlich auf Schadensminimierung gerichteten Gesundheitspolitik sein.

Der Zusammenhang zwischen rückläufiger Konjunktur und steigenden Kranken- und Sterbe-Zahlen ist über die Zeit vielfältig belegt – theoretisch ebenso wie empirisch in der gelebten Realität. Und spätestens seit Anfang Juli ist er auch nachweisbar in der Corona-Welt und ihrer allseitigen Wahrnehmung angekommen: Innerhalb weniger Tage schätzten *national* in einer ifo-Umfrage immerhin 21 Prozent der deutschen Unternehmen die Corona-Beeinträchtigungen als *existenzbedrohend* ein, und *international* erwartete die OECD die *höchste Arbeitslosigkeit seit Jahrzehnten* und die EU sogar den *schlimmsten Arbeitseinbruch seit dem Zweiten Weltkrieg*. Gleichzeitig wurde deutlich, dass es *deutlich mehr Hunger-Tote* geben würde – und auch *mehr AIDS-Infizierte*, da durch den Konjunkturabschwung in armen Ländern mehr Menschen aus prekären Gründen in die Prostitution gezwungen werden.

Dieser Problemkreis wirkt auch in der Tat umso schwerer und nachhaltiger im internationalen Kontext. Kein Geringerer als Entwicklungsminister Gerd Müller hat – in verdienter und zutreffender Weise – bereits vergleichsweise früh darauf hingewiesen, dass auf die Corona-Pandemie in Afrika eine »Hunger-Pandemie« folgen könne.[57] Und diese kann naturgemäß sehr viel tödlicher sein als das Virus selbst, dessen vergleichsweise geringe Mortalitätsrate ohnehin noch immer höchst umstritten ist. Dem Bundesminister ist uneingeschränkt beizupflichten, wenn er im ungünstigsten Fall »bald Hunger in 36 Ländern der Welt« prophezeit hat. Zudem hat er recht, wenn er feststellt, dass sich schuldig mache, wer jetzt nicht handele.[58]

Doch gerade in diesem Sinne »schuldig« hätten sich dann ganz besonders diejenigen gemacht, die im Kontext der Corona-Krise falsch, überstürzt, unabgewogen und unverhältnismäßig gehandelt haben. Gerade dann, wenn tatsächlich durch die politischen Reaktionen auf das Corona-Virus in der *industrialisierten Welt* eine Wirtschaftskrise in der *ganzen Welt* mit katastrophalen humanitären Auswirkungen insbesondere in der *afrikanischen Welt* wie auch in Entwicklungsländern anderswo ausgelöst würde, könnte die Corona-Politik zum vermeintlichen Schutz der Bevölkerungen der reichen Nationen sich zur größten fahrlässigen Tötungsaktion der Bevölkerungen der ärmsten Länder auf unserem Globus entwickeln. Das ist eine in jeder Hinsicht furchtbare Vorstellung.

## Ein Baby als Regierungschef?

Doch wie können Fehler mit derart furchtbaren Auswirkungen künftig vermieden oder zumindest weniger wahrscheinlich gemacht werden? Wie können wir Risiken überstürzten, überhasteten, unausgegorenen Handelns – wie gut es auch immer gemeint sein mag – reduzieren? Die Antwort liegt möglicherweise auch in der Reflektion der Frage, was Demokratie eigentlich bedeuten soll und erreichen will.

Alle Gewalt soll vom Volk ausgehen, ohne Wenn und Aber. Doch heißt das auch zwingend, dass das Volk sich selbst regiert, oder nicht vielmehr, dass das Volk sich aussucht, von wem es regiert werden möchte? Und bedeutet es wirklich, dass das Volk mit durchschnittlicher Qualität regiert werden will, oder könnten nicht auch eine möglichst hohe Qualifikation der Regierenden und eine möglichst gute und kluge Politik zum Wohle des Volkes eine Rolle spielen? Möchte nicht jedes vernünftige Volk lieber von guten Leuten gut regiert werden als mittelmäßig von Mittelmaß?

Muss Demokratie im Übrigen wirklich heißen, dass Staat und Rechtsstaat mit der Zeit in Mittelmaß und Mittelmäßigkeit versinken? Können und dürfen wir uns wirklich damit abfinden, dass das *politisch vermeintlich Machbare* einengt oder zerstört, was zur Gestaltung der Zukunft unserer Kinder *sachlich vernünftig und erforderlich* ist? Und ist der offenkundige und evidente Dequalifikationsprozess zumindest eines Teils unserer Politikeliten noch länger hinnehmbar?

Als am Tag vor Rosenmontag anno 2020 in Hamburg die Bürgerschaft gewählt wurde und sich abends die Spitzenkandidaten einzelner Parteien medienwirksam verbal und visuell darboten, fragte ein chinesisch-singapurer Gast in unserem Land zunächst, ob es sich um eine Faschingssendung handeln würde. Das war eigentlich eine rhetorische Frage – in der sicheren Erwartung eines »yes, of course« als Antwort. Als dann erklärt wurde, das seien Personen, die allem Anschein nach vielleicht sogar das Amt des Ersten Bürgermeisters anstrebten, erklärte der höchst überraschte und nach Übersetzung der Beiträge geradezu entsetzte asiatische Gast, dann könne man doch gleich ein neugeborenes Baby zum Regierungschef wählen; es sei indes jetzt klar, warum sich Deutschland mit seinen berühmten Städten wie Hamburg – anders als Peking, Shanghai oder Singapur – nicht mehr vernünftig weiterentwickle.

Wer einmal die ungläubigen, peinlich berührten und verschämten Blicke höflich-zurückhaltender Asiatinnen und Asiaten nach einer Ankunft am Hauptstadt-Flughafen Berlin-Tegel gesehen hat, weiß, wovon hier die Rede ist. Ein seit etwa 15 Jahren in Deutschland lebender und mit beiden Welten eng vertrauter Chinese formulierte es im Juli 2020 bezogen auf sein neues, zweites Heimatland Deutschland vergleichsweise dezent: »*Ich bin mir nicht sicher, ob wir die richtigen Personen in die wichtigen Stellen bringen.*« Dem Eindruck mag man auch als gebürtiger Deutscher nicht mehr zwingend und schon gar nicht kategorisch widersprechen – auch wenn die vorbezeichnete Person aus Südostasien sich nach Präsentation des erfahren-kompetenten Hamburger Wahlsiegers beruhigt und versöhnt zeigte.

Es ist in der Tat nicht zu verstehen, warum ein Krankenpfleger und eine Krankenschwester, ein Polizist oder eine Pilotin, ein Apotheker oder eine Ärztin, ein Busfahrer ebenso wie eine Taxifahrerin, ein Wirtschaftsprüfer oder eine Steuerberaterin über bestimmte Mindestqualifikationen verfügen müssen, man aber ohne jeglichen vergleichbaren Nachweis Finanzministerin oder Bundeskanzler werden kann. Das Problem liegt dabei nicht nur in der Frage der Art und Höhe des gegebenenfalls zur Befähigung für die höchsten Staatsämter zu erbringenden Qualifikationsniveaus, sondern auch in der *fehlenden personellen Trennung* von Legislativ- und Exekutivfunktion.

## Personelle Trennung von Exekutiv- und Kontrollfunktion

Das Parlament soll oder sollte einen Querschnitt der Bevölkerung abbilden und damit im positivsten Sinne der Worte *durchschnittlich* und divers besetzt sein. Die Regierung hingegen sollte oder muss – jedenfalls im Sinne klugen und kompetenten Regierungshandelns – *überdurchschnittlich* qualifiziert sein, wobei Diversität auch hier die Qualität der Entscheidungsfindung erhöhen dürfte.

Die fehlende personelle Trennung von Gesetzgebungs- und Regierungsfunktion hat indes noch einen weiteren Nachteil: Sie führt zu einem Mangel an Transparenz und Kontrolle. Wir hatten bereits an anderer Stelle eines deutlich angesprochen: Die Tatsache, dass die Politik im Jahre 2020 in der Nachkriegsgeschichte zuvor nicht da gewesene Einschnitte *ohne klare Faktenlage, ohne nachvollziehbare Abwägung* und *ohne vollständige Transparenz* ergriffen hat, wirft ein mehr als schlechtes Licht auf die Zustände und Abläufe in unserem Rechtsstaat, die nunmehr einem *Audit*, einer Überprüfung auf Angemessenheit und Zukunftsfähigkeit, unterzogen werden müssten, so wie das etwa bei börsennotierten Aktiengesellschaften jährlich – etwa im Hinblick auf die Risikomanagementsysteme – der Fall ist. Insofern hatten wir kritisiert, dass die politischen Entscheidungsträger diesbezüglich an Dritte gänzlich andere Maßstäbe anlegen als an sich selbst.

Letzteres gilt offenkundig auch für das Thema der Mindestqualifikation – und insbesondere auch für die personelle Trennung von und zwischen Exekutiv- und Kontrollfunktion. Für den Bereich der Wirtschaft ist der Gesetzgeber dabei – aus gutem Grund – sehr penibel gewesen und hat etwa im Aktiengesetz die strikte personelle Trennung von Vorstand und Aufsichtsrat sorgfältig und detailliert festgeschrieben. Wer Mitglied des Vorstandes ist, also der Exekutive beziehungsweise – zu Neudeutsch – des »Executive Board«, kann nicht auch gleichzeitig Mitglied des »Supervisory Board« sein, also des Aufsichtsratsgremiums, das den Vorstand und dessen Arbeit überwachen und kontrollieren soll. Die Sinnhaftigkeit dieser personellen Trennung erschließt sich jedem, da man ja schlecht der beste, neutralste und unabhängigste Kontrolleur der eigenen Arbeit sein kann.

Doch warum wird eine solche personelle Trennung dann nicht auch zwischen Regierung und Parlament verlangt und vorgeschrieben? Wie

kann es sein, dass Parteivorsitz, Kanzleramt *und* Parlamentssitz in Perso-
nalunion ausgeübt werden dürfen? Und weshalb bedarf die Leitung der
Regierung nach Auffassung der Politik deutlich weniger unabhängiger
Kontrolle als die Leitung eines Unternehmens?

Ein Vorstandsvorsitzender darf weder dem Aufsichtsrat angehören
noch mit eigenen Stimmen sich in der Hauptversammlung selbst entlasten – zu Recht! Aber wieso kann eine Kanzlerin – ob als Parteichefin oder
auch nur als einfaches Parteimitglied – in der Personalunion zwischen
Abgeordneten- und Regierungsamt *sich selbst wählen, sich selbst kontrollieren, sich selbst überwachen* – und so das, was ihr als hinreichend transparent erscheint, quasi mit sich selbst ausmachen?

Was bei Konrad Adenauer verantwortungsvoll zu funktionieren
schien, ist unter den Aspekten der viel zitierten *Governance und Compli-
ance,* also einer ordnungsmäßigen, regelkonformen, ethisch korrekten
Amtsführung, strukturell ein untragbarer Zustand für die Zukunft. Um
die Einhaltung der Verfassung zu schützen, müssen wir sie diesbezüglich ändern. Wer Mitglied des Bundestages ist, darf nicht der Bundesregierung angehören dürfen. Das Gleiche muss in Analogie auch auf
Länderebene gelten.

Eine solche personelle Ämtertrennung hätte neben dem Transparenz-
sowie Kontroll- und Ordnungsmäßigkeitsaspekt zwei weitere erhebliche Vorteile: Man könnte so zu erheblich qualifizierteren Regierungs-
zusammensetzungen gelangen, in denen im günstigen Fall fachliche
Befähigung Vorrang vor Parteien-, Geschlechter- und Regionalproporz
hätte. Und man hätte einen saubereren, reflektiveren, transparenteren,
differenzierteren, sorgfältigeren mehrstufigen Entscheidungsprozess,
genauso wie dies der Gesetzgeber ja gerade von als Aktiengesellschaft
strukturierten großen Konzernen auch selbst ausdrücklich erwartet und
verlangt. Überstürztes, überhastetes und unausgegorenes Handeln wird
jedenfalls deutlich erschwert und erheblich unwahrscheinlicher, wenn
der mehrstufige Entscheidungs- und Umsetzungsprozess auch personell
entzerrt und separiert wird.

## Reformen nicht nur an der Spitze: Die Abläufe innerhalb der Verwaltung bedürfen der Renovierung

Wenden wir uns nach der Betrachtung der Spitze der Exekutive nunmehr den eher langweilig erscheinenden Niederungen der öffentlichen Verwaltung in Deutschland zu. Wir brauchen auch hier eine grundsätzliche Reform, und zwar trotz und unter ausdrücklicher Akzeptanz der Tatsache, dass gerade unsere Verwaltung aufgrund ihrer hohen Verlässlichkeit und ihres niedrigen Korruptionsgrades – übrigens ebenso wie unsere Justiz – im internationalen Wettbewerb bisher durchaus eine erhebliche Stärke und ein wichtiger Standort*vorteil* gewesen ist. Doch die Zeiten ändern sich, und damit treten neue und zusätzliche Anforderungen hinzu. Um für die Zukunft gewappnet zu sein, müssen wir nicht nur den Staatsaufbau verändern und anpassen, sondern auch den Aufbau und die Abläufe innerhalb der öffentlichen Verwaltung grundsätzlich hinterfragen und gegebenenfalls anpassen.

Unsere gegenwärtige Verwaltungsstruktur stammt aus dem Ende des 19. Jahrhunderts und dem beginnenden 20. Jahrhundert. Sie beinhaltet die Wahrnehmung von Verwaltungstätigkeiten im Rahmen festgelegter Kompetenzen innerhalb einer festen Hierarchie. Das alles geht auf den Soziologen Max Weber[59] zurück. Weber ging bei seinem Verwaltungsmodell allerdings davon aus, dass die Zeit statisch und grundsätzlich unveränderbar bei der Allokation von Personal, Haushalt und Ideen sei. Dynamische Veränderungen wie heute gab es aus seiner Sicht kaum, und sie wurden im Aufbau eines funktionierenden Verwaltungsmodells deshalb auch nicht weiter berücksichtigt.

Nehmen wir das Beispiel eines Landesministeriums, dessen Aufbau- und Ablauforganisation einer der Verfasser dieses Buches über mehrere Jahre als Ministerialbeamter kennenlernen durfte. Da gibt es an der Spitze zunächst die Ministerin oder den Minister, die beziehungsweise der die politische Verantwortung hat. An ihrer/seiner Seite stehen die Staatssekretärin oder der Staatssekretär, die Chefin beziehungsweise Chef der gesamten Verwaltung und des dazugehörigen Geschäftsbereichs sind. Darunter kommen die Abteilungsleiter und Abteilungsleiterinnen, die Referatsleiter und Referatsleiterinnen, die Referenten und Referentinnen beziehungsweise die Sachbearbeiter und Sachbearbeiterinnen.

Der Sachbearbeiter oder die Sachbearbeiterin, in der Regel eine Beamtin oder ein Beamter des gehobenen Dienstes, ist für die Routinen zuständig und verfügt nur über eine sehr flache Entscheidungskompetenz. Dass er oder sie in der Regel über die *höchste Sachkompetenz* verfügt, spielt keine Rolle. Entscheidungen für den Geschäftsbereich werden auf der Ebene getroffen, bei der die Sachkompetenz notwendigerweise reduziert ist, nämlich auf der Ebene der Abteilungsleitungen und der Ebene der Staatssekretärin beziehungsweise des Staatssekretärs. Das Modell funktioniert hervorragend, solange die Komplexität gering ist und die Sachverhalte überschaubar sind. In der heutigen Zeit ist dieses Modell allerdings außerhalb von Routineentscheidungen nicht mehr zukunftsfähig. Denn die Abläufe und die Entscheidungsmechanismen sind längst nicht mehr statisch, sondern höchst dynamisch und äußerst komplex.

## Mehr Prozessorientierung, weniger Regelungsdichte

In der Praxis besteht eine wesentliche Einschränkung der gegenwärtigen Entscheidungsstruktur zudem darin, dass die Abläufe in einem Ministerium oder einer anderen öffentlichen Behörde nicht etwa prozessorientiert, sondern ganz überwiegend funktional ausgerichtet sind. Die funktionale Betrachtung, also die Frage »Was mache ich?« – und nicht etwa die Frage »Was machen wir alle?« –, führt vor allem zu einer zu stark ausgeprägten Input-Orientierung und zu viel zu wenig gesamthafter Ergebnisorientierung. Wenn man nicht versteht, wie die anderen Teile der Verwaltung funktionieren, dann ist man immer nur auf sich selbst fokussiert und kann das Große und Ganze nicht fördern und lenken. Man konzentriert sich auf den eigenen Einsatz, aber nicht auf das gemeinsame Ergebnis.

Ein weiteres Problem ist die enorme Regelungsdichte der Verwaltung im Bereich des Exekutivrechts. Damit sind nicht Gesetze und Rechtsverordnungen, sondern insbesondere die klassischen Verwaltungsvorschriften gemeint. Unter Letzteren versteht man abstrakt-generelle Regelungen, die als *Innenrecht* insbesondere dazu dienen, die innere Organisation und den Dienstbetrieb einer Behörde zu ordnen.

Natürlich bedarf es zum rechtmäßigen Verwaltungshandeln zwingend auch gewisser Regeln, die Orientierung und Grundlage für die jeweiligen Verwaltungsergebnisse sind. Wenn es aber zu viele und viel zu alte Verwaltungsvorschriften gibt, dann stehen diese gegebenenfalls sinnvollen Ergebnissen entgegen oder verzögern zumindest erheblich die Entscheidungsprozesse.

Viele Verwaltungsvorschriften sind mehrere Jahrzehnte alt oder noch viel älter. Sie stammen vorrangig aus einer Zeit, in der Verwaltung, wie schon beschrieben, eher statisch und nicht dynamisch ausgerichtet war. Und sie binden den verlässlichen und regelkonformen Beamten noch heute. Diejenige oder derjenige, der vor Jahren Vorschriften zur Steuerung der Verwaltung erlassen hat, hatte die heutigen Gegebenheiten natürlich nicht vor Augen. Sie werden gleichwohl noch immer angewendet mit der Folge, dass sinnvolle Maßnahmen unterbleiben und folgende Frage von vielen Beamten nicht gestellt wird: »*Hätte der Verfasser dieser Vorschrift von vor 20 Jahren dieselbe Vorschrift (auch dann) erlassen, wenn er mit den Gegebenheiten der Gegenwart befasst oder vertraut gewesen wäre?*« Es bedarf keiner weiteren Erläuterung, dass viele dieser Vorschriften heute nicht mehr gelten würden oder zumindest anders beziehungsweise neu formuliert worden wären, wenn man sie entsprechend auf den Prüfstand gestellt hätte oder stellen würde.

## Risikominimierung als Reaktion auf den Vorschriftendschungel

Eine weitere Bremse von Verwaltungsabläufen ist der Umstand, dass der tüchtige und verlässliche Beamte ob der Dichte der Vorschriften diese in Summe nicht mehr überblickt, nicht alle Vorschriften kennt und deshalb ängstlich oder zurückhaltend reagiert. Zumindest nimmt das proaktive Agieren ab. Und konstruktiver Gestaltungsmut für das Gemeinwohl kann individuell geradezu gefährlich sein.

Einer der Autoren dieses Buches hat trotz juristischer Ausbildung und langjähriger Tätigkeit im öffentlichen Bereich eigene Erfahrungen mit ihm unbekannten Verwaltungsvorschriften gemacht und sah sich danach strafrechtlichen Ermittlungen wegen Haushaltsuntreue sowie einem Disziplinarverfahren ausgesetzt. Ihm war die Kfz-Richtlinie des Landes Niedersachsen nicht bekannt, und er hat entsprechend dieser Richtlinie den Dienst-Pkw nicht ordnungsgemäß benutzt, weil diverse Fahrten richtlinienkonform als Privatfahrten einzuordnen waren. Das ist unstreitig. Hintergrund war das Jahrhunderthochwasser im Jahr 2013, was unter anderem dazu geführt hatte, dass die ICE-Trasse zwischen Göttingen[60] und Hildesheim[61] gesperrt war und man deshalb Hildesheim nur über Hannover erreichen konnte. Als dann, in dem Bewusstsein und mit dem Ziel, Termine einzuhalten und diese pünktlich wahrnehmen zu können, der Dienstwagen zum Hauptbahnhof Hannover geordert wurde, war das Dienstvergehen perfekt. Es ist natürlich Privatsache des Präsidenten eines Landgerichts, wie er seinen Dienstsitz erreicht. Solche Abläufe werden sich nicht mehr wiederholen, aber dass sie stattfanden, lag allein an der Unkenntnis einer Verwaltungsvorschrift, nicht aber am bösen Willen desjenigen, der gegen diese Bestimmung verstieß. Vor diesem Hintergrund erscheint es den Autoren deshalb nachvollziehbar, dass sich viele Beamtinnen und Beamte schwer damit tun, in jeder Situation sich so zu verhalten, wie sie es eigentlich für sinnvoll erachten, sondern unabhängig von der Sinnhaftigkeit sich lieber zurücknehmen, wenn sie die Regelkonformität ihres Handelns nicht sicher überblicken können.

Und wer kann schon in unserer superkomplexen Welt mit ihren hyperkomplexen Vorschriftenkonstrukten alles sicher überblicken, das ihn oder sie betreffen oder (sogar voll) treffen könnte?

Das Ergebnis ist notgedrungen eine Kultur der Risikominimierung, auf allen Ebenen und in allen Bereichen – und oftmals zulasten der Zukunftsgestaltung. Letztlich hat sich das auch in der politischen Reaktion auf das Corona-Virus manifestiert. Für die politischen Entscheidungsträger ist, war oder wäre eine dramatische Überreaktion viel weniger riskant als eine geringfügige Unterreaktion. Was man mit Hunderten von Milliarden, die zumindest zum Teil potenziell vermeidbar gewesen wären, für Bildung, Ausbildung, Wissenschaft und Zukunftstechnologien hätte tun können, werden erst künftige Generationen fragen. Die nächsten Wahlen sind dann lange vergessen.

Mit Blick auf die wachsende Komplexität und damit auch auf Herausforderungen an zukünftige Verwaltungsentscheidungen muss man sich zudem auch fragen, ob der dreizügige Verwaltungsaufbau in der öffentlichen Verwaltung, wie er insbesondere in der Justiz noch besteht, eine wirkliche, nachhaltige Zukunft hat. Wo liegen etwa die qualitativen Vorteile, dass ein Landgerichtspräsident seine Bedarfsstruktur der Verwaltung des Oberlandesgerichts zunächst einmal erklären muss und nicht direkt mit dem Ministerium, das letztlich entscheidet, direkt kommunizieren darf? Es gibt eben zu viele Landgerichte, und deshalb braucht man einen Puffer. Gäbe es weniger Landgerichte, und zwar in etwa gleich verteilt, dann bräuchte man diesen Puffer nicht. Dann könnten die Landgerichte ihre Interessen gegenüber den Justizministerien selbst durchsetzen und auch entsprechend kommunizieren. Die Digitalisierung wird allerdings auch in diesem Zusammenhang zur gegebenen Zeit allein schon aus fiskalischen Gründen nachhaltig verändern, ob man es nun gut findet oder nicht.

## Digitale Verwaltung als Chance

Strukturelle Veränderungen werden auch durch die zunehmend *Digitale Verwaltung* erforderlich gemacht. Diese beinhaltet die Vereinfachung von Arbeitsabläufen und Prozessen im Bereich der Information, Kommunikation und Transaktion innerhalb der und zwischen den Behörden und staatlichen Institutionen sowie zwischen der Verwaltung und den Bürgerinnen und Bürgern. Gerade das künftige Interaktionsverhalten mit den Bürgerinnen und Bürgern ist interessant. Im Grunde gelten hier dieselben Argumente, wie sie schon in Bezug auf die Justiz eingehend beschrieben sind – vielleicht sogar noch konsequenter.

Es ist absehbar, dass in weniger als zehn Jahren kein Bürger mehr ins »Amt«, in die Behörde kommt, um seine Dienstleistung nachzufragen. Es wird alles online abgewickelt werden. Die sogenannte »Virtuelle Behörde« entsteht und setzt sich mit aller Härte und Konsequenz durch. Wenn das aber so ist, entstehen natürlich Standortdebatten, weil hinter vielen der angebotenen Dienstleistungen dann auch keine Menschen mehr stehen, sondern künstliche Intelligenz. Wir kennen das heute schon bei der Entstehung eines Einkommensteuerbescheids. Die Zulieferung der Daten an das Finanzamt erfolgt elektronisch. Ohne den Zugriff einer Beamtin oder eines Beamten entsteht schließlich der elektronische

Steuerbescheid kraft Algorithmus. Was heißt das nun aber symbolisch und perspektivisch für die Vielzahl an Finanzämtern und generell an Behörden in unserem System?

Auch die Voraussetzungen einer effektiven Bürgerbeteiligung steigen durch eine zunehmende digitale Verwaltung. Über Chats und andere Beteiligungsmöglichkeiten haben die Bürgerinnen und Bürger mehr Möglichkeiten, ihre Interessen und Anregungen, aber auch Kritikpunkte mit Blick auf die örtlichen Lebensverhältnisse anzubringen. Ein Beispiel: In der Regel kennt sich der Bürger vor Ort am besten aus. Das ist Grundlage für den Webservice »maengelmelder.de«. Wo befinden sich gerade gefährliche Schlaglöcher oder kaputte Laternen? All das, was für Bürger und Kommunen gleichermaßen wichtig ist, lässt sich mit dem Mängelmelder im Internet oder per Smartphone-App benennen und lokalisieren – ganz einfach mithilfe einer digitalen Landkarte. Die App kann bundesweit genutzt werden, auch wenn die Kommune kein Kunde des Betreibers sein sollte. Und so funktioniert die App: Jede Mängelmeldung wird direkt an die betroffene Stadt oder Gemeindeverwaltung weitergeleitet. Anschließend kann dann die zuständige Behörde den sich verändernden Bearbeitungsstatus anzeigen oder Rückmeldungen zum jeweiligen Mangel an den Anzeiger geben. Das ist eine tolle Sache. Die Dinge verändern sich!

## Umorganisieren – und umdenken! Auch im Hinblick auf die Zeit.

Wir brauchen eine grundsätzliche Reform der öffentlichen Verwaltung in Deutschland: im organisatorischen Aufbau, in den administrativ-exekutiven Abläufen – und eben auch im Denken. So wie man auch Mängelmeldung neu denken konnte und neu gedacht hat.

Wie sehr und wie dringlich gerade auch ein Umdenken erforderlich ist, hat am Gründonnerstag im Kontext der Corona-Debatte die höchste Repräsentantin der öffentlichen Verwaltung offenbart: die Frau Bundeskanzlerin höchstpersönlich. In dem von der *BILD*-Zeitung so genannten »*Machtwort*« hat sie sich nicht nur eine in der Verfassung so jedenfalls nicht bezeichnete »*übergeordnete Verantwortung*« selbst zugesprochen, sondern sich die Rolle angemaßt, »*wirklich das zu sagen, was ist*«. Das ist im Grunde ein unfassbarer Vorgang. Die Wahrheit als Exklusivrecht einer einzelnen Bürgerin? Die Stufen des Kanzleramtes als Kanzelersatz mittelalterlicher Kathedralen in den Zeiten von Mediendemokratie und Internet? Oder gar ein Kaiserinnen-Selbstverständnis wie bei Katharina der Großen oder gar Wu Zetian, der in 5000 Jahren chinesischer Kulturgeschichte einzigen und einzigartigen Frau auf dem Kaiserthron, deren Antlitz in Form einer Buddha-Statue in den Longmen-Grotten von Henan für die Ewigkeit festgehalten wurde?

Selbst US-Präsident Donald Trump, der dem Präsidentenamt und damit sich selbst im April 2020 im erweiterten Kontext der Verantwortlichkeiten und Zuständigkeiten bezüglich der Wieder-Öffnung der amerikanischen Wirtschaft im Rahmen der Corona-Krise »*Total Authority*« im Land der Freien und Neidfreien zusprach und damit allein im Wortsinn schon totalitären Vorstellungen anzunähern schien, kommt im Vergleich zur Verabsolutierung kanzlerinnenspezifischer Wahrheit fast wie ein Waisenknabe rüber.

Wir hatten schon einen Bundeskanzler, der sich mit vollem Bewusstsein und freundschaftlichem Stolz *über das Gesetz* stellte. Disrespekt und Verachtung für das Gesetz, wenn es um freundschaftliche und familiäre Bande sowie vermeintliche »Ehrenwörter« geht, zeichnen offenkundig nicht nur die sizilianische oder neapolitanische Mafia aus. Und wir haben auch schon erlebt, dass eine Bundeskanzlerin, die als Oppositionsführerin noch die Teilnahme an einem *humanitär äußerst fragwürdigen*, von manchen sogar als völkerrechtswidrigen Angriffskrieg betrachteten Militäreinsatz befürwortet hatte[62], der nach Meinung einiger Kommentatoren und Kritiker insofern vielleicht sogar relevante Kriterien eines der Anklagepunkte der Nürnberger Prozesse erfüllt haben könnte, dann später aus Gründen der *Humanität und Menschenliebe* gesetzlich nicht einmal vorgesehene Maßnahmen ergriff, ohne das Parlament überhaupt gefragt zu haben. Um dann festzustellen: »*Wir* schaffen das.« Mehr humanitär-moralische Widersprüchlichkeit geht kaum.

Doch in einer – wichtigen und notwendigen – Kontroverse im Kontext übergeordneter Verantwortung »*wirklich das zu sagen, was ist*«, ist – jedenfalls in der Nachkriegszeit und außerhalb der Welten von Absolutismus und Totalitarismus – eine neue Dimension. Nach dieser Logik könnte Artikel Null des Grundgesetzes lauten: »In allen Fällen gesellschaftlichen

und politischen Diskurses, bei denen nicht alle Organe der gesetzgeben-
den und ausübenden Gewalt und nicht alle Bürgerinnen und Bürger dieselbe Auffassung vertreten [also immer], hat ausschließlich und allein die
Bundeskanzlerin [zu entscheiden und] zu sagen, was [wahr und richtig]
ist.«

Die Verwaltung muss verschlankt, entschlackt und vereinfacht werden. Das ist richtig. Und notwendig. Doch Konzentration der Exekutiv-
Gewalt – oder gar der Wahrheit – in einer einzelnen Person hat schon
in der Vergangenheit in die Katastrophe geführt. Eines indes können
wir aus dem Hinweis der Regierungschefin positiv ableiten: Wie auch in
den USA sollte die Amtszeit eines deutschen Regierungschefs oder einer
deutschen Regierungschefin auf zwei – oder maximal drei – Legislaturperioden begrenzt werden.

So könnte zugleich verhindert werden, dass Verbleib im Amt zum
höchsten Ziel der Amtsführung wird. Wer ergreift schon im 15. Regie-
rungsjahr Zukunftsinitiativen, die in den eineinhalb Jahrzehnten zuvor
liegen geblieben sind oder gar nicht betrachtet wurden?

Zudem würde eine derartige Amtszeitbeschränkung auch den Mut
und die Bereitschaft erhöhen, notwendige *unbequeme* Maßnahmen zu ergreifen. Gerhard Schröder handelte in seiner zweiten Amtszeit von Anfang an so, als sei es die letzte. Und Volk und Land profitieren davon
noch heute.

# KAPITEL 7

# DIE MEDIEN ALS »VIERTE GEWALT« BRAUCHEN EINE HOHE INTEGRITÄT

In den modernen Mediendemokratien westlicher Prägung sind die Medien quasi naturgemäß die »Vierte Gewalt«. Dieser einfache Sachverhalt leitete sich zunächst aus einer einfachen Feststellung ab, die wohl niemand einprägsamer in Worte gefasst hat als der über viele Jahrzehnte auf Ministerebene erprobte und erfahrene Multi-Landespolitiker Walter Hirche: »Eine Partei hat keinen eigenen Vertrieb.«

Wer gewählt werden will, ist deshalb darauf angewiesen, dass die Medien seine oder ihre Ideen und Programme wirkungsvoll »vertreiben«, dass er oder sie als Person und Persönlichkeit als kompetent und sympathisch dargestellt wird. Das galt nicht nur in Zeiten von bis zu drei Fernsehprogrammen mit der abendlichen *Tagesschau* und der morgendlichen *BILD*-Zeitung als wesentlichen Nachrichtenquellen.

Selbst in Internetzeiten mit ihrem unendlichen und pausenlosen Nachrichtenfluss und ihren unendlichen Informationswelten hat es in den westlichen Demokratien bisher niemand außer dem amerikanischen Präsidenten Donald Trump geschafft, sich vom Wohlwollen der Medienbranche weitestgehend unabhängig zu machen und sogar gegen die konzertierte etablierte Medienmacht eine Präsidentenwahl in der noch stärksten Wirtschaftsnation der Welt zu gewinnen. Wer CNN als globalen Informationsanker laufend und gern verfolgt, weiß, wie bemerkenswert es fürwahr ist, dass sich der leidenschaftlich »zwitschernde« frühere Kandidat und heutige Präsident auf dem Stimmzettel gegen eine Berichterstattung durchsetzen konnte, die durchaus als permanente und massive, vielleicht sogar leidenschaftliche Kampagne nicht gerade niedriger Intensität bezeichnet werden kann.

Wenn politischer Machterwerb und Machterhalt allerdings für jeden Normalsterblichen ohne die schier grenzenlose *Twitter*-Macht der *Tweet*-

Taifune des Präsidenten-Tycoons oder Tycoon-Präsidenten in der Welt der Demokratien an das Wohlwollen oder zumindest die Neutralität der relevanten Schlüsselmedien gebunden ist, dann ist klar, dass die Medien im Umkehrschluss zur Vierten Macht aufgestiegen sind.

## Eine Hand wäscht die andere

Wobei es auch außerhalb der Vereinigten Staaten von Amerika durchaus Beispiele dafür gibt, wie Machtpolitik Medienmacht einhegen kann. Mag Gerhard Schröder noch der Auffassung gewesen sein, man könne über das Land herrschen, wenn man *BILD, BAMS* und die »*Glotze*« beherrsche[63], zeigte seine Nachfolgerin im Kanzleramt, wie wirkungsvoll die Politik umgekehrt durch Gewährung oder Entzug von körperlicher und informatorischer Nähe die Medien disziplinieren kann. Wer verliert als Journalist durch eine unvorsichtig kanzlerinnen-kritische Berichterstattung schon gern den sicheren Platz im Kanzlerflieger bei wichtigen Auslandsreisen oder Staatsbesuchen? Und was gibt oder gäbe man als Newcomer nicht alles dafür, endlich dabei sein zu dürfen?

Insider-Informationen, Einflüsterungsmöglichkeiten und persönliche Eitelkeit führen indes nicht nur bei Vertretern des schreibenden oder filmenden Gewerbes zu gewissen Empfänglichkeiten. Ein Vorstandsmitglied eines internationalen Großkonzerns erklärte die Unterstützung des Vorstandsvorsitzenden für die Kernenergieausstiegspolitik der Kanzlerin gegen die ökonomisch naheliegenden Interessen des Unternehmens, denen dieser aktienrechtlich verpflichtet war, mit der Frage, wie es denn gehen solle, dass der CEO bei einer Delegationsreise mit dem Kanzler-Jet nach China dort Kernkraftwerkstechnologie deutscher Herkunft verkaufe, wenn die Kanzlerin gleichzeitig den Kernenergieausstieg mühsam erklären müsse.

Die einfache und naheliegende Antwort wäre wohl: nicht mit dem Luftwaffenflieger der Regierungschefin fliegen, sondern ganz einfach den Linienflug etwa mit Lufthansa oder Air China wählen. Doch auf derart einfache Lösungen kommt man in der komplexen Welt zwischen Spitzenpolitik und Spitzenmanagement offenbar nicht immer. Und wenn schon Konzernchefs mit Zig- oder Hunderttausenden von Mitarbeiterinnen und Mitarbeitern im Einzelfall bereit sein mögen, eher Arbeitsplätze in der Kernkraft-Sparte zu opfern als die persönliche Relation zur auch selbst erklärten mächtigsten Frau der Welt, wie kann man dann einer Journalistin oder einem Journalisten, die oder der beruflich über nichts Wertvolleres verfügt als Primär- oder sogar Exklusivinformationen, verdenken, den Platz im Kanzlerflieger mit allem zu erkämpfen und zu verteidigen, was irgendwie als legitim und vertretbar erscheint?

Die Machtrelation zwischen Exekutive und Medien ist offenkundig wechselseitig und vielschichtig. Macht ist jedoch perspektivisch fast immer auf der Seite größer, auf der sie stärker gebündelt ist. Und da aufseiten der Politik in den komplexen Beziehungsgeflechten zwischen Regierung und Parlament, in den noch komplexeren Wirkungszusammenhängen unseres föderalen und hierarchischen Aufbaus zwischen Stadtbezirk und EU-Kommission sowie im mittlerweile bestehenden Sieben-Parteien-System Macht und Gestaltungsmöglichkeiten faktisch sehr zersplittert sind, haben große Medienhäuser sicherlich allenthalben mehr Gestaltungskraft als kleine Parteien. Insofern erklärt sich das Phänomen Donald Trump – jedenfalls für die Zeit nach seiner Wahl in das mächtigste demokratisch vergebene Amt der Welt – auch aus eben dessen schon verfassungsgemäßer Machtfülle.

## Auf dem Weg in die Relotius-Republik?

Die Macht der Medien als »Vierter Gewalt« ist – auch ohne verfassungsmäßige Verankerung als offizielle vierte Säule der Rechtsstaatlichkeit – zugleich eine große Aufgabe und Verantwortung. Die Medien haben eine *vitale* und *fundamentale* Rolle für die Lebendigkeit, Erhaltung und Sicherung von Rechtsstaat und Rechtsstaatlichkeit, indem sie neutral berichten und umfassend und faktenbasiert informieren, um so den demokratischen Diskurs erst zu erlauben und zu unterstützen sowie demokratische Meinungsbildung und Entscheidungsfindung zu ermöglichen. Das setzt selbstverständlich auch *Integrität* der Medien und ihrer Berichterstattung voraus.

Gelebte Demokratie, demokratisch legitimierte Sachentscheidungen und Aufrechterhaltung rechtsstaatlicher Konzepte sind ohne verantwortungsvolle Medien nicht möglich. Dass die Medien als faktische Vierte

Gewalt ihre Aufgabe nicht immer so wahrnehmen, wie sie das vielleicht sollten, ist insofern eine sehr wichtige Frage und ein zentrales Thema für die Zukunft und die Zukunftsfähigkeit unseres Rechtsstaats an sich.

Mediale Lüge und Manipulation sind längst nicht mehr nur ein äußerungsrechtliches Problem Einzelner, sondern mitunter vielmehr eine systematische Gefahr für wesentliche Grundprinzipien der Funktionsweise unseres Rechtsstaats und unseres Gemeinwesens. Integrität der Medien ist ein Problem nicht erst, seit das selbsternannte » *Sturmgeschütz der Demokratie*« im » *Fall Claas Relotius*« Fälschung und Täuschung geradezu systemisch anmutenden Charakters sogar selbst schamvoll einräumen musste. Einer der Autoren dieses Buches hat das vielfach erleben müssen, auch im Umgang mit dem einst als Vorbild dienenden Leitmedium aus Hamburg. Die Erfahrungsbandbreite ist dabei recht beträchtlich und reicht von nicht existenten blutigen Steaks bis hin zu ebenso wenig existenten millionenschweren Klagen.

» *Ja, blutig*«, soll er – der Mitverfasser dieses Buches – laut einem solchen Magazinbericht dereinst bei einem Dinner im privaten Umfeld in Berlin auf die Frage, ob er sein Steak blutig zubereitet haben wolle, gesagt haben[64] – obwohl der beschriebene Fleischfreund in seinem ganzen Leben *noch nie auch nur ein einziges* »blutiges« Steak bestellt (!) und das an jenem journalistisch begleiteten Abend in Berlin auch sehr deutlich gesagt (!) hat. Doch das vermeintliche blutige Steak passte eben nur allzu gut zu dem weiteren Ductus der mehr als 15 Jahre alten Story, wo es im Kontext zu seinem Auftreten und seinen Sanierungsaktivitäten sodann wörtlich hieß: » *Überall geht es blutig zu – beim Rinderfilet, im Unternehmen, in der Wirtschaft generell.*«[65] Als Steigerung folgte dann noch etwas später in der Geschichte (die nicht einmal unlogisch anmutende) Behauptung: » *Der Bulle aus Baden – wie soll man sagen?! – mag's nur blutig, wenn er nicht selbst serviert werden soll.*«[66] Und die Schlussworte des Artikels lauteten (allen Ernstes): » *Es bleibt blutig, so oder so.*«[67]

So oder so: Wie hätte man so viel scheinbares Blutvergießen oder vielleicht sogar unternehmerische Blutrunst ohne das in Wahrheit so *gar nicht existente* blutige Steak erklären geschweige denn bildhaft in Szene setzen sollen? Eine blutige Story um eine unblutige Angelegenheit?

Aber sind »Erfindungen« solcher Art – auch wenn die Garungsstufe eines Fleischstückes zweifelsfrei ein erdgeschichtlich nachrangiges Thema ist – eigentlich zulässig? Muss man erst wie Claas Relotius die ganze Geschichte frei erfinden, um gegen die selbst gegebenen Verhaltensnormen verstoßen zu haben? Oder reicht das potenziell »kreative Ersinnen« einzelner Vorfälle oder Äußerungen grundsätzlich aus, um gegen journalistische Benimmregeln oder allgemein anerkannte Ethikvorstellungen zu verstoßen?

Ein andermal wurde bundesweit und darüber hinaus mit höchster Öffentlichkeitswirkung über eine Strafanzeige[68] berichtet, die den Betroffenen nicht nur zuvor unbekannt war, sondern buchstäblich innerhalb weniger Tage in sich zerfiel. In einem wieder anderen – einschließlich Fotos sechs Seiten langen – Magazinbericht sowie einer »Hausmitteilung« desselben Mediums wurde von einer »millionenschweren Klage« berichtet[69], die es so in Wirklichkeit ebenso wenig gab wie das »blutige« Steak und die insofern rein sachlogisch eigentlich nur von irgendjemandem erfunden oder aber das veröffentlichte Ergebnis wenig professioneller Arbeit gewesen sein kann. Gibt es zwischen Wahrheit und Unwahrheit vielleicht eine verschiebbare Grenze? Darf man *zweimal* überspitzen oder *einmal* die Unwahrheit sagen, ohne die mediale Integrität zu verletzen oder die journalistische Ehre zu verlieren? Sind wenigstens die Standards über eineinhalb Dekaden hinweg gleichgeblieben?

Der *SPIEGEL* berichtet – oftmals zu Recht – über wichtige Ereignisse, kritische Entwicklungen und existierende oder entstehende Gefahren. Und er ist offenkundig beziehungsweise naturgemäß auch selbst ein *Spiegel gesamtgesellschaftlicher Entwicklungen und Bedrohungen.*

Verfall rechtsstaatlicher Prinzipien und Zerfall journalistischer Werte gehen sachlogisch Hand in Hand. In der Freien Hansestadt Hamburg und an allen anderen Orten unserer Republik.

## Verflachung des Diskurses: Oberfläche statt Inhaltstiefe?

Zunächst wollen wir aber nicht über mediale Skandale oder ethische Abstürze, sondern schlicht und einfach über intellektuelle Verflachung reden. Nicht nur die Politiker selbst, sondern auch die Medien leisten ihren Beitrag zur Verflachung des Diskurses – weil sie den Wert einer langfristig klugen, die Weichen richtig und zum richtigen Zeitpunkt stellenden vorausschauenden Politik häufig nicht zu schätzen wissen oder oftmals nicht als berichtenswert empfinden.

Hinzu kommt, dass wir zwei völlig divergierende Entwicklungen haben: Die reale Welt wird immer komplexer, immer komplizierter, immer vernetzter, immer schwerer zu begreifen und noch schwerer in ihren gesamthaften Wirkungszusammenhängen zu durchdringen. Wollen wir sie also richtig verstehen und dementsprechend auch richtige Entscheidungen treffen, dann brauchen wir zwangsläufig eine hohe *Durchdringungstiefe*, gerade auch in der medialen Berichterstattung und Analyse.

Doch die Realität der medialen Online-Welt sieht diametral entgegengesetzt aus: Geschwindigkeit, Oberfläche, Verpackung und Prägnanz der knappen Botschaft zählen. Wer die Wirklichkeit nicht mehr auf ein Zehn-Sekunden-Statement verdichten oder verkürzen kann, fällt durch den medialen Rost. Doch wenn Differenziertheit und Inhaltstiefe als zu kompliziert belächelt und komplexe Botschaften systematisch ignoriert werden, können wir der Komplexität unserer Welt nicht mehr gerecht werden. Und die freiheitliche Demokratie, die wir alle zu Recht so sehr lieben, wird dann suboptimale Ergebnisse produzieren und sich selbst damit im Wettbewerb der Systeme schwächen, möglicherweise sogar massiv gefährden.

Dem kann und dem muss entgegengewirkt werden, nicht nur in den Medien, durch die Medien und beim Umgang mit den Medien. Auch hier sind *wir alle* gefordert. Das beginnt bereits in der Familie, im Kindergarten und in der Schule. Genauso, wie wir unseren Kindern noch sehr viel besser beibringen müssen, die Potenziale der elektronischen Welt auszuschöpfen und ihre digitalen Werkzeuge zu nutzen, müssen wir sie gleichzeitig auf die Gefahren hinweisen und sie davor schützen.

Dazu gehört es, zu verstehen, dass digitale Informationsflut nicht zulasten tiefer inhaltlicher Befassung und vernetzter kritischer Reflektion führen darf. Dazu gehört es auch, weiterhin die Fähigkeit zu vermitteln, mit einem Bleistift eine Skizze zu erstellen oder mit dem Füller reflektive Gedanken zu Papier zu bringen. Die Wortgewalt eines William Shakespeare (oder eines Earl of Oxford) ist nicht synthetisch entstanden. Doch selbst unsere Fähigkeit zur Synthese und Erschaffung künstlicher Intelligenz bedarf zunächst der Ausschöpfung der Potenziale humaner Kompetenz.

# Mit der Welle statt gegen den Strom?

Statt Skandalisierung und Überzeichnung brauchen wir Ausgewogenheit und Reflektion, statt Oberflächlichkeit und Primitivisierung müssen wir Differenziertheit und Durchdringungstiefe anstreben, wenn wir mit dieser hyperkomplexen, immer komplizierter werdenden Welt – und mit unserem freiheitlich-demokratischen Rechtsstaat! – so umgehen können wollen, wie dies erforderlich ist, damit beides auch für künftige Generationen noch lebenswert ist und Bestand hat.

Wir müssen wieder etwas stärker die Bereitschaft und den Mut entwickeln, bei sachlicher Begründung auch gegen den Strom zu schwimmen, statt jede mediale Welle genüsslich abzureiten. Der Umgang mit dem Corona-Virus ist ein Beispiel dafür, wie – selbstverständlich nicht nur in Deutschland, sondern fast durchgängig global – Verunsicherung und Übertreibung statt Reflektion und In-Perspektive-Setzen das mediale Bild beherrschten. Bei Lichte betrachtet ist das Covid-19-Virus für den Nicht-Risikogruppen-Teil der Bevölkerung möglicherweise weniger gefährlich als eine mittlere oder schwere Wintergrippe. Die Sterbestatistik spricht jedenfalls nicht dagegen. Per 30. August 2020 wurden in Deutschland 9295 Corona-Tote gemeldet. Das ist zweifelsfrei schlimm, aber ins Verhältnis gesetzt entspricht es knapp der Zahl der Menschen, die in unserem Land im statistischen Durchschnitt üblicherweise alle vier Tage (!) sterben. Und seit dem 9. August hatten sich bei der traurigen Zahl »nur noch« die letzten beiden Ziffern von 59 auf 95 umgedreht. Es dürfte zudem als äußerst unwahrscheinlich zu betrachten sein, dass *jeder*, der *mit* dem Corona-Virus verstorben ist, auch wirklich *durch* den Erreger zu Tode kam. Mit Verlaub: Corona ist nicht Ebola.

Zur Jahresmitte 2020 gab es in Deutschland circa 5700 aktuell Erkrankte bei einer Bevölkerung von mehr als 83 Millionen. Das Risiko, dass die nächstbefindliche Person das potenziell tödliche Virus in sich trägt, lag seinerzeit also bei räumlicher Gleichverteilung aller bei knapp 1 : 15 000. Und auch nach dem Anstieg der entsprechenden Infiziertenzahl auf knapp 18 000 bis Ende August lag die entsprechende Wahrscheinlichkeit noch bei deutlich unter 1 : 4500. Dabei ist noch nicht einmal berücksichtigt, dass das Risiko, sich bei einem oder einer Infizierten wirklich gleich anzustecken, selbstverständlich bei weitem nicht bei 100 Prozent liegt, es hingegen eine vielleicht sogar 80-prozentige Chance gibt, es nicht einmal durch Symptome oder Leiden zu merken, falls man sich wirklich angesteckt haben sollte. Das faktische Risiko, dass man von der vor einem stehenden Maskenträgerin (oder dem vor einem stehenden Nicht-Maskenträger?) spürbares Leid per Infizierung zugefügt bekommt, dürfte mithin vielleicht in einer Größenordnung um 1 : 50 000 bis 1 : 100 000 liegen. Es gibt bei allem ausdrücklichen Anlass zu großer Vorsicht und hohen Hygienestandards (!) also keinen Grund, *jedem* Tisch-, Sitz- oder Wohnnachbarn gleich mit *Angst* in die Augen oder auf die Maske zu schauen.

Angesichts der langen Inkubationszeit und der hohen Hospitalisierungsrate gibt es allerdings sehr wohl die zwingende Notwendigkeit, Risikogruppen vernünftig zu schützen (!) – allerdings ohne die Bevölkerung unnötig zu verunsichern, zu verängstigen oder gar in Panik zu versetzen. Wer gebetsmühlenartig stündlich Zahlen neuer Infektionen und kumulierter Toter wiederholt, sollte das zumindest gelegentlich auch in Relation zu üblichen täglichen Sterbezahlen vor Corona, Zahlen durch andere Todesursachen Verstorbener oder Mortalitätsraten anderer Viruserkrankungen setzen. Statt ausgewogen und angemessen zu berichten und zu informieren, wie die Risikogruppen bestmöglich geschützt werden und sich schützen können, wurde medial jedoch fast jede Neuinfektion fußballtabellenartig inszeniert und teilweise fast schon religiös zelebriert.

Und zwar weltweit. Das war keineswegs ein deutsches Phänomen. Sondern ein wahrhaft globales. Die Corona-Pandemie hat dabei auch in zuvor nie dagewesener Weise gezeigt, wie sehr global einflussreiche Medien und global weitgehend konvergente Berichterstattung auch zu einer weitgehenden Konvergenz politischer Entscheidungen in den unterschiedlichsten Ländern mit den unterschiedlichsten Regimes in den unterschiedlichsten Situationen geführt hat, was nicht nur die weiter zunehmende Bedeutung, sondern auch die zunehmend wachsende Verantwortung gerade auch globaler Medien weiter belegt.

Insbesondere auch die diversen US News Channels überboten sich rund um die Uhr mit immer wieder neuen Hiobsbotschaften. Als der erste Student der UCLA, der University of California, Los Angeles, die nicht weniger als 14 Nobelpreisträger und auch 261 olympische Medaillen hervorgebracht hat, sich infiziert hatte, wurde das so umfassend berichtet, als sei mit diesem einen Fall eine nationale Katastrophe passiert. Dass durch derartige Berichterstattung nicht nur gebotene Vorsicht, sondern auch irrationale Ängste verursacht werden, liegt auf der Hand.

Ein einzigartiges Foto vom corona-bedingt gesperrten und deshalb nahezu menschenleeren Strand von Venice Beach in Kalifornien belegt das in fast schon bizarrer Weise. Es zeigt zwei Menschen, ein Paar, am breiten Strand der Millionenmetropole Los Angeles, wo sich zu Nicht-Corona-Zeiten im Sommer Zigtausende oder auch Hunderttausende am Wochenende freudig tummeln und entspannen. Ganze zwei Menschen an diesem viele Kilometer langen und gefühlt auch kilometerbreiten Strand. Und sie tragen beide eine Maske. Eine Maske! Dort, wo außer ihnen niemand sonst ist. Dort, wo aus Westen von den unendlichen Weiten des Pazifiks die sauberste Luft der Vereinigten Staaten an Land geweht wird.

Haben sie vielleicht Angst, dass in den Multitrillionen von Kubikmetern Luft, die von Westen heranbrausen, sich ein winziges Corona-Virus aus dem mehr als 10 000 Kilometer entfernten Shanghai verirrt hat? Oder gar aus dem noch mal eine Flugstunde weiter westlich gelegenen Wuhan? Wenn wir systemisches Verblöden oder Schwachsinn ausschließen, belegt das auf groteske und fast schon humoreske Weise, wie sehr die Menschen durch die mediale Berichterstattung *verunsichert und verängstigt* worden sind – und zwar offenbar zum Teil *jenseits aller Rationalität!*

Verantwortung und verantwortungsvolles Verhalten einflussreicher Medien bilden sich indessen nicht im Erzeugen und Aufheizen sachlich nicht begründeter Ängste ab, sondern im Erklären, Differenzieren und In-Perspektive-Setzen. Der Verzicht auf Übertreibung, Überzeichnung und Skandalisierung zugunsten von Objektivität, Neutralität und Faktenbezug setzt aber voraus, dass Bürger- und Gemeinwohlinteresse vor Auflagenhöhe und Einschaltquote gesetzt wird. In einer Welt elektronischer Medien und transnationaler Medienkonzerne ist das gleichwohl ein Problem für den nationalen Rechtsstaat, das nicht auf nationaler Basis allein gelöst werden kann.

Doch dieselben nationalen und regionalen Medien, die die deutsche Willkommenskultur als Vorbild für die Welt feierten und dem deutschen Alleingang in der Energiepolitik den Weg ebneten, könnten ja auch selbst als Vorbild vorangehen, wenn es um Ausgewogenheit, Differenzierung und Relativierung in der Berichterstattung geht. Stellen wir uns im vollen Bewusstsein der Provokanz ihres Inhaltes – und ohne jegliche böse Unterstellung – einmal die folgende Frage: Erscheint der Bericht über ein Schreckensereignis journalistisch attraktiver oder der Bericht über ein Nicht-Ereignis? Oder noch etwas konkretisiert und verschärft: Würde der welt-exklusive foto-unterlegte Bericht über den nächsten prominenten »Corona-Toten« mehr verlocken oder nach sorgfältiger Abklärung das analyse-basierte Eingeständnis, wonach jemand mit, aber nicht wegen Covid-19 verstorben ist?

Die Zahl der per Jahresmitte 2020 in Deutschland mit Corona-Virus Verstorbenen in Höhe von circa 9000 entspricht im Übrigen der durchschnittlichen Zahl der Menschen, die im Normalfall in unserem Land an drei bis vier Tagen versterben. Ob ein einziges Menschenleben durch die Corona-Politik gerettet wurde, ist naturgemäß nicht beweisbar – auch wenn es zugegebenermaßen sehr wahrscheinlich ist. Ganz sicher aber ist, dass mit den Hunderten von Milliarden, die die Corona-Politik gekostet hat und noch kosten wird, Millionen von Schülern der aktuellen Generation und künftiger Generationen eine bessere Ausbildung und Zukunft hätten erhalten können. Aber Auflage und Einschaltquote schlagen offenbar Differenziertheit. Und mitunter auch Wahrheit.

Dabei liegt Wahrheit oft, im Grunde sogar immer im Detail. Insofern macht es – nicht zuletzt für die gesellschaftlich entstehende oder entstandene Angst – eben doch einen riesengroßen Unterschied, ob eine mit Corona Verstorbene erst neun oder schon 109 Jahre alt war. Die Überschrift »Daten-Fehler in der Schweiz: Neunjährige Corona-Tote war 109 Jahre alt«[70] hat das dankenswerterweise korrekt reflektiert. Ein anderes Opfer bei unseren eidgenössischen Nachbarn war nicht, wie zunächst von der zuständigen Behörde angegeben, 27, sondern bereits 87 Jahre alt.[71] Die Medien sind nicht schuld, wenn sich Ärzte oder Behörden verschreiben oder wenn es bei Faxübermittlungen zu Fehlern kommt. Aber sie wären mitunter gut beraten gewesen, nicht jede die Befürchtungen der Bürgerinnen und Bürger weiter anheizende Sensationsmeldung gleich ungeprüft zu übernehmen. In der Schweiz und überall auf der Welt.

Und wer hat eigentlich bisher gefragt, geschweige denn die Frage beantwortet, ob die millionen- und milliardenfach benutzten Masken möglicherweise krebserregende Stoffe enthalten und wo die entsprechenden Langzeitstudien sind?

# Einflussnahme statt Berichterstattung

Als »Vierte Gewalt« dürfen, können und sollen die Medien über Fakten, Entwicklungen, Ereignisse und Missstände öffentlichen Interesses berichten. Sie haben dabei eine Informations-, aber durchaus auch eine Bildungs- und insbesondere auch eine Kontrollfunktion. Auf diesem Wege dürfen und sollen die Medien den öffentlichen Meinungsbildungsprozess mit ermöglichen und unterstützen. Das ist unstreitiges Grundverständnis unserer freiheitlichen Demokratie.

Die Berichterstattung hat indes selbstredend neutral und objektiv zu sein. Als solche zu kennzeichnende oder zu erkennende Kommentare oder Meinungsäußerungen sind selbstverständlich erlaubt und auch verfassungsmäßig und gesetzlich geschützt, solange sie nicht in inakzeptabler und rechtswidriger Weise in Persönlichkeitsrechte Dritter eingreifen. Auch das sollte unstreitig sein. Die Pressefreiheit ist ein hohes Gut unserer rechtsstaatlichen Gesellschaft. Sie ist für das Funktionieren und den Erhalt des Rechtsstaates sogar von zentraler Bedeutung.

Es gibt allerdings einen fundamentalen Unterschied zwischen dem Mitwirken am und zumindest indirekt auch Einflussnehmen auf den öffentlichen Meinungsbildungsprozess einerseits und dem aktiven Schaffen von Geschichten oder Eingreifen in Ereignisse andererseits. Für Letzteres kann das tödliche Gladbecker Geiseldrama als abschreckend-furchtbares Beispiel dienen. Doch auch die Erfindung von Storys oder das eigene Erschaffen oder Befördern vermeintlich auflagenstarker Berichtsthemen existieren durchaus, wenngleich in der Regel mit weniger tragischen Auswirkungen. Und es bedarf bei Weitem nicht einer Fantasie oder eines Fehlverhaltens der Dimension Claas Relotius', um weitreichende Konsequenzen durch kleine Mitteilungen zu bewirken. Besonders problematisch wird solches, wenn die Schnittstelle zu konkreten rechtsstaatlichen Verfahren betroffen ist und die Grenze zwischen Berichterstattung, Einflussnahme oder sogar Verursachung nicht mehr klar ist.

Einer der Autoren dieses Buches hat höchst persönlich (selbst) erlebt, dass ein mehrjähriges rechtlich und sachlich unbegründetes, über mehrere Jahre und über mehrere Instanzen laufendes Strafverfahren, das die Bürgerinnen und Bürger des Landes Baden-Württemberg im Ergebnis finanziell erheblich und zugleich unnötig belastet hat, durch eine Anzeige oder einen »Hinweis« eines Journalisten an die Staatsanwaltschaft ausgelöst wurde, der dann eben selbst jahrelang spannenden Stoff für eigene Berichterstattung hatte. Als er – der Autor – nämlich erstmals mit der zuständigen Staatsanwältin in Karlsruhe sprach, musste er zu seinem Entsetzen feststellen, dass alles, was sich zum damaligen Zeitpunkt in der ihm vorgelegten Ermittlungsakte befand, Zeitungsschnipsel und ein Schreiben dieses Journalisten an die Staatsanwaltschaft waren. Es fand sich nicht einmal eine auch nur ansatzweise ernst zu nehmende rechtliche Bewertung der vermeintlichen Vorgänge.

Dabei wird der Mitverfasser dieses Werkes auch nie den Blick dieses Journalisten bei Verkündung des Urteils durch den zuständigen Vorsitzenden Richter des Landgerichtes Karlsruhe vergessen, nachdem in detaillierter Beweisaufnahme über Wochen hinweg überdeutlich geworden war, wie haltlos die zu Unrecht erhobenen Vorwürfe waren. Er fragt sich noch immer, ob das, was er damals im Moment seines Freispruchs in den Augen des berichterstattenden Zeitungsmannes sah oder zu sehen meinte, Entsetzen, Verzweiflung, Ungläubigkeit, Enttäuschung oder schlichtweg Ärger über das gute Ende der inszenierten unguten Geschichte war.

Noch am Morgen der Urteilsverkündung hatte eine andere Zeitung per Titelzeile die Frage gestellt, ob es zu einem *Albtraum für Claassen* kommen würde. Das Gericht ließ sich davon nicht beeindrucken – im Gegenteil: Der Vorsitzende Richter nahm diese Zeitungsüberschrift gleich zu Beginn seiner Urteilsverkündung und -begründung zum Anlass, klarzustellen, dass es zu einem Albtraum nicht kommen würde, jedenfalls nicht für den Angeklagten, der aus sachlichen und rechtlichen Gründen freizusprechen war.

## Exotik im Gerichtssaal[72]

Der Vorsitzende der Strafkammer wendete sich sodann der Staatsanwaltschaft zu, der er attestierte, ein »*exotisches*« Verfahren geführt zu haben. Selbst die von ihr behaupteten – und im Übrigen zum Teil auch medial verbreiteten – Zahlen zum angeblichen Wert der verfahrensgegenständlichen Tickets der Fußball-Weltmeisterschaft 2006 hatten einer kritischen

Überprüfung nicht standgehalten und sich aus Sicht des Gerichtes als falsch erwiesen. Wie vieles andere auch. Die Rüge der Staatsanwaltschaft durch den Vorsitzenden Richter hätte dementsprechend auch kaum deutlicher ausfallen können. Ausweislich der schriftlichen Urteilsverkündung hatten die von der Staatsanwaltschaft behaupteten Werte der Tickets sogar um bis zu zehnmal (!) über den vom Gericht nach Beweisaufnahme tatsächlich festgestellten beziehungsweise angenommenen gelegen.[73]

Exotik im Gerichtssaal! Und das nicht etwa im Kongo oder in West-Samoa, wo die klimatischen Bedingungen es eher vermuten ließen. Exotik in Nordbaden. Im seinerzeit noch hyper-konservativen Baden-Württemberg. Und nicht etwa in einem tropischen Gewächshaus, sondern in einem traditionellen Landgerichtsgebäude. Und auch nicht im schwülwarmen Hochsommer, sondern im abkühlenden Herbst.

Dieses bundesweit bekannte Verfahren hat eindrucksvoll bewiesen, dass unser Rechtsstaat im Ergebnis funktioniert und man als Angeklagter selbst unter höchstem medialen Druck nicht zu Unrecht verurteilt wird. Das ist ermutigend und war nicht nur für den Sport sowie für den Diskurs zwischen Wirtschaft, Sport und Politik in unserem Land von höchster Bedeutung, sondern auch für den Angeklagten ein intensives Erlebnis und fantastisches Ergebnis. Ein Ruhmesblatt für die Ermittlungsbehörden war es nicht. Und ein Beleg für differenzierte Presseberichterstattung offenkundig jedenfalls auch nicht immer.

Allein schon der Anschein medialer Einflussnahme auf rechtliche Verfahren ist ein großes Problem. Medien sollten stets möglichst neutral und objektiv berichten. Zu allen Themen. Immer und überall. Ganz besonders gilt das jedoch für alles, was mit Recht, Rechtsstaat, Justiz und deren Verfahren zu tun hat. Jeder Kläger, jeder Beklagte und jeder Angeklagte müssen die Möglichkeit haben, ihre verfassungsmäßig abgesicherten Rechte frei von jeglichen Einwirkungen von außen, insbesondere auch frei von medialer Einflussnahme oder medialem Druck wahrnehmen, vertreten und verteidigen zu können.

Nicht ohne Grund ist es Geschworenen in den USA verboten, während eines laufenden »Jury Trial«, also Schwurgerichtsprozesses, vor ihrer Entscheidung und der Verkündung ihres Urteils (»Verdict«) mit irgendjemandem über das Verfahren zu sprechen oder auch nur im Internet zu recherchieren, wer etwa die Verfahrensbeteiligten sind oder was

Hintergrund oder Historie des Prozesses sein könnte. Eine US-amerikanische Jury darf bei ihrer Urteilsfindung allein *das Gesetz*, die ihr im Verfahren präsentierte und vom Richter zugelassene »*Evidence*« (Beweise) sowie die zwischen den Parteien und dem Gericht abgestimmten relevanten Fragen und Ablaufschritte der Entscheidungsfindung (»*Jury Instructions*«) berücksichtigen. Mediale Einflussnahme und sogar Selbstinformation aus den Medien sind ein *absolutes Tabu*.

## Käuflichkeit der Wahrheit?

Weit problematischer noch als das Schaffen eigener Geschichten oder das Provozieren unnötiger, aber öffentlichkeitswirksamer Verfahren etwa aus journalistischem Ehrgeiz ist die Frage der *Käuflichkeit* der medialen Wahrheit, gerade in Zeiten rückläufiger Anzeigeneinnahmen und steigender Profitzwänge und in einer Welt der gnadenlosen ökonomischen Auslese traditioneller Zeitungen und Zeitungsverlage.

Käuflichkeit muss dabei keineswegs gleich Bestechung von Journalisten oder Bezahlung von Artikeln bedeuten, und dieses Buch will nicht in Wettbewerb mit dazu bereits bestehenden Bestsellern wie *Gekaufte Journalisten*[74] treten. Die potenzielle Käuflichkeit oder zumindest deren potenzieller Anschein können im Übrigen schon weit leichter entstehen, als den Handelnden dabei durchgängig bewusst sein mag. Pünktlich zur Jahresmitte kam die Nachricht, dass die Bundesregierung Verlage in der Corona-Krise mit 220 Millionen Euro unterstützen wolle. Das ist im Grunde gut so, denn die Anzeigenumsätze waren bereits vor Corona rückläufig, und corona-bedingt wurde dann von den Zeitschriftenverlagen sogar ein Einbruch um ein Viertel erwartet.[75] Und der freiheitlich-demokratische Rechtsstaat *braucht* starke und funktionierende Zeitungsverlage und Medienhäuser, von denen mehr als 500 im Verband Deutscher Zeitschriftenverleger organisiert sind.

Doch glauben wir wirklich, dass die »geförderten« Verlage am Ende nicht auch – bewusst oder unbewusst – eine gewisse »Dankbarkeit« gegenüber dieser sie so großzügig unterstützenden Bundesregierung haben? Alles andere wäre nicht normal. Und wer Böses dabei denkt oder denken würde, ist ohnehin ein Schelm.

Viel problematischer in Zeiten derart knapper Anzeigenkassen ist indes die unmittelbare Verquickung von Anzeigenbudgets mit redaktioneller »Gefälligkeit«. Dass es die zumindest in Einzelfällen auch außerhalb von Corona-Zeiten offenbar schon gab, erlebte einer der Autoren dieses Buches bereits vor 17 Jahren. Im Sommer 2003 erschien – auch das soll es geben – ein außerordentlich positiver und wohlwollender Artikel über ihn in einer angesehenen Zeitung. Er war seinerzeit Vorstandsvorsitzender des Energiekonzerns Energie Baden-Württemberg AG. Doch den Artikel hatte auch die Konkurrenz gelesen – und zumindest in einem Falle auch ihr Vorstandschef. Dem allerdings gefiel die äußerst freundliche Berichterstattung über den deutlich jüngeren Kollegen offenbar gar nicht. So musste der Autor von dem Redakteur, der den wohlwollenden Bericht über ihn verfasst hatte, zur Kenntnis nehmen, dass ein älterer Wettbewerbskollege sich bei dessen – des Redakteurs – Chef beschwert und allem Anschein nach auch das Thema der Anzeigen-Budgets des von ihm geleiteten Milliardenkonzerns ins Spiel gebracht haben dürfte. Ein vergleichbar freundlicher Artikel erschien in dem Medium – folgerichtig? – jedenfalls nie mehr.

## Rufmord als Geschäftsmodell

In einer Welt, in der schon hoch seriöse und professionelle Spitzenmanager aus Neid oder anderen Beweggründen auf den Plan gerufen werden, um vermeintlich zu positiver Berichterstattung über vermeintliche Konkurrenten entgegenzuwirken, darf man sich nicht wundern, dass weniger kultivierte Menschen mitunter auch zu rustikaleren Mitteln greifen. So ist über die Jahre und Jahrzehnte neben den oder am Rande der »Spin Doctors« auch eine einigermaßen spezialisierte Teilbranche entstanden, die man vielleicht unter den Begriff »Rufmord als Geschäftsmodell« subsumieren könnte. Das ist eine nicht nur ethisch-moralisch, sondern auch rechtsstaatlich höchst diffizile Sphäre, da sich vieles des dort Organisierten klar erkennen, jedoch nicht immer konkret beweisen lässt und der äußerungsrechtliche Schutz vor gezieltem Rufmord in der schnellen und anonymen Welt der Bits und Bytes im Grunde ohnehin weitgehend hinfällig ist.

Eine am Freitagabend in die unergründlichen Weiten des Internets gepushte diffamierende Botschaft, Meldung oder Nachricht vervielfältigt sich über das Wochenende millionenfach bis in den letzten Winkel der Welt. Wer dann als global Diffamierter am Montagvormittag mit seinem Rechtsanwalt beim zuständigen lokalen Landgericht auftaucht, um vielleicht gegen das originär veröffentlichende Medium – sofern dies überhaupt bekannt ist – eine einstweilige Verfügung zu erhalten, wird von den Initiatoren der Diskreditierung nur noch höhnisch oder mitleidsvoll belächelt werden. Über mitunter über Monate sich hinziehende oder auch gar nicht lösbare Zustellungsprobleme derartiger Verfügungen im internationalen Kontext hatten wir bereits am Beispiel des Friedensrichters von Santanyi gesprochen. Sofern der Urheber der rufschädigenden Information überhaupt ermittelbar ist.

Einer der Autoren dieses Buches hat mit Aktivitäten, die er als nachlässige oder auch als systematische Rufschädigung empfinden musste, in verschiedenen Kontexten zu tun gehabt – stets als Geschädigter, allerdings in unterschiedlichsten Schattierungen. Auch hier ist die Bandbreite groß. Sie reicht vom diffamierende Äußerungen beinhaltenden Wortlautinterview bis zur Vorbereitung, Abstimmung und Übermittlung wahrheitsverzerrender Dossiers an große Medien, sogar mittels Verwendung ausländischer E-Mail-Accounts vermeintlich unbekannter Dritter. Es gibt eben nichts, das es nicht gibt.

Die Presse kann derartige Aktivitäten selbstverständlich nicht verhindern. Sie könnte aber sehr viel kritischer bei und mit der Überprüfung ihr zugespielten Materials und Schmutzes im Hinblick auf Wahrheit und Substanz umgehen. Und auch mit denen, die im Einzelfall oder auch systemisch auf fragwürdigste Weise derartiges Material verbreiten und Schmutz werfen. Das gebieten nicht nur Moral und Ethik an sich, sondern auch die Verantwortung gegenüber dem Rechtsstaat und seinen Bürgerinnen und Bürgern in einer digital entfesselten und äußerungsrechtlich insofern weitgehend schutzlosen, keineswegs jedoch schmutzlosen Zeit.

## Wahrheit, Integrität, Rechtsstaat

Wer unter dem Schutz von Pressefreiheit publizieren darf, hat – wie auch Rechtsanwenderinnen und Rechtsanwender oder Politikerinnen und Politiker der formalen »Drei Gewalten« – eine ganz besondere Verantwortung – gegenüber dem Rechtsstaat, gegenüber der Allgemeinheit, gegenüber sich selbst. Und gegenüber der Wahrheit.

Es ist nicht die Aufgabe der Medien als »Vierter Gewalt«, die Wahrheit zu beeinflussen, zu verzerren oder zu selektieren, sondern Fakten so sachlich und objektiv darzustellen, wie dies eben möglich ist. Journalistinnen und Journalisten haben ja gerade im Hinblick auf Kontrolle und Transparenz eine vitale Bedeutung für den lebenden Rechtsstaat. Transparenz und Kontrolle ergeben aber nur Sinn, wenn sie wahrheits- und faktenbasiert geschaffen und vollzogen werden. In letzter Konsequenz soll die Pressefreiheit schließlich nicht der Absicherung oder dem Erwerbs- oder Karriere-Interesse eines einzelnen Berufsstandes dienen, sondern der Sicherung unserer Demokratie und unseres Rechtsstaats insgesamt. Auf Basis von Ehrbarkeit. Und auf Basis von Wahrheit und wahrer Information.

Doch die Wahrheit scheint allenthalben an Wert und Bedeutung zu verlieren, mit dramatischen Implikationen für den Rechtsstaat. All das, wofür er steht und was er ist, und die drei formalen Säulen, die ihn tragen – Legislative, Exekutive und Judikative –, basieren auf dem Fundament von Wahrheit und Integrität. Auch die besten Gesetze verlieren ihren Sinn und ihre Wirkung, wenn ihrer Anwendung keine wahren Fakten zugrunde liegen. Auch die beste und stabilste Demokratie verliert ihre Kraft, wenn ihre Bürgerinnen und Bürger nicht mehr faktenbasiert sich Meinung bilden und abstimmen können. Und auch die robusteste und stärkste Pressefreiheit verliert ihren Schutzzweck, wenn Wahrheit als Kriterium nicht mehr interessiert – genau so, als wenn unsere Mutter uns in frühester Kindheit hinters Licht und in die Irre geführt hätte, indem sie uns beim Erlernen der Sprache erzählt hätte, der Mond sei die Sonne und die Sonne sei der Mond.

Hätte unsere Mutter, als wir Baby oder Kleinkind waren, auf den Mond gezeigt und »Sonne« gesagt, wären wir überzeugt, dass nachts die Sonne scheint. Und hätte sie uns das Konzept der Lüge unter dem Begriff »Wahrheit« erläutert und die Wahrheit als »Lüge« diffamiert, könnten wir mit inbrünstiger Überzeugung Räuberpistolen erzählen und dem Lügendetektor dennoch überzeugend klarmachen, dass wir die »Wahrheit« sagen. Wer Letzteres kann, widerlegt indes nicht das Konzept der Bindung von Sprache an Wahrheit, sondern pervertiert es maliziös und krankhaft – oder eben aus frühkindlicher Fehlentwicklung.

Allein schon das Erlernen von Sprache und unsere Fähigkeit, überhaupt vernünftig (miteinander) kommunizieren zu können, basieren offenkundig auf den Konzepten von Wahrheit und Ehrlichkeit. Wahrheit, Integrität und Rechtsstaat sind untrennbar miteinander verbunden. Eine Gesellschaft, in der die Wahrheit entehrt wird, kann als Rechtsstaat nicht überleben, und eine Demokratie, in der Ehrlichkeit im Wahlkampf als Dummheit verhöhnt wird, führt sich selbst ad absurdum.

Es gibt zahlreiche Beispiele dafür, dass der Ehrliche nicht nur oftmals »der Dumme« ist, weil er von Lügnern oder Betrügern gutgläubig getäuscht und über den Tisch gezogen oder etwa durch falsche oder gekaufte Zeugenaussagen vor Gericht benachteiligt wird, sondern dass Ehrlichkeit geradezu institutionalisiert als Dummheit abqualifiziert wird; die Liste ist lang. Die Bundeskanzlerin hat das in ihrem sehr mutigen und ehrlichen Wahlkampf des Jahres 2005 erlebt, als zu viel Offenheit fast noch zum Verlust der sicher geglaubten Wahl geführt hätte. Und welcher Politiker räumt nicht im Hintergrundgespräche ganz selbstverständliche Sachverhalte auch als ganz selbstverständlich ein, die er öffentlich stets bestreiten und im Zweifelsfall noch tabuisieren würde.

Von einem ehemaligen leitenden Mitarbeiter eines der Autoren mit der Unwahrheit ihrer eigenen Aussagen in einer Talkshow konfrontiert, entgegnete eine deutsche Spitzenpolitikerin nur läppisch: »Aber ich habe die Diskussion gewonnen und den Beifall gekriegt.« Frei nach dem Motto: »Wer besser lügt, bekommt mehr Stimmen«? Statt *ÜBERLASTET, ÜBERFORDERT, ÜBERRANNT* hätte der Titel dieses Buches dann vielleicht auch lauten können: *GELOGEN, GEBOGEN, BETROGEN*!

Gelogen und betrogen wird seit der Entwicklung der Sprache und der Erfindung des Geldes. Und gebogen, gebrochen und unterdrückt wird, seitdem der erste Mensch bemerkte, dass er Macht über andere ausüben kann. Irgendwann begann dann irgendwo irgendwer, sich eine Krone aufzusetzen, und dort, wo irdische Armeen zur Enteignung und Entrechtung Dritter nicht ausreichten, bemühte man die Macht und Kraft Gottes. Und wenn Gottes Wort nicht mehr gehört wird, dann erklärt eben die Kanzlerin, was wirklich ist.

Die Wahrheit ist in der Tat absolut. Wir mögen über sie streiten, wir müssen sie manchmal suchen, sie zu finden ist nicht immer leicht. Doch ihre Essenz liegt niemals in den Händen einer einzelnen Person.

Sie zu ergründen, erfordert immer mehrere Perspektiven und Blickwinkel. Das kann man nirgends besser verinnerlichen als im Ryōan-ji, dem berühmten mehr als 500 Jahre alten ultra-reduzierten Zen-Tempel in der ehemaligen japanischen Kaiserstadt Kyoto. Nur wer von mindestens zwei unterschiedlichen Positionen aus den zentralen Steingarten betrachtet hat, kann erkennen, dass *in Wahrheit* sich 15 Gesteinsbrocken im geharkten Kiesfeld befinden und nicht – wie jeder, der nur aus einer Perspektive geschaut hätte, unter Eid beschwören würde – nur 14, 13 oder gar 12.

Nicht nur das in der Rechtswissenschaft von Engisch postulierte »Hin- und Herwandern des Blickes«[76] ergibt also Sinn, sondern auch das Verändern der Position, von der aus man etwas in Blick nimmt. Wir müssen hin- und herwandern – und oftmals sogar um etwas herumwandern –, um die Dinge zu begreifen, um Wirkungszusammenhänge zu verstehen, um uns der Wahrheit zu nähern – die oftmals zu komplex ist, als dass wir sie im Fernsehsessel konsumieren, per Mausklick abrufen oder als Wahlkampf-Slogan verkünden könnten.

Diesem Anspruch müssen wir alle uns stellen – in den Unternehmen, in der Politik, in der Verwaltung, in der Justiz und auch in den Medien. Auch wenn wir einem nicht idealisierten Menschenbild folgen. Denn die Wahrheit lässt sich nicht biegen. Und Adam Riese wird auch weiterhin nicht besiegt. Die zwei Waagschalen der Justitia haben durchaus ihren Sinn.

# KAPITEL 8

# DIE JUSTIZ BRAUCHT EINE VERLÄSSLICHE QUALITÄT

Die Medien haben – egal ob als »Vierte Gewalt« oder als Distributionskanal von Legislative und Exekutive – zweifelsfrei einen hohen Stellenwert und eine große Verantwortung im und für den Rechtsstaat. Die unmittelbarste Bedeutung für Recht und Rechtsstaat und was wir darunter verstehen, vor allem was wir insofern als vernünftig und gerecht empfinden, haben jedoch die Institutionen unserer Justiz, deren Personal sich hauptamtlich und vollberuflich der Einhaltung der Gesetze widmet, unsere Staatsanwaltschaften also beispielsweise und vor allem natürlich unsere Gerichte. Richterinnen und Richter als Rechtsanwender entscheiden letztlich maßgeblich mit darüber, wie unser Verständnis nicht nur von Gerechtigkeit und Wirksamkeit unseres Rechtsstaats ist, sondern auch unser Respekt für und unsere Identifikation mit ihm. Trotz Richterrobe sind sie als Menschen aus Fleisch und Blut die tangibelste Schnittstelle, die die einfache Bürgerin und der einfache Bürger mit den abstrakten Begriffen von Recht und Gerechtigkeit haben können. Die *Qualität* ihrer Arbeit, ihrer Verhandlungsvorbereitungen, ihrer Verhandlungsführung, ihrer Beurteilungen, ihrer Entscheidungen und vor allem natürlich auch ihrer Urteile prägen maßgeblich unser Erleben des Rechtsstaats und damit dessen Akzeptanz bei den Bürgerinnen und Bürgern.

Die Qualität der Arbeit einer Person hat stets mit der Qualifikation und der Einstellung der Person sowie mit ihrer »persönlichen Qualität« im Rahmen der von ihr wahrgenommenen oder wahrzunehmenden Funktion zu tun. Vor diesem Hintergrund ist klar: Es geht nicht allein um die Anzahl der Richterinnen und Richter, sondern es geht auch beispielsweise um eine weitergehende Spezialisierung und um eine interprofessionelle Ausbildung. Andernfalls werden die Richterinnen und Richter sich immer mehr von den zunehmend spezialisierten Rechtsanwältinnen und

Rechtsanwälten entfernen und nicht mehr auf Augenhöhe das materielle Recht auf die Lebenswirklichkeiten, insbesondere in komplexen Verfahren mit wirtschaftlichem Bezug, anwenden können. Der sogenannte »Volljurist« ist in der gerichtlichen Praxis irgendwann »verbraucht«!

## Weniger als 50 Prozent!

Dafür lassen sich ungeachtet der Tatsache, dass Deutschland noch immer ausdrücklich als Vorbild in Sachen Rechtsstaat dient und gerade unsere korrekte, neutrale Richterschaft einer unserer *wesentlichen Standortvorteile* ist, auch Beispiele nennen, die im Einzelfall zum Teil durchaus erschreckend, in jedem Falle »überraschend« anmuten mögen. Nicht nur die bereits erwähnte Leichtigkeit und auch die ungeheure Geschwindigkeit, mit der unsere politische Elite Gesetze erlässt, überarbeitet und dann deren Einhaltung relativiert, sondern auch die Leichtigkeit und Geschwindigkeit, mit der einzelne – ausdrücklich: *einzelne!* – Richter zu arbeiten scheinen, mag dazu beigetragen haben, dass ausweislich der bereits zitierten Ergebnisse einer exklusiven Erhebung für *FOCUS Online* inzwischen nur noch weit unter 50 Prozent aller Bundesbürgerinnen und Bundesbürger großes oder sehr großes Vertrauen in die Justiz haben.[77]

Ein solcher Vertrauensverlust will erst einmal »erreicht« sein, und jedes noch so kleine negative Einzelbeispiel kann dazu seinen »Beitrag« leisten oder geleistet haben. Und Dequalifizierung oder Oberflächlichkeit im Einzelfall können trotz *höchster Qualifikation der überwältigenden Mehrheit* stets dem Ansehen der Gesamtheit schaden. Das gilt für Richter genauso wie für Politiker, Unternehmer oder Manager.

Insofern muss es auch erlaubt sein, an einzelnen Beispielen aufzuzeigen, *dass* in der gerichtlichen Praxis mitunter Verbesserungspotenziale vorhanden sind, *wie* der eingetretene *gesellschaftliche Vertrauensverlust* in die Justiz vielleicht im Einzelfall auch aus *individuellen Erlebnissen* erklärbar ist und *was* eventuell getan werden könnte oder müsste, um derartige negative Einzelfälle künftig nach Möglichkeit zu vermeiden. Wir müssen dahin kommen, dass wieder mehr als 50 Prozent unserer Bevölkerung! – und zwar weit mehr – der Justiz voll vertrauen. Das sind wir uns selbst und unserem Rechtsstaat schuldig.

# Fast 50 Fehler?

Die Zahl 50 hat in der rechtsstaatlichen Erlebniswelt des Nicht-Juristen unter den Autoren dieses Buches dabei noch einen ganz anderen, fast schon bizarren Erinnerungszusammenhang. Dabei geht es um ein zivilrechtliches – genauer gesagt: aktienrechtliches – Verfahren vor einer Kammer für Handelssachen an einem Landgericht in Deutschland.

Das Urteil des Vorsitzenden Richters am Landgericht in dem betroffenen Verfahren hatte, jedenfalls nach ganz persönlicher Einschätzung des Nicht-Juristen unter den Autoren dieses Buches und auch nach in den Gerichtsakten dokumentierter fester Auffassung seines dortigen Verfahrensbevollmächtigten, nicht weniger als 17 falsche tatbestandliche Feststellungen und sogar weitere 30 Rechtschreibungs- und Grammatikfehler sowie rein sprachliche Fehler enthalten – in Summe also knapp 50 potenzielle Fehler auf ganzen 15 Seiten Urteilstext. Dabei wären die Rechtsfehler beziehungsweise Widersprüche zur einschlägigen und eindeutigen höchstrichterlichen Rechtsprechung des Bundesgerichtshofes noch nicht einmal mitgezählt. Das ist schon eine mehr als bemerkenswerte Situation – und in gewisser Weise vielleicht auch eine ganz besondere Leistung.

Besonders bemerkenswert erschien dem aktienrechtlich erfahrenen Nicht-Juristen als alleinvertretungsberechtigtem Vorstandsvorsitzenden der Klägerin ein für den Rechtsstreit nur peripheres, aber dennoch äußerst ungewöhnliches Detail, nämlich der Sachverhalt, dass ausweislich seines eigenen gesamthaften Urteilstextes der zuständige Richter am Landgericht – wohlgemerkt: als *hauptberuflicher Vorsitzender* einer Kammer für *Handelssachen*! – davon auszugehen schien, dass Vorstandsvorsitzender und Aufsichtsratsvorsitzender einer Aktiengesellschaft ein und dieselbe Person sein könne. Letzteres steht selbstverständlich im diametralen Gegensatz zu elementarsten Grundlagen des Aktiengesetzes, was nicht nur spezialisierten Handelsrichtern am Landgericht bekannt sein müsste und muss, sondern sicher sogar am hochgradig unspezialisierten Amtsgericht Bad Gandersheim mit seinen eineinhalb Richterstellen bestens bekannt wäre und ist.

Eine Handlung und deren aufsichtsseitige Kontrolle sollten nun mal nicht in einer Hand liegen, und Kontrolleurin und zu Kontrollierender sollten dementsprechend nicht ein und dieselbe Person sein. Das ist gerade ein zentraler Grundsatz des deutschen Aktienrechts, das – im Gegensatz zu vielen anderen Ländern – auf die klare und deutliche Trennung zwischen dem Vorstand als Exekutivorgan und dem Aufsichtsrat als Kontrollinstanz höchsten Wert legt. Wer das als Rechtsanwender (oder auch als Organmitglied) nicht weiß oder vergisst, mag vielleicht auch glauben, dass beim Fußball der Trainer einer Mannschaft und der Schiedsrichter ein und dieselbe Person sein kann oder sollte. Im Urteilstext jedenfalls wurde der betroffene Verfasser dieses Buches indes sowohl als »Mitglied des Vorstandes« als auch als »Vorsitzender des Aufsichtsrats« geführt, und zwar *gleichzeitig*, ohne entsprechende zeitliche Abstufung, hinsichtlich Präsenz und im Präsens.

Eine der führenden Rechtswissenschaftlerinnen der Republik mutmaßte angesichts derartiger scheinbarer Abwesenheit selbst von »Profanwissen« über aktienrechtliche Zusammenhänge, es deute manches darauf hin, dass es sich um »neurologische Ausfälle« handeln könne. Der Verfahrensbevollmächtigte des Vorstands, dem einer der Autoren dieses Buches vorsitzt, mochte in seiner an den Präsidenten des betroffenen Landgerichts gerichteten Dienstaufsichtsbeschwerde so weit verständlicherweise nicht gehen, hielt allerdings zutreffend fest: »*Die Aufrechterhaltung des flächendeckende[n] Respektes vor dem Rechtsstaat setzt voraus, dass gerade diejenigen, die wichtige Ämter im Dienste der Rechtsstaatlichkeit und insbesondere innerhalb der Rechtsprechung bekleiden, auch selbst mit angemessenem Respekt vor ihrer eigenen Arbeit für den Rechtsstaat ihre Amtsführung ausüben.*«

Der zuständige Landgerichtspräsident als unmittelbarer Dienstvorgesetzter des Richters mochte zwar kein Dienstvergehen feststellen, räumte allerdings schriftlich ausdrücklich ein, dass in »*der Gesamtschau*« der »*Eindruck aber fraglos nicht ideal*« sei. Das ist deutlich und zweifelsfrei zutreffend, und dem ist insofern nichts hinzuzufügen. Die beiden Autoren dieses Buches sind sich auch in dieser Feststellung am Ende einig.

Und um die Ehre des Rechtsstaats vollends wiederherzustellen, sei hier auf das Deutlichste hervorgehoben, dass das offenkundig nicht haltbare Urteil dieses Landgerichtes denn auch in zweiter Instanz von dem zuständigen Oberlandesgericht aufgehoben wurde. Ein gewisser Instanzenzug und die Möglichkeit einer Berufung sind eben auch wichtige

Elemente gelebter Rechtsstaatlichkeit. Und im Ergebnis funktioniert der Rechtsstaat eben in aller Regel doch und noch sehr gut. Die Vorsitzende Richterin des zuständigen Gesellschafts-Senats hatte bereits in der mündlichen Verhandlung in kaum zu überbietender Deutlichkeit festgestellt, dass sie auf das erstinstanzliche Urteil in ihren einleitenden Bemerkungen nicht näher eingehen könne, da sie beim besten Willen nicht verstanden habe, was der Vorsitzende Richter am Landgericht eigentlich wollte. Das war ja auch weder sprachlich noch inhaltlich wirklich zu verstehen.

## Weniger als 3,6 Sekunden

Noch bemerkenswerter als die Qualität des aufgehobenen Urteils war indes die scheinbare Effizienz seines Entstehungsprozesses. Der Vorsitzende Richter am Landgericht hatte zu Beginn der mündlichen Verhandlung dargelegt, dass die Kammer sich soeben eine halbe Stunde mit dem Fall befasst beziehungsweise genauer gesagt »die Sache heute morgen eine halbe Stunde beraten« habe; in einer späteren dienstlichen Äußerung nach entsprechendem Ablehnungsgesuch wegen Besorgnis der Befangenheit unter anderem aufgrund Verletzung rechtlichen Gehörs sprach er immerhin von einer »intensive[n] Vorberatungszeit von ca. einer halben Stunde«, die die Kammer dem vorliegenden Fall gewidmet hatte. Angesichts eines verfahrensgegenständlichen Aktenvolumens von mehr als 500 Seiten entspräche das einem zeitlichen Befassungsaufwand beziehungsweise einer Lesezeit von weniger als 3,6 Sekunden pro Seite von den Verfahrensbeteiligten eingereichter Schriftsätze samt Anlagen. Den Rechtskundigen unter den Lesern sei gesagt, dass die Parteien zum fraglichen Zeitpunkt bereits umfangreiche und detaillierte Schriftsätze bis hin zur Quintuplik (!) ausgetauscht hatten.

Um in 3,6 Sekunden den sachlichen und rechtlichen Inhalt einer A4-Seite detaillierten aktienrechtlichen Schriftsatzvortrages überhaupt erfassen zu können, bedarf es möglicherweise des Weltmeisters im Speed Reading, der Fertigkeit also, sich Texte visuell und hyperschnell geradezu »reinzufräsen«. Um ihn in Sekundenbruchteilen auch noch verstehen, vernetzen, bewerten und beurteilen zu können, bedürfte es vermutlich einer Gehirnmutation.

Letztere lag bei unserem Richter offensichtlich nicht vor. Und so wurde das Urteil in zweiter Instanz ja auch aufgehoben und im Grunde pulverisiert. Aufgrund der mittlerweile erfolgten rechtskräftigen Aufhebung des nicht haltbaren Urteils darf über Letzteres an dieser Stelle im Übrigen gesprochen werden, *ohne dass* dies mit einem Mangel an Respekt vor dem Rechtsstaat einhergeht. Im Gegenteil: Gerade aus Respekt vor dem auch in diesem Falle am Ende belegten Funktionieren des Rechtsstaats sowie der das sicherstellenden Senatsvorsitzenden kann und muss ein solcher Fall diskutiert werden dürfen. Denn es ist am Ende die *Einstellung jeder und jedes Einzelnen*, die das gesamthafte Funktionieren des Rechtsstaats für die Gemeinschaft tragen muss und trägt.

Der Nicht-Jurist unter den Autoren dieses Buches legt im Übrigen Wert auf die Feststellung, dass er in den durchaus nicht wenigen von ihm stets aus gutem Anlass geführten Verfahren vor deutschen Gerichten noch nie eine oberflächlich arbeitende Richter*in* erlebt hat und unter beiden Geschlechtern viele Beispiele herausragender Rechtsanwender erleben durfte. (Und der juristisch gebildete und hauptberuflich erfahrene zweite Autor stimmt dem selbstverständlich uneingeschränkt zu.)

Und auf eine weitere Feststellung legen die Autoren Wert: Wir haben in Deutschland zum Teil sensationell gute und in der Mehrzahl sicher zumindest sehr gute oder gute Richterinnen und Richter. Unsere integre Richterschaft ist Rückgrat unseres Staatswesens und ein Vorbild für viele andere Länder der Welt. Doch gerade deshalb gilt es, Ausnahmen und »Ausreißer« nach unten zu verhindern, denn es sind gerade die extremen und medienwirksamen Einzelfälle, die unseren Rechtsstaat und alles, wofür er steht, unnötig und unbegründet in Verruf bringen können.

## Noch schneller als im Sekundenbruchteil – sogar Umkehr der Zeit?

Der in Bezug genommene Vorsitzende Richter am Landgericht war indes nicht zum ersten Mal aufgefallen. Bereits zuvor hatte er in einem anderen Verfahren selbst eine von einer Verfahrensbeteiligten beantragte *Fristverlängerung* zur Stellungnahme auf einen Antrag *gewährt*, um dann kurz danach – zu einem Zeitpunkt, zu dem üblicherweise auch das Kurzzeitgedächtnis noch funktionieren könnte – einen *Beschluss* gegen diese Verfahrensbeteiligte zu treffen, und zwar unter Hinweis darauf, dass Letztere nicht Stellung genommen hätte. Dabei war zum Zeitpunkt seines Beschlusses die von ihm selbst verlängerte Frist noch gar nicht abgelaufen.

Rechtstechnisch nennt man so etwas einen Verstoß gegen das Gebot des rechtlichen Gehörs. Umgangssprachlich würde man, sofern man Befangenheit verneinen und neurologische Ausfälle naturgemäß ausschließen möchte, vielleicht von Schlamperei sprechen. Aus Sicht der Autoren indizieren derartige Abläufe jedenfalls einen potenziellen Mangel an Sorgfalt und Befassungsintensität. Und beides sind für die Qualität und Einheitlichkeit der Rechtsanwendung erkennbar wichtige Kriterien.

Doch Beschlüsse vor selbst gesetzten Fristen oder Fristverlängerungen sind leider keine singulären Einzelfälle mehr. Das wiederum legt nahe, dass das, was als individuelle Schlamperei und Nachlässigkeit erscheinen mag, systemisch vielleicht vorrangig mit der quantitativen Überlastung und Überforderung unserer Gerichte zu tun haben mag.

Der in Bezug genommene Vorsitzende Richter am Landgericht ist diesbezüglich insofern quasi »rehabilitiert«, nachdem es ein anderes Landgericht im April 2020 sogar fertigbrachte, ein Versäumnis*urteil* zu erlassen im Fall einer Klage, bei der es zuvor selbst Fristverlängerung gewährt hatte. Hatte man dort eine juristische Zeitmaschine zur Umkehr der physikalischen Wirkungszusammenhänge von Zeit und Raum?

Die gute Nachricht zum Thema Rechtsstaat ist, dass auch der (erst-) genannte Beschluss, der von der Kammer vor Ablauf der selbst gesetzten Fristverlängerung getroffen wurde, niemals Rechtswirkung entfaltete, geschweige denn Rechtskraft erhielt, ebenso wie das vom zuständigen Oberlandesgericht aufgehobene Urteil in dem anderen Verfahren. Im Ergebnis hat der Rechtsstaat also beide Male funktioniert.

Und doch mutet es verstörend an, dass derartige Abläufe, die letztlich aus Leichtigkeit oder Oberflächlichkeit zu resultieren scheinen, überhaupt möglich sind. Was würden wir sagen, wenn ein Pilot die Landeklappen ausfährt, bevor er zum Start ansetzt? Was würden wir sagen, wenn die Flugbegleiterinnen die Türen zum Verlassen des Flugzeuges schon vor dem Landeanflug noch in voller Flughöhe öffnen wollten? Und wie gehen wir damit um, wenn der falsche Zahn aufgebohrt oder irrtümlich statt des verletzten Auges das gesunde operiert wird?

# Sichere Flüge in großer Höhe ohne hohe Rechtssicherheit?

Wir müssen von jeder Richterin und jedem Richter, von jeder Staatsanwältin und jedem Staatsanwalt nicht nur Neutralität, sondern auch große Sorgfalt, hohe Präzision und angemessene Befassungsintensität erwarten können. Aber wir müssen umgekehrt als Gesellschaft auch bereit sein, den Damen und Herren Rechtsanwendern angemessene Ressourcen bereitzustellen. Wenn wir zulassen, dass die Justiz überlaufen und überrannt wird, und die Politik den Justizapparat gleichzeitig budgetär vernachlässigt und nicht mit hinreichenden finanziellen und personellen Mitteln ausstattet, dürfen wir uns nicht wundern, wenn Flüchtigkeitsfehler zunehmen. Richterinnen und Richter sind auch nur Menschen.

Und genau so, wie ein sicherer Flugverkehr in Zeiten zunehmenden Flugaufkommens (wie wir sie zumindest vor Corona sehr nachhaltig hatten und auch nach Corona perspektivisch wieder haben werden) angemessener Investitionen in technische Infrastruktur und hinreichender Anzahl hoch qualifizierter und hoch aufmerksamer, nicht übermüdeter Fluglotsinnen und Fluglotsen bedarf, muss auch das fehlerfreie Funktionieren des Rechtsstaats angemessen finanziert, technisch untermauert und durch hinreichende Personalressourcen ermöglicht werden. Das ist eine wichtige politische Kernaufgabe – und als Wahlkampfthema vielleicht wichtiger als Frauenquote, Mütterrente oder PKW-Maut.

Rechtsstaat ist insofern wie Luftverkehr, und Rechtssicherheit so wie sichere Flüge: Mehr Sicherheit heißt bei beidem auch mehr Geld und mehr Personal. Wer Rechtsstaatlichkeit will, darf nicht am Justizbudget sparen. Nur, weil Richterinnen und Richter nicht lautstark demonstrieren oder protestieren, geschweige denn streiken, dürfen wir ihre berechtigten Bedürfnisse hinsichtlich finanzieller Mittel, personeller Ressourcen und technischer Ausstattung doch längst nicht ignorieren.

Wir müssen endlich lernen, in den und in die gesellschaftlichen Prozessketten vorn zu investieren, statt hinten zu reparieren. Es ist besser, angemessene Mittel in Kindergärten, Schulen, Universitäten, neue Technologien und Arbeitsplätze der Zukunft zu investieren und so Arbeitslosigkeit schon im Ansatz zu vermeiden, als dann, wenn diese Prozesskette mangels hinreichender Ressourcen nicht funktioniert hat, das Geld in

Hartz-IV oder andere Sozial- oder Transferleistungen stecken zu müssen. Und genauso ist es in entsprechender Analogie auch besser, frühzeitig in den Erhalt und die Qualität des Rechtsstaats und seiner Institutionen zu investieren, statt seinen schleichenden Verfall zu beobachten und miterleben zu müssen. Kein Richter und keine Richterin dürfen aus Ressourcengründen gezwungen sein, komplexe Aktenkonvolute in Minuteneile oder gar Sekundenbruchteilen verinnerlichen zu müssen. An keinem Ort unserer Republik.

## 900 000 Euro Geld- oder vielleicht doch besser Todesstrafe?

Das für Gerichte, Richterinnen und Richter Gesagte gilt in Analogie weitgehend auch für Staatsanwaltschaften, Staatsanwältinnen und Staatsanwälte. Auch sie haben eine fundamental bedeutsame Aufgabe im und für unseren Rechtsstaat – auch wenn die meisten Bürgerinnen und Bürger hier sicherlich etwas mehr Distanz bevorzugen und mit staatsanwaltschaftlichen Ermittlungsverfahren im Regelfall verständlicherweise lieber nichts zu tun haben möchten.

Der Schaffung der Staatsanwaltschaften lag im Übrigen in besonderer Weise der Neutralitäts- und Unabhängigkeitsgedanke zugrunde. Sie sollen Bürgerinnen und Bürger nicht etwa (grundlos) »verfolgen«, sondern im Dienste der Allgemeinheit und der Gemeinschaft zur Belastung *und zur Entlastung* potenziell Verdächtiger ermitteln. Letzteres scheint allerdings nicht immer leicht zu fallen, wenn doch am Ende auch Staatsanwältinnen oder Staatsanwälte ein Interesse daran haben (sollen, dürfen oder müssen?), »erfolgreiche« Verfahren zu führen und diese nach Möglichkeit zu »gewinnen«. Und was ist in diesem Sinne ein Erfolg? Hilft etwa eine vollständige Verfahrenseinstellung ohne Geldauflage nach zehnjährigen kostenintensiven Ermittlungsarbeiten karrieretechnisch weiter, auch dann, wenn sie vielleicht sachlich und rechtlich begründet und sogar erforderlich und damit »gerecht« war?

Welche Blüten derartige Aspekte mitunter treiben können, ließ sich nicht zuletzt in dem bereits erwähnten strafrechtlichen Verfahren zum Thema WM-Tickets vor dem Landgericht Karlsruhe erahnen, das nicht nur der Vorsitzende Richter der dortigen Strafkammer als »*exotisch*« empfand und bei dessen mündlicher Urteilsbegründung er im Rahmen seiner Rüge der Staatsanwaltschaft sogar die *hinter den beiden im Gerichtssaal anwesenden Staatsanwältinnen stehende Hierarchie* explizit und expressis verbis ansprach. Staatsanwaltschaften sind eben weisungsgebunden. Und Übereifer ist mitunter ebenso abträglich wie Übervorsicht. Das gilt im Leben ganz generell. Oder auch beispielsweise im Sport. Und auch für Staatsanwaltschaften.

Wie sehr sich die beiden Karlsruher Staatsanwältinnen am Ende verrannt hatten, wurde unter anderem auch durch das von ihnen beantragte Strafmaß von 900 000 Euro (!) Geldstrafe deutlich – nachdem sie zuvor noch für einen kleinen Bruchteil dieses Betrages zur gesichtswahrenden Einstellung des Verfahrens gegen Geldauflage bereit gewesen waren. Der Beschuldigte hatte jedoch einer Verfahrenseinstellung gegen Auflage nicht zugestimmt, weil er unschuldig war und seine Unschuld in keiner Weise relativieren lassen wollte. Er war deshalb nicht bereit, 2500 Euro zu zahlen, und er hätte auch keine 2,50 Euro gezahlt, und zwar nicht einmal dann, wenn die Staatsanwältinnen ihm das Geld geschenkt hätten.

Nach dem ganz persönlichen Eindruck und Empfinden des Angeklagten hätten die beiden Anklägerinnen jedenfalls in den wildesten Vorstellungen später vielleicht auch die Todesstrafe beantragen mögen – wenn es der Strafkatalog des Strafrechts denn irgendwie hergegeben hätte. Aber das ist reine Fiktion. Denn wir waren und wir sind in einem Rechtsstaat.

Dass dieser in Summe mehrheitlich noch gut funktioniert, zeigte sich deutlich auch im Karlsruher Strafverfahren, nicht nur in dem an Klarheit nicht zu überbietenden Freispruch vor dem Landgericht, sondern auch in der Revisionsinstanz vor dem Bundesgerichtshof. Dort plädierten nämlich nicht nur die Verteidiger des bereits in erster Instanz Freigesprochenen, sondern auch die Bundesanwaltschaft auf Verwerfung der Revision der Generalstaatsanwaltschaft.

Das ist im Grunde ein einzigartiger Vorgang: Die Bundesanwaltschaft, die qua Regularien vor dem Strafsenat des Bundesgerichtshofes die Revision der Generalstaatsanwaltschaft gegen den Freispruch vor dem Landgericht vorzutragen hatte, plädierte auf Verwerfung der Revision, da sie offenbar selbst von der Unschuld des Angeklagten überzeugt war. Für die potenziell übereifrigen Staatsanwältinnen der Staatsanwaltschaft

Karlsruhe (und für die Generalstaatsanwaltschaft) war das im Grunde die »*Höchststrafe*«: Die oberste Strafverfolgungsbehörde der Republik hatte sich im Wesentlichen der Rechtsauffassung des Angeklagten angeschlossen – was zumindest indirekt im Übrigen auch Fragen über die Sinnhaftigkeit der Weisungsgebundenheit der Staatsanwaltschaften im Hinblick auf das jeweilige Landesjustizministerium aufwirft.

So wurde der Freispruch vor dem Bundesgerichtshof bestätigt und damit rechtskräftig. »Gewonnen« hatte nicht nur der Angeklagte, sondern vor allem der Rechtsstaat. Und »verloren« hatte nicht nur die Staatsanwaltschaft Karlsruhe, sondern vor allem der Steuerzahler. Aber Rechtsstaatlichkeit ist eben nicht zum Nulltarif zu haben. Schon gar nicht, wenn mitunter Motivation und Einsatzfreude überborden. Tausende Seiten über Monate hinweg »unnötig« aufs ausführlichste gelesener Dokumente können genauso ineffektiv oder unproduktiv sein wie die oberflächliche Beschränkung des Zeiteinsatzes auf 3,6 Sekunden je voller Seite Schriftsatztext. Der erwähnte Vorsitzende Richter einer Kammer für Handelssachen und die erwähnten Staatsanwältinnen befanden sich mithin möglicherweise an verschiedenen Seiten des Kontinuums zwischen (zu) niedriger und (zu) hoher Motivation und Einsatzbereitschaft für ihre jeweilige Aufgabe.

## »Du Idiot hast meine Tasche durchsucht!«

Eine zu geringe Eifrigkeit bei seinen Strafverfolgungsaktivitäten konnte man auch nicht einem der Strafverfolgungsbeamten vorwerfen, die der seinerzeitige Angeklagte später bei einer Hausdurchsuchung im Kontext eines ganz anderen Verfahrens an einem ganz anderen Ort erlebte. Dass er auch hier unschuldig war und ist, sei lediglich der guten Ordnung halber erwähnt, spielt für den nachfolgend zu schildernden Vorgang jedoch eine nachrangige Rolle.

Während der Hausdurchsuchung schrie einer der Durchsuchenden, der offenbar eine Kopie des Durchsuchungsbeschlusses gefunden hatte und somit annahm, dass der Verdächtige zuvor gewarnt worden war, plötzlich laut auf: »Verdunkelung!« Und (scheinbar erfreut?): »Wir haben ihn!« Dazu muss man wissen, dass Verdunkelungsstraftaten und auch bloße Verdunkelungsgefahr oftmals ein Grund für Untersuchungshaft sein können und auch sind. Der keineswegs vorab über die anstehende Maßnahme informierte »Durchsuchte« war insofern entsetzt. Doch auch diesbezüglich funktionierte der Rechtsstaat. Sofort. Durch Ehrlichkeit. Ein anderer Beamter im selben Raum entgegnete nämlich unverzüglich: »Du Idiot hast meine Tasche durchsucht!«.

Nicht weniger verblüfft war der Leiter der etwa zehnköpfigen Durchsuchungsmannschaft, als er auf die damals noch kleine Tochter des Verdächtigten traf. Diese war glücklicherweise nicht traumatisiert, sondern reagierte mutig und entschlossen: Sie trat aus ihrem Zimmer, verschloss die Tür, nahm den Schlüssel in ihre rechte Hand, verschränkte ihre Arme und ließ den verdutzt vor ihr stehenden Staatsanwalt wissen: »*In mein Zimmer kommst du nicht.*« Wozu auch? Dort befanden sich lediglich Kleidung und Spielsachen und keine Geheimunterlagen oder Schusswaffen. Und Kleidung und Spielsachen waren durch den – im Übrigen allein schon hinsichtlich der zeitlichen Zuordnung offenkundig fehlerhaften – Durchsuchungsbeschluss ohnehin nicht gedeckt.

Irren ist menschlich, und Fehler kommen überall vor. Jeden Tag, an jedem Ort, bei jedem von uns. Und naturgemäß eben auch bei Staatsanwaltschaften und deren Ermittlungen. Dabei kann übermäßig anmutende Passivität ebenso auftreten wie schwer nachvollziehbarer Verfolgungseifer. *Beide* Autoren haben beide Enden des Kontinuums schon aus eigener Anschauung erlebt.

So war der Nichtjurist unter den Autoren auch Beschuldigter einer Ermittlung, in deren Verlauf es nicht nur zu teilgeschwärzten Ermittlungsakten und einer Telefondatenerhebung infolge Personenverwechslung kam, sondern an deren Ende die ermittelnde Staatsanwältin die Staatsanwaltschaft verlassen musste, nachdem der zu Unrecht Beschuldigte öffentlich einen (für das dortige Volk unfairen) Vergleich mit dem Kongo gezogen hatte. Auch hier hat der Rechtsstaat also am Ende funktioniert, und das Verfahren gegen ihn wurde – selbstverständlich ohne Auflage! – eingestellt, mittels eines analytisch exzellenten Einstellungsvermerks.

Umgekehrt hat derselbe Autor auch Kenntnis eines Vorgangs, zu dem der Rechtsvertreter der Anzeige erstattenden Partei feststellte, dass er – der ausgewiesene Strafrechtler – wenn er denn einmal kriminell werden wolle, nunmehr wisse, wo man sich dann am besten niederlassen solle, um weitgehend risikofrei agieren zu können, und schriftlich ernüchtert festhielt: »*Als Verteidiger wünscht man sich natürlich eine StA wie die in [..], die ohne irgendwelche Ermittlungen in Angriff zu nehmen die Akte auf das schlichte pauschale Bestreiten des Beschuldigten hin sofort zuklappt.*«

Und wenn Staatsanwaltschaften oder Generalstaatsanwaltschaften aus welchen Gründen auch immer nicht tätig werden wollen, dann kann man dagegen nur vergleichsweise wenig tun. In Berlin gab es, wie sich aus der Antwort auf eine kleine Anfrage im Abgeordnetenhaus ergibt, in den letzten 20 Jahren bei durchschnittlich 110 Verfahren im Jahr nicht einen einzigen erfolgreichen Klageerzwingungsantrag, durch den staatsanwaltschaftliches Handeln veranlasst worden wäre. Hier gilt vielleicht die berühmte Aussage eines Richters an einem Oberlandesgericht, wonach ein Klageerzwingungsantrag umso unzulässiger ist, je begründeter er erscheint. Oder die Aussage eines Landesverfassungsrichters, der nach eigenem Bekunden »seit Jahren auf eine Verfassungsbeschwerde« wartet, »die Anlass zu einer Korrektur des Zulässigkeitsirrsinns bieten könnte«.

Da die Staatsanwaltschaften der Objektivität verpflichtet sind und selbstverständlich auch zur Entlastung Verdächtiger, Verdächtigter oder Angezeigter ermitteln sollen, ist es allerdings im Grunde ausdrücklich zu begrüßen, wenn grundsätzlich Ausgewogenheit und Fingerspitzengefühl statt Übereifer und Verfolgungslust vorherrschen. Hohe Befassungsintensität muss sich nicht in hohem Verfolgungseifer ausdrücken, sondern kann gerade auch in der Nichteinleitung oder der Einstellung nicht begründeter Ermittlungsverfahren liegen. Vermeintliche »Passivität« kann mithin sehr wohl Ausdruck sorgfältiger Beurteilung und angemessener »Befassungsaktivität« sein.

Zu geringe Befassungsintensität oder gar Gleichgültigkeit gegenüber vermeintlich »großen« Themen lässt sich dem folgenden Beispiel keineswegs entnehmen: In einem der letzten heißen Sommer hatte der Landgerichtspräsident unter den Autoren angeordnet, dass den Mitarbeiterinnen und Mitarbeitern des Landgerichts während ihrer Arbeitszeit unentgeltlich Wasser zur Verfügung gestellt werden soll. Es gab und gibt im Allgemeinen – klimaschutztechnisch vermutlich zu Recht – keine Klimaanlagen in den Gerichten. Die Mitarbeiterinnen und Mitarbeiter sitzen teilweise bei mehr als 30 Grad Raumtemperatur in ihren Büros und müssen dann trotz großer Hitze mit kühlem Kopf die Gewährung der Rechtspflege garantieren. Was spricht also dagegen, Wasser zur Aufrechterhaltung der Arbeitskapazität der tüchtigen Mitarbeiterinnen und Mitarbeiter zur Verfügung zu stellen?

Ganz einfach: Ein Prüfbericht des Landesfinanzministeriums anlässlich einer Geschäftsprüfung der Ausgaben des Landgerichts, der sinngemäß Folgendes sagt: »*Es gibt keine Rechtsgrundlage dafür, die eigenen Mitarbeiter und Mitarbeiterinnen mit Wasser auszustatten. Das ist zu beanstanden.*« Es folgte daraufhin ein mehr als einjähriges Ermittlungsverfahren wegen Haushaltsuntreue zunächst gegen Unbekannt und später gegen den Präsidenten des Landgerichts und andere enge Mitarbeiterinnen seiner Verwaltung. Dieses Ermittlungsverfahren wurde im Ergebnis wegen Geringfügigkeit eingestellt. Allerdings waren der Verfahrenseinstellung zunächst Durchsuchungen (!) der Verwaltungsabteilung des Landgerichts und die Beschlagnahme von Akten vorausgegangen. Ein bemerkenswerter Einsatz von Steuergeldern, um eine Finanzierung von Trinkwasser in Hitzezeiten strafrechtlich zu sanktionieren.

## Irren ist menschlich

Wir sollten dabei – trotz ihrer mitunter etwas abschreckenden und Furcht einflößenden Berufsbezeichnung – nicht vergessen: Auch Staatsanwälte und Staatsanwältinnen sind (ebenso wie auch Richterinnen und Richter) nur Menschen. Dabei sei ausdrücklich wiederholt: Irren ist menschlich. Und niemals komplett vermeidbar. Doch was die angeführten Beispiele und Anekdoten veranschaulichen mögen, ist, wie leicht und wie schnell mitunter Fehler entstehen oder begangen werden können – und wie sehr und wie schwer selbst kleinste Fehler bei der Rechtsanwendung mitunter möglicherweise wiegen und sich auswirken mögen.

So, wie der Pilotenfehler für viele Menschen tödlich sein kann, kann der Fehler bei Strafverfolgung und Rechtsprechung etwa zu unbegründeter Untersuchungshaft oder wirtschaftlicher Vernichtung der Existenz führen – und in so manchem Land sogar zur Hinrichtung Unschuldiger. Richter und Staatsanwälte können für unser Leben offenkundig eine ebenso vitale und existenzielle Bedeutung haben wie Piloten oder Ärzte.

Dessen sollten wir alle uns jederzeit bewusst sein – und die entsprechenden Organe der Rechtspflege umgekehrt auch. Im Sinne wechselseitigen Respektes und beiderseitigen Selbstrespekts.

Der Präsident der Medizinischen Hochschule Hannover, Professor Michael P. Manns, eine der menschlich und fachlich herausragenden Persönlichkeiten unserer Zeit, sagte zu einem der Autoren dieses Buches während dessen Entstehung etwas mehr als Bemerkenswertes: Es sei ein großes *Privileg*, dass man als Arzt dem Patienten so nahekommen dürfe, über ihn womöglich mehr wisse als er selbst und noch dazu für seine Zukunft, seine Gesundheit – und womöglich seinen Tod – Verantwortung trage. Für dieses Privileg müsse man *dankbar* sein; und deshalb müsse man dem Patienten auch stets mit *Demut* begegnen.

Richterinnen und Richter sind in exakt diesem Sinne in einer unfassbar privilegierten Situation. Sie sind nicht nur der vermeintlich unabhängigste Berufsstand der Gesellschaft. Als Rechtsanwender sind sie im Hinblick auf den Rechtsstaat und das friedliche Miteinander der Gesellschaft letztlich die höchste und wichtigste Instanz, quasi als Hüter unseres höchsten *kollektiven* Gutes. Zugleich liegt potenziell immer auch unser *individuelles* Schicksal und Wohlergehen in ihren Händen, da wir nie wissen können, was der nächste Tag bringt.

Entsprechend bewusst und behutsam müssen sie mit ihrer großen Verantwortung umgehen. Und entsprechend wichtig ist eine *verlässliche* und nach Möglichkeit *einheitlich* hohe Qualität der Rechtsprechung in unserem Land, das sicher auf die große und wahrscheinlich sogar auf die überwältigende Mehrzahl seiner Richterinnen und Richter sehr stolz sein kann. Doch langfristiger und nachhaltiger Erhalt von Qualität bedarf auch angemessener Qualitätssicherung und entsprechender Qualitätssicherungssysteme. Das gilt auch für die Justiz.

## Richternachwuchs, Nachwuchsrichter

Der demografische Wandel hat jedoch auch in der Justiz inzwischen dazu geführt, dass sie den Kampf um die besten Nachwuchskräfte nicht mehr durchgängig gewinnen kann. Dabei stellt sich immer die Frage: Was ist eine gute richterliche Nachwuchskraft? Was ist eigentlich die Aufgabe von Richterinnen und Richtern, und wie spiegelt sich das gesellschaftlich wider? Eine gute Richterin, ein guter Richter sollte die Lebenswirklichkeit unserer Gesellschaft in ihrer Komplexität unter die materiellen Gesetze subsumieren können. Das setzt aber voraus, dass man die Lebenswirklichkeit begreift und aus einer gesellschaftlichen Realität ableitet, die nicht immer etwas mit der eigenen Entwicklung und Sozialisation zu tun haben muss, die sehr häufig nur von eingeschränkten Sichtweisen ausgeht.

In den zurückliegenden Jahren standen der Justiz in diesem Sinne immer ausreichend gut qualifizierte junge Juristinnen und Juristen zur Verfügung. Dadurch aber, dass die Anzahl der Nachwuchskräfte auch bedingt durch schwächere Geburtenjahrgänge zurückgeht und der Markt für juristischen Nachwuchs immer härter umkämpft wird, sind Veränderungen unbestreitbar und für die Justizverwaltung auch bereits sichtbar.

Zudem steht das Justizsystem in Deutschland vor einem historischen Umbruch: In den kommenden zehn Jahren gehen bis zu 60 Prozent der Richter und Staatsanwälte bundesweit in den Ruhestand. Besonders betroffen sind dabei die neuen Bundesländer. Der altersbedingte Abbau wird die Justiz in den kommenden Jahren vor erhebliche Probleme stellen und die Funktionsfähigkeit des Rechtsstaats unter Umständen qualitativ in Gefahr bringen können.

Kritisch ist, dass die Justiz für die Generation der jungen Juristinnen und Juristen nicht mehr die erste Anlaufstelle ist. Justiz, wie die öffentliche Verwaltung insgesamt, wirbt seit Jahren mit der Vereinbarkeit von Familie und Beruf. Hierauf haben sich mittlerweile auch Unternehmen und Anwaltskanzleien eingestellt und bieten vergleichbare Modelle an. Ganz entscheidend ist aber das Gehalt. Die Verfasser sind weit davon entfernt zu behaupten, dass die jungen Nachwuchsjuristinnen und -juristen in der Justiz im Vergleich zu anderen herausgehobenen Berufen in der öffentlichen Verwaltung nicht angemessen alimentiert wären. Doch gegenüber den Einkommenszusagen der Wirtschaft oder von Großkanzleien ist die Justizbesoldung fast ein Witz: Große Anwaltskanzleien locken die besten Absolventen mit einem Einstiegsgehalt von 120 000 bis 150 000 Euro pro Jahr, Spitzenanwälte berechnen *Stunden*sätze bis zu 1000 Euro – währenddessen der frisch eingestellte Assessor in der Justiz im Durchschnitt nicht mehr als 55 000 Euro *pro Jahr* verdient.

Das alles hat zur Folge, dass mittel- und langfristig die Qualität der Rechtsprechung insoweit leiden könnte, als die Einstellungsvoraussetzungen, die sich immer auch an den Examensnoten orientierten, nach unten korrigiert werden müssten.

Man kann diese Entwicklung natürlich nur bedingt beeinflussen. Justizverwaltung und Rechtspflege müssen aber für die Attraktivität des Berufs als Richterin und Richter oder als Staatsanwältin und Staatsanwalt werben – und zwar in jeder Lage und zu jeder Zeit. Ansonsten droht der Justiz ein Dequalifizierungsprozess, wie ihn die Politik in Teilen schon sichtbar erlebt hat.

Geld ist für die Ausübung eines Berufes nicht alles. Was zählt, sind Zufriedenheit und Ausgeglichenheit, im Richterberuf gepaart mit einer einzigartigen Unabhängigkeit und wohl auch angemessener familiärer Vereinbarkeit. Diese Vorteile zu kapitalisieren, wiegt vieles auf. Das muss allerdings nachhaltig kommuniziert werden. Und – das sagt ausdrücklich der Nicht-Richter unter den Autoren, dem man insofern keine Interessenleitung nachsagen kann – die Richterbesoldung muss auf ein wettbewerbsfähigeres Niveau gehoben werden – ebenso übrigens wie ganz besonders die der Polizistinnen und Polizisten, die ebenfalls als Hüterinnen und Hüter des Gesetzes einen unfassbar großen Beitrag zu unserem Rechtsstaat, seiner Sicherung und seinem Erhalt, und zwar mitunter unter wahrlich nicht vergnügungssteuerpflichtigen Bedingungen, leisten. Niemand soll vorrangig mit Geld in einen Beruf gelockt oder für eine Stelle geködert werden. Aber wer den Rechtsstaat als höchstes gemeinschaftliches Gut versteht und erhalten will, muss denen, die ihn leben und mit Inhalt füllen sollen, nicht nur ein technisch und ressourcenseitig angemessenes Arbeitsumfeld bieten, sondern auch ein angemessenes Gehalt zahlen wollen. Nicht mehr und nicht weniger. Auch hier gibt es offenkundig Handlungsbedarf.

# KAPITEL 9

# DIE »FÜNFTE GEWALT« – DIGITALISIERUNG ALS BEDROHUNG UND CHANCE FÜR DEN RECHTSSTAAT

ÜBERLASTET, ÜBERFORDERT, ÜBERRANNT – der Rechtsstaat stößt, wie die vorangegangenen acht Kapitel und der Prolog aufs Deutlichste gezeigt haben sollten, kapazitativ und damit auch qualitativ an seine Grenzen. Folglich liegt es nahe, *Effizienz und Effektivität* des Rechtsstaats und seiner Institutionen, insbesondere auch der Rechtsanwender und der Rechtsanwendung, nachhaltig zu erhöhen. Dabei ist der offenkundige Weg, auf dem Effizienz und Effektivität überall in unserer Gesellschaft erhöht werden, die Digitalisierung.

Die schier unfassbaren Effizienzpotenziale der digitalen Welt werden deutlich, wenn man sich vergegenwärtigt, welch unglaubliche Fortschritte allein in den vergangenen drei Jahrzehnten im Hinblick auf die Erhöhung der Leistungsfähigkeit und die Senkung der Kosten entsprechender technischer Endgeräte erreicht worden sind. Hätten die Smartphones der neuesten Generation etwa im Hinblick auf die Speicherfähigkeit noch denselben Preis pro Bit oder Byte, der für die ersten Desktop-Computer privater Nutzung zu entrichten war, dann müssten wir nicht rund *eintausend*, sondern annähernd *eine Milliarde* Euro für unser Spitzen-Handy zahlen – eine wahrlich verwegene Vorstellung.

Die Digitalisierung kann (und muss) – wie im Grunde in allen gesellschaftlichen Bereichen – zweifelsfrei zu einer Erhöhung der Leistungsfähigkeit auch des Justizapparates sowie der Effizienz auch der Rechtsanwendung wichtige Beiträge leisten, quasi als Unterstützungsfunktion der Judikative als »Dritter Gewalt«.

Doch es gibt noch mehr Gründe, sich im Rechtsstaatskontext mit den Welten von Bits und Bytes zu befassen: Als quasi eigenständige »Fünfte Gewalt« stellen diese nämlich durchaus auch eine Herausforderung und ausdrücklich auch eine Gefahr für die konstitutionellen drei Gewalten dar.

## Das Grundproblem der digitalen Manipulation von Dokumenten und Bildern

Betrachtet man die konkreten Herausforderungen und Gefahrenpotenziale, die sich aus der Digitalisierung für den Rechtsstaat ergeben, dann liegt zunächst die digitale Manipulation von Dokumenten als offenkundiger Problembereich auf der Hand. Das entsprechende Manipulationsrisiko betrifft offenkundig Texte, aber auch »Bilder« jeglicher Art.

Im Heft Nummer 24.2018 des renommierten Magazins *Die Wirtschaftsprüfung* – kurz *WPg* – ist auf den Seiten 1543 bis 1550 als Titelaufsatz eine spannende Abhandlung von Prof. Dr.-Ing. Martin Steinebach und Christian Winter, zwei Wissenschaftlern am Fraunhofer Institut für Sichere Informationstechnologie (SIT) in Darmstadt, erschienen, wo der Erstautor »Head of Media Security and IT Forensics (MSF)« ist, und dies unter dem Titel: »Wie lässt sich eine Manipulation von Dokumenten und Bildern erkennen?« [78]

Die Autoren zeigen in beklemmender Offenkundigkeit auf, wie etwa Schadensfotos manipuliert, Briefköpfe ausgetauscht oder Buchungsdaten gefälscht werden (können)[79], und schlussfolgern einleuchtend: »Die forensische Suche nach Spuren von Manipulationen erfordert detaillierte Fachkenntnis (...).«[80]

Es wird bereits hier deutlich, dass allein schon im digital-virtuellen Kontext die Sicherstellung angemessener Rechtsstaatlichkeit zunehmend digital-forensischer Fachkenntnis bedürfen wird. Vermutlich werden wir dereinst digitale Forensikexperten als Kammermitglieder so selbstverständlich benötigen wie heute ehrenamtliche Handelsrichter. Möglicherweise ist dies eigentlich – weitgehend unerkannt – bereits der Fall.

Doch damit nicht genug: Der genannten Titelfrage ist gleich noch eine weitere hinzuzufügen: Wer ist eigentlich eher in der Lage, digitale Manipulation zu erkennen: der Mensch oder der Roboter?

Und was könnte das dann für die Justiz bedeuten? Brauchen wir mehr künstliche Intelligenz zur Sicherstellung rechtskonformen menschlichen

Verhaltens und zur Sanktionierung von Rechtsverstößen? Oder kann doch nur menschliche Kompetenz digital-virtuellen Missbrauch verhindern? Und falls ja: wie?

## »Deep-Fake« als Extremform digitaler Manipulation sogar bewegter Bilder

Wie schutzbedürftig das Recht und seine Durchsetzung, der Rechtsstaat und seine Funktionsfähigkeit sowie die Rechtsstaatlichkeit und ihre Dauerhaftigkeit sind, belegt das folgende Beispiel, das zugegebenermaßen etwas extrem anmutet, aber in Wirklichkeit möglicherweise nur die Spitze eines Eisberges darstellt: das Beispiel der unfassbaren Erlebnisse einer international preisgekrönten indischen Investigativjournalistin, die unter anderem auch für die *Washington Post* schreibt, mit dem Thema »Deep-Fake«.

Am Samstag, dem 24. November 2018, erschien bei *FOCUS Online* ein von Rana Ayyub unter dem Titel »*Ich wurde Opfer eines gefakten Pornos – weil man mich zum Schweigen bringen wollte*«[81] veröffentlichter, geradezu aufwühlender Artikel, der zuerst in der *HuffPost India* erschienen war und von Sandra Tjong übersetzt und von Lucy Pasha-Robinson protokolliert wurde. Frau Ayyub, die nach verschiedenen politisch heiklen Posts mittlerweile sehr reale und tangible Todes- und Vergewaltigungsdrohungen – sogar unter Anspielung auf eine im Jahr 2017 tatsächlich ermordete Journalistin und Landsfrau – erhielt[82], sei im Kontext virtueller Manipulation nachstehend auszugsweise wörtlich zitiert, um der Ungeheuerlichkeit des Vorganges angemessen Rechnung zu tragen und der Autorin den ihr hier gebührenden besonderen Respekt für ihren Mut entgegenzubringen:[83]

»*Ich wurde von Anfeindungen überschwemmt. (...) Was er mir schickte, war ein Pornovideo – und die Frau darin war ich. (...) Es handelte sich um ein sogenanntes Deepfake-Video, eine Manipulation von Aufnahmen durch Algorithmen. Eine Manipulation, die täuschend echt wirkt. Ich musste mich übergeben. (...) Alle teilten das Video. (...) Ich konnte mein Gesicht in der Öffentlichkeit nicht mehr zeigen. Alles was ich sah, war Erniedrigung. Ich war einem Lynchmob in Indien ausgesetzt. (...) Am nächsten Tag veröffentlichten sie im Internet meine persönlichen Daten. (...) Ich wurde mit Herzrasen und*

*Angstattacken ins Krankenhaus gebracht (...). Das ganze Land sah ein Pornovideo, angeblich mit mir (...) Ab dem Tag, an dem das Video veröffentlicht wurde, war ich nicht mehr die gleiche Person.«*

»Deep-Fake« – der dazu führte, dass die Attackierte »*nicht mehr die gleiche Person*« war. Unfassbar. Und das ist eben vermutlich nur die alleroberste winzige Spitze eines gewaltigen Eisberges. Des globalen Eisberges der Welt von Korruption, von Manipulation und von Rufmord als Geschäftsmodell. Womöglich nur ein kleiner Vorgeschmack auf das, was künftig noch alles technisch möglich werden und den Rechtsstaat vor Herausforderungen stellen wird.

Wir wollen uns hier keineswegs in innerindische politische Angelegenheiten einmischen, zu denen wir naturgemäß auch gar nicht urteilsfähig wären. Dieses Beispiel aus Indien zeigt jedoch in sehr drastischer Form Risiken, Komplexitäten, Herausforderungen, Abwegigkeiten und Abartigkeiten der nahezu unkontrollierten technischen Möglichkeiten und globalisierten Digitalisierung – gerade auch im Kontext von Recht, Rechtsprechung und Rechtsschutz. Und es lädt natürlich ein, darüber nachzudenken, was alles »Deep-Fake« sein und wozu »Deep-Fake« benutzt werden sowie was noch zu und zu was »Deep-Fake« noch werden könnte:

- »Deep-Fake«-Schriftsätze? Gibt es die nicht schon längst? Wird nicht schon längst kaum irgendwo mehr »gefaked« als von einzelnen Prozessbeteiligten in der Zivilgerichtsbarkeit?
- »Deep-Fake«-Beweise? Ist es nicht auch hier schon längst Realität, dass Beweismittel – zumindest mitunter – tollkühn »gefaked« werden? Doch was passiert, wenn aus »Fake« »Deep-Fake« wird und die letzten Grenzen verschwimmen?
- »Deep-Fake«-Urteile? Die mag man sich nicht wirklich vorstellen wollen. Doch wie sind solche manipulativen Konstrukte oder Manipulationsergebnisse am ehesten zu vermeiden?
- »Deep-Fake«-Roboter-Richter oder -Richter-Roboter? Eine zunächst einmal eher schauerlich anmutende Vorstellung, fürwahr. Aber ist nicht auch »1984« längst übertroffen?
- Vielleicht sogar »Deep-Fake«-Prozessbeteiligte?
- Und wird der Richter aus Fleisch und Blut oder der algorithmen-gefütterte Richter-Roboter solchen Fake eher erkennen? Brauchen wir

vielleicht sogar virtuelle Richter, um uns vor digitaler Fälschung zu schützen, oder brauchen wir – im wahrsten Sinne des Wortes – doch eher »humane« Richter, um uns vor einer virtuellen Justiz zu schützen?

## »Dauer-Fake« als gelebte und erlebte Realität der digital-virtuellen Welt

Dabei geht die bereits erlebte und täglich erlebbare Realität sogar deutlich über das hinaus, was die Fälschung einzelner Dokumente oder Bilder oder auch die Manipulation ganzer Videofilme in der »Deep-Fake«-Welt zunächst als einmalige oder zumindest eher eine Ausnahme darstellende Ereignisse erscheinen ließe. Im Grunde leben wir bereits in einer Welt des »Dauer-Fake«.

So kann – um ein ganz einfaches Beispiel zu wählen – der Fernsehzuschauer in China bei der internationalen Übertragung eines europäischen Fußballspiels eine ganz andere Werbebotschaft auf der vermeintlich realen Werbebande im Stadion zu sehen bekommen als der, der das Spiel live vor Ort sieht, oder als jener, der es vielleicht über den Live-Stream aus Nordamerika verfolgt.

Doch wir brauchen gar keine multinationalen Multi-Channel-Übertragungstechnologien mit differenzierten oder auch völlig divergierenden Stadionwerbungs-»Multi-Botschaften« auf derselben Popularitäts-Plattform, um das Phänomen des »TV Fake« zu erleben. Jeder »Smart TV« berechnet zur zusätzlichen Schärfe Zwischenbilder, die auf einem firmenspezifischen Algorithmus basieren, sodass das, was der Betrachter am Ende konkret sieht, im Einzelfall davon abhängen kann, ob dem ein Algorithmus des einen oder des anderen Herstellers solcher vermeintlich intelligenten Fernseher zugrunde liegt. Das heißt im Klartext: Schon heute sieht der Fernsehzuschauer eine Bewegung, die möglicherweise in dieser Form so nie stattgefunden hat. Schon das ist sogar im engen Wortsinne »unecht«.

Es ist offenkundig, dass es schier unendliche und unterschiedliche graduelle Abstufungen zwischen »Deep-Fake«, »Fake« und »Entertainment-Fake« gibt.

Das vielleicht beste und anschaulichste Beispiel für den »Dauer-Fake«, dem wir im Grunde rund um die Uhr ausgesetzt sind, uns selbst bereitwillig aussetzen und den die meisten von uns auch aktiv leben und mitgestalten, ist der (Dauer-)Umgang mit den Kamera- und »Selfie«-Funktionen unserer ach so geliebten Smartphones. Heute, in Zeiten von Selfies und Instagram, wird man im Grunde schon als Kind dazu erzogen, sich selbst zu überhöhen. Millionen und Milliarden an digitalen Selbstbildnissen, die in Summe billionenfach in Bruchteilen von Sekunden um den Globus gejagt werden, sind die Folge.

Wem die standardmäßig in den Smartphones vorhandenen Applikationen zur digitalen Nachbearbeitung noch zu wenig sind – wo fängt eigentlich digitale Verfälschung an? –, der kann sich dann aus dem Internet alle nur erdenklichen Formen von Verschönerungs-»Apps« herunterladen, die die Augen größer und strahlender, die Lippen voller oder auch den Teint – je nach asiatischer oder europäischer Präferenz – blasser oder sonnengebräunter erscheinen lassen. So sind auf den Milliarden Smartphones dieser Welt Billionen von »Bildern« gespeichert, die nichts anderes darstellen als Konstrukte digitaler Verfälschung mit dem Ziel der Selbstillusion oder der sozialverträglichen »Täuschung« von Freund und Feind – nichts anderes also als die konsequente und ins Virtuelle projizierte Fortschreibung des Trends von Brust-, Testikel- oder Wadenvergrößerungen oder der routinemäßigen Gesichtskorrektur zum Geburtstag des national definierten gesetzlichen Mindestalters.

Doch wo »Dauer-Fake« selbst im vermeintlich harmlosesten Kontext zur gelebten und erlebten Realität der digital-virtuellen Welt wird und wenn selbst im liebevoll gestalteten digitalen oder digital erstellten Kinderfotoalbum kaum noch ein einziges Bild die unbearbeitete Realität widerspiegelt: Wie sollen Richter und Gerichte dann noch zwischen »wahr« und »unwahr«, zwischen »zutreffend« und »unzutreffend« beziehungsweise zwischen »echt« und »unecht« oder gar »falsch«, »gefälscht« oder »manipuliert« unterscheiden?

Wie sollen Richter derart unterscheiden können, wenn sie weder die von Steinebach und Winter postulierte »detaillierte Fachkenntnis«[84] digital-virtueller Forensik besitzen noch routinemäßig ressourcenseitig darüber verfügen können? Doch wie geradezu zwingend erforderlich mag diese digital-forensische Urteilsfähigkeit erst bei Multi-Millionen-

Wirtschaftszivilklagen oder großen Wirtschaftsstrafverfahren sein, wenn im Einzelfall schon der Authentizität des Teenagerfotos im Poesiealbum nicht mehr vertraut werden kann? Und wo liegen da dann die Grenzen zwischen Üblichkeit, Fahrlässigkeit und Vorsatz?

## Digitalisierungsimplikationen als konkret erlebbares Problem in rechtsstaatlichen Verfahren

Doch wir müssen uns gar nicht in den Bereich scheinbar harmlos veränderter oder aber evident maliziös manipulierter oder gefälschter Bilder oder Dokumente begeben, und wir müssen auch nicht nach Indien gehen und uns mit scheinbar extremen Fragen oder Situationen wie den im Kontext »Deep-Fake« geschilderten befassen, um uns vor Augen zu führen, welch gewaltige Herausforderungen die Digitalisierung nicht nur im Rahmen der Manipulation, sondern gerade auch im Rahmen ihrer vermeintlich einfachen »normalen« Anwendung und Nutzung ganz außerhalb jeglicher digital-visuellen Verfälschung für das Recht und die Rechtsprechung und den Rechtsstaat darstellen kann und welche großen Probleme daraus resultieren können.

Einer der Autoren dieses Buches hat selbst erlebt, wie in einem Gerichtsverfahren vor einem – sehr angesehenen und nach seinem persönlichen Empfinden wahrlich exzellenten – deutschen Oberlandesgericht der Streitwert *mehr als vertausendfacht* wurde nach einer durchgeführten *Google-Suche* des zuständigen Senates, die durchaus erstaunliche und damit hinterfragenswerte Ergebnisse zutage gefördert hatte, die von den Richtern aber offenkundig nicht hinterfragt oder infrage gestellt wurden, vielleicht auch gar nicht ohne Weiteres als potenziell hinterfragensbedürftig erkannt werden konnten oder hätten erkannt werden können.

Aber hätten sie nicht eigentlich ganz grundsätzlich infrage gestellt werden *müssen*? Dürfen wir bei den Informationsinhalten des World Wide Web wirklich durchgehend Wahrheit und Wahrhaftigkeit unterstellen? Darf die Justiz solche Inhalte – wie glaubhaft sie auch anmuten oder erscheinen mögen – ungeprüft übernehmen? Ist der Wert irgendeiner Online-Quelle zwangsläufig höher als der eines schmierig handbeschriebenen Notizblockzettels, den man auf dem Gehweg findet?

Es soll hier ausdrücklich und selbstverständlich keine Richterschelte betrieben werden, schon gar nicht im Hinblick auf das betroffene Oberlandesgericht, vor dem der betroffene Autor höchsten Respekt und wo er noch nie ein Verfahren verloren hat – und die dimensional durchaus bemerkenswerte Streitwertfestsetzung hätte ohnehin sicherlich auch ohne Google-Suche so erfolgen können. Aber wenn wir ein so wichtiges und ein so komplexes Thema wie das vorliegende ernsthaft diskutieren wollen, dann müssen wir über konzeptionelle und theoretische Risiken genauso sprechen können wie über reale, empirisch erwiesene und in der Realität bereits eingetretene beziehungsweise stattgefundene Probleme. Und wir müssen die diesbezüglich relevanten Fragen stellen dürfen – auch wenn diese offenkundig und selbstverständlich nicht immer angenehm sein mögen. Selbstredend auch dann, wenn das alles im Einzelfall auch recht unbequem klingen und in der Tat auch sein mag.

Ist es richtig, dass hohe Richter einfache Google-Suchen durchführen? Ja. Es ist wahrscheinlich nicht nur pflichtkonform, sondern bei vielen Themen geradezu oder zumindest nahezu verpflichtend. Insofern sind ein Senat oder eine Kammer, die es versäumen, leicht öffentlich verfügbare Daten sich zugänglich zu machen, sicherlich viel eher zu kritisieren als jene fleißigen und sorgfältigen Richter, die sich einer solchen Mühe unterziehen.

Doch wer sich auf solche öffentlichen Daten dann bei der Rechtsanwendung bezieht, sollte sich auch die Mühe machen müssen, die Korrektheit dieser Daten zu verifizieren und zu validieren. Denn genauso unzutreffend wie die Daten oder Bilder über die gleichermaßen bemitleidenswerte wie bewundernswerte indische Journalistin kann im Grunde auch jede andere Information sein, die dem Netz mehr oder weniger leichtfertig und gutgläubig entnommen wird. Das gilt grundsätzlich auch für jedes rechtsstaatliche Verfahren vor deutschen Gerichten, wenn anständige Richterinnen und Richter sich auf die Richtigkeit einer entsprechenden (potenziell unrichtigen) Information aus dem Internet verlassen.

Die resultierende Schlussfolgerung ist klar: Rechtsanwendung in der digital-virtuellen Welt erfordert neue, klare und nachvollziehbare *Regeln zur Beschaffung, Validierung und Verifizierung* von Informationen, insbesondere auch digitaler Art. Dies ist von geradezu essenzieller Bedeutung nicht nur im Hinblick auf das, was wir unter »*Gerechtigkeit*« verstehen, sondern allein schon im Hinblick auf den fundamental bedeutsamen Grundsatz der *Gleichheit* aller vor dem Gesetz.

## Ohne neue, klare Regeln gefährdet die Digitalisierung die Gleichheit aller vor dem Gesetz

Wer als Verfahrensbeteiligter oder am Ausgang eines Gerichtsverfahrens aus welchen Gründen auch immer monetär oder emotional Interessierter die entsprechende digitale Kompetenz oder finanzielle Potenz hat, ist nämlich offenkundig im Vorteil. Wer über entsprechende finanzielle Ressourcen verfügt, kann über millionenfach gekaufte Klicks in Bangladesch oder auch über digital-robotisierte Beeinflussungsinstrumente das beeinflussen, was ein suchmaschinenorientierter Richter mit hoher Wahrscheinlichkeit zunächst als potenziell verfahrensrelevante Information finden wird.

Eine solche digital-finanzielle oder finanz-digitale Zwei- oder Drei-Klassen-Gesellschaft bei Recht und Rechtsanwendung ist fürwahr eine erschreckende Vorstellung. Deshalb gilt es, mit aller Kraft zu vermeiden, dass das, was einem Mehr an Gleichheit beim Informationszugang dienen sollte – nämlich das Internet und seine Tools und Mechanismen – am Ende zu mehr Ungleichheit im Recht und bei den Chancen der Wahrnehmung von Rechten führt.

Hier geht es um eine wahrlich sehr fundamentale Fragestellung – nämlich nicht nur um die Verzerrung oder Beeinflussung *einzelner* Gerichtsverfahren oder -urteile, sondern vielmehr um die *grundsätzliche* Gleichheit *aller* vor dem Gesetz.

Wird der gesamten digitalen Beeinflussungsbandbreite zwischen »einfacher« digitaler Verfälschung und komplexen Instrumenten und Instrumentarien bis hin zu digital-robotisierten Beeinflussungsinstrumenten nicht effizient und effektiv entgegengewirkt, droht damit ein Grundpfeiler von Recht und Rechtsstaatlichkeit zersetzt zu werden, die ihrerseits als zentrale Säule unser Gemeinwesen tragen und stabilisieren. Wird die Gleichheit aller vor dem Gesetz durch systemische Digitalisierungstrends systematisch infrage gestellt, so ist der Rechtsstaat als Ganzes in Gefahr.

Dabei bedarf es nicht einmal gezielt oder überhaupt manipulierter Daten, Informationen oder Dokumente, um dieses Gefahrenpotenzial zu entfesseln. Selbst das gezielte »Hoch-Pushen« *wahrer* Informationen und *authentischer* Daten mittels der Ausnutzung der Kenntnis der Spezifika der Suchmaschinenalgorithmen in Verbindung mit der entsprechenden finanziellen Potenz führt so faktisch zur Möglichkeit, die Rechtsanwendung und ihre Ergebnisse *massiv zu beeinflussen*. Umso größer, evidenter und zwingender sind Handlungs- und Vorbeugungsbedarf.

Auch vermag es nur wenig zu »trösten«, dass das, was ein fleißiger suchmaschinenaffiner Richter mit hoher Wahrscheinlichkeit zunächst als potenziell verfahrensrelevante Information finden wird, letztlich auch von der von ihm verwendeten Suchmaschine abhängt.

Ein spannendes Thema wäre indes die Frage, welche oder wessen Suchmaschine in der Benutzung welchen Richters in welchem Lande die »besten« oder »gerechtesten« Ergebnisse (bei) der Rechtsanwendung zustande zu bringen beziehungsweise zu katalysieren in der Lage ist – ebenso wie die Frage, ob dies dann Thema einer rechtswissenschaftlichen, sozialwissenschaftlichen oder naturwissenschaftlichen Seminar- oder Doktorarbeit wäre. Die zunehmende Interdependenz und Interdisziplinarität zwischen Rechtswissenschaft, Ökonomie, Mathematik, Informatik und Mustererkennung – vermutlich noch angereichert um Verhaltens- und Neuropsychologie – dürfte spätestens in Zeiten von Globalisierung und Digitalisierung außer Frage stehen.[85]

## Klarere Regeln, einheitliche Rechtsanwendung, veränderte Ausbildung

Es wird klar, dass die Digitalisierung für den Rechtsstaat zusätzliche Möglichkeiten, aber auch erhebliche zusätzliche Probleme und Risiken schafft, die angemessen und vernünftig zu beherrschen etliche Anpassungen, Veränderungen und Normierungen voraussetzen wird. Um eine angemessene Funktionsfähigkeit des Rechtsstaats auch und gerade in Zeiten virtueller Daten- und Kommunikationswelten sicherzustellen, sind wichtige Entscheidungen, Anpassungen und Neufassungen nötig:

- Wir brauchen beispielsweise klarere Regeln dafür, was an Internet-informationen als Beweismittel in staatlichen Gerichtsverfahren zulässig ist und wie es validiert und verifiziert sein muss und auch wie beziehungsweise unter welchen Voraussetzungen solche Beweismittel einzubringen sind. Es kann und darf nicht sein, dass Urteile in ordentlichen Gerichtsverfahren auf einfachen, als »Anlagen« zu Schriftsätzen von Verfahrensbeteiligten eingereichten Screenshot- oder Internet-Ausdrucken basieren oder zumindest faktisch davon beeinflusst werden, die ihrerseits weder im Hinblick auf Authentizität noch im Hinblick auf Wahrheitstreue überprüft worden sind. Ungeachtet der Frage, ob die in der Zivil- und Strafprozessordnung diesbezüglich niedergelegten Regeln hinreichend »klar« zu sein scheinen oder nicht, belegt die höchst uneinheitliche Vorgehensweise in der Rechtsanwendung eindeutigen Handlungsbedarf.

- Wir brauchen insbesondere auch klarere Regeln, wann – und vor allem auch wie! – Rechtsanwender von sich aus Internet-Recherchen durchführen dürfen – oder gegebenenfalls auch müssen – und – das ist auch hier besonders wichtig! – wie die Ergebnisse validiert, verifiziert und bewertet werden müssen. Es kann und darf nicht sein, dass Urteile oder sonstige Beschlüsse in ordentlichen Gerichtsverfahren auf einfachen Internet-Recherchen zuständiger Einzelrichter, Kammern oder Senate basieren oder zumindest faktisch davon beeinflusst werden können, die ihrerseits weder im Hinblick auf Authentizität noch im Hinblick auf Wahrheitstreue überprüft worden sind. Ungeachtet der bereits angesprochenen Frage, ob die in der Zivil- und Strafprozessordnung enthaltenen relevanten Regeln hinreichend »klar« sind, belegen die *eklatanten Unterschiede* und die *exorbitant uneinheitliche* Vorgehensweise in der Rechtsanwendung eindeutigen Handlungsbedarf. So wurde in ein und demselben – bereits zuvor in Bezug genommenen – Zivilverfahren vom zuständigen Oberlandesgericht im Hinblick auf den Streitwert *eigeninitiativ* eine *Google*-Suche durchgeführt, in deren Folge es zu einer *Streitwertvervielfachung um mehr als das Tausendfache* und einer resultierenden *Kostenwirkung von mehr als einer Million Euro* kam, wohingegen das vollstreckungsseitig verantwortliche Landgericht *nicht einmal eine halbminütige Internetrecherche* durchführte, um die *öffentlich abrufbare* Adresse des Erstschuldners zu ermitteln, und die Inkaufnahme von Zustellungskosten in Höhe von *knapp 90 Euro als unzumutbar* empfand, um einen sechsstelligen Betrag zugunsten der Gerichtskasse einzufordern.

- Zudem müssen wir die Digitalisierung (ebenso wie übrigens auch relevante Aspekte der Globalisierung) natürlich deutlich stärker zum Inhalt der juristischen – wie im Übrigen auch etwa der ökonomischen oder politischen – Ausbildung machen, insbesondere ihre in den vorstehenden Kontexten relevanten Tools, Mechanismen, Abläufe und auch Fallen und Fährnisse. Wir müssen mit aller Kraft – und es wird einiger Kraft und großer Sorgfalt bedürfen! – vermeiden, dass Rechtsstaatlichkeit zum Gegenstand und Opfer von »Deep-Fake« wird.

Wir müssen deshalb insbesondere auch darauf achten, dass in einer Welt, in der medial wie digital »Rufmord als Geschäftsmodell« betrieben und feilgeboten wird – übrigens auch in unserem Lande! –, zumindest Rechtsstaat und Rechtsanwender gegen digitale Boshaftigkeit und Böswilligkeit sowie mediale Manipulation so weit wie möglich immunisiert werden.

Es steht insofern zu erwarten – möglicherweise im Sinne angemessener Beweissicherheit sogar zu hoffen –, dass wir dereinst – wie bereits zuvor angedeutet – digitale Forensikexperten ebenso selbstverständlich als Kammermitglieder etwa unserer Landgerichte erleben werden wie heute ehrenamtliche Handelsrichter.

## Digitales Selbstverständnis und Rechtsstaatsverständnis: Wer sind wir und was wollen wir?

Wir haben schon im täglichen Leben und in der gesellschaftlichen Machtstruktur des digitalen Zeitalters eine zunehmende Dichotomisierung zwischen denen, die – naiverweise – die Welt zu beherrschen meinen, weil sie den Touchscreen eines Smartphones halbwegs kompetent bedienen können, und denen, die die wahre Kompetenz hinter der Wisch-Scheibe haben und das entsprechende Macht- und Wohlstandsdifferenzial immer weiter ausbauen. Dies gilt es – wie bereits zuvor deutlich angesprochen – im Rechtsstaat und hinsichtlich der Gleichheit aller vor dem Gesetz so weit wie möglich zu vermeiden beziehungsweise zu neutralisieren. Doch auch damit wäre oder ist es noch nicht getan. Wenn wir den Rechtsstaat sturmfest für die Winde und Böen der Digitalisierung machen wollen, müssen wir uns auch sehr viel grundlegendere Fragen stellen, die mit unserem Leben – und wie dies in Zukunft aussehen soll – ganz grundsätzlich zu tun haben, sowie damit, wie wir uns als Menschen im digitalen Zeitalter überhaupt selbst definieren und selbst sehen wollen.

Sind wir, wie etwa führende Vertreter der voll und ganz auf *Exponentialität* der Digitalisierung ausgerichteten Singularity University in Mountain View es mitunter postulieren,[86] – nur – biologische Roboter? Sind wir, so wie man es etwa den visionären Gedanken von Professor Jürgen Schmidhuber, einem der Väter der *Artificial Intelligence* entnehmen kann, – möglicherweise nur noch? – die Steigbügelhalter eines neuen Lebens der künstlichen Intelligenz, die sich dann in Wellengeschwindigkeit durch das Universum ausbreitet, wobei sich selbst replizierende Roboterfabriken in Asteroidengürteln die Ausbreitung dieses Lebens und unsere intellektuell-vitale Hinterlassenschaft exponentiell potenzieren könnten?[87] Glauben wir im Sinne der digitalen Kraft und künstlichen Intelligenz, dass Algorithmen, Handy-Apps und Roboter mit sehr viel höherer Zielgenauigkeit Krankheiten diagnostizieren können als der gute alte Hausarzt? Oder sehen wir es so wie Kieran Murphy, Professor für interventionistische Radiologie an der Universität Toronto, der den am Krankenbett zuhörenden Arzt alter Prägung auch in der Welt von Bits und Bytes für unverzichtbar hält?[88]

In Analogie zur Rechtsprechung gefragt: Bevorzugen wir künftig Gerichtsverfahren per Algorithmus oder bevorzugen wir den guten alten Richter am Amtsgericht beziehungsweise die gute junge Richterin am Landgericht, der oder die dem Kläger und dem Beklagten sorgfältig zuhört und sich dann ein abgewogenes Urteil bildet – sofern er oder sie denn auch in Zeiten der digitalen Oberflächlichkeit noch zuzuhören bereit ist?

Allein über diese Frage, der wir uns nachfolgend noch nähern wollen, ließe sich sicherlich ein mehrtägiges, vermutlich ein mehrwöchiges Seminar abhalten. Eines steht indes bereits jetzt außer Zweifel: Gerade im

Hinblick auf den zentralen unantastbaren Wert des Rechtsstaats müssen wir bei der Digitalisierung sehr sorgfältig darauf achten und aufpassen, dass das, was eine positive Utopie zu sein schien, nicht zur Dystopie wird, die in manipulierten Algorithmen und dem »Recht des digital Stärkeren« endet – wobei diese Stärke eben finanzieller, machtstruktureller oder intellektueller Art sein kann.

Wie groß diese Gefahr ist und wozu selbst nicht manipulierte Algorithmen führen können, belegt ein gern zitiertes Erlebnis des bereits erwähnten kanadischen Medizinwissenschaftlers:[89] Kurz nachdem er im Internet einen Artikel über eine Frau gelesen hatte, die ihren Mann oder Liebhaber verspeist hatte – und zwar im wörtlichen Sinne! –, erhielt er – Professor Murphy, nicht der Mann! – eine Online-Werbung über »Food Processing Equipment«, Nahrungsmittelverarbeitungstechnik also.

Ehe man sich als Staatsbürger in rechtsstaatlichen Verfahren derartigen Algorithmen oder einem digital programmierten Roboter-Richter oder Richter-Roboter endgültig hingeben und ausliefern mag, vertraut mancher zunächst sicher lieber auch künftig auf den bewährten Richter am Land- oder Oberlandesgericht – selbst dann, wenn man hin und wieder meint, sich ärgern zu müssen, oder im Einzelfall auch schon mal einen Befangenheitsantrag für angemessen oder auch erforderlich hält. Auch die Verfasser dieses Buches teilten (zunächst) durchaus diese Empfindung.[90] Doch – wie wir nachfolgend noch zeigen werden – ist die Sache so einfach nicht, sondern vielmehr höchst komplex und kompliziert.

Intellektuell spannend ist in jedem Falle die Frage, wie denn der Algorithmus aussieht oder aussehen sollte, der sich mit der vermeintlichen »Befangenheit« eines anderen Algorithmus zu befassen hat. Oder auch jene, ob Algorithmen oder juristische Roboter eher als wirklich befangene oder befangene wirkliche Richter ihre eigene Befangenheit zu erkennen und einzuräumen in der Lage wären – im Falle der digitalen Justiz quasi die auf Selbstlernen basierende Selbsterkenntnis der eigenen Fehlprogrammierung. Fürwahr spannend. Intellektuell sogar faszinierend. Und real möglicherweise irgendwo zwischen Perfektion und Albtraum.

Dass derartige Fragen keineswegs abwegig sind oder außerhalb der potenziell zu erwartenden Realität liegen, dass Richter-Roboter ebenso wie auch die »visionärsten« Inhalte der Digital-Medicine-Kongresse der Singularity University keineswegs eine Utopie bleiben müssen, lässt sich erahnen, wenn man sich vergegenwärtigt, dass es bereits seit Längerem mindestens einen Versicherer gibt, der zu der Beurteilung gekommen ist, dass die Auswahl von Kandidaten womöglich besser über Algorithmen als durch Menschen geleistet werden kann, und nunmehr auch entsprechend handelt beziehungsweise – präziser ausgedrückt – maschinell handeln lässt.

Ein angesehener niedersächsischer Chirurg berichtete neulich, er halte es durchaus für möglich, dass seine Arbeit eines Tages vollständig von Robotern erledigt werde – und verwies darauf, dass auch beim CNC Processing Jahrzehnte vorher es niemand für möglich gehalten hätte, dass manuelle Dreh- oder Fräsprozesse dereinst völlig automatisiert werden könnten. Der Operationsroboter nicht mehr – wie bisher – als genial-intuitiver Gehilfe, sondern als Konkurrent? Der Richter-Roboter nicht als nützliches Werkzeug, sondern als Meister der Justiz?

Eine fürwahr verwegene Vorstellung. Doch keineswegs verwegener als die der sterblich-biologischen Steigbügelhalter eines ewigen Lebens artifizieller Intelligenz. Wenden wir uns nun also anhand verschiedener Kriterien der Frage zu, ob algorithmisierte beziehungsweise algorithmische Rechtsanwendung durch den Richter-Roboter eher als Verheißung für den Rechtsstaat oder als ein Horrorszenario zu betrachten und was davon gesamthaft zu halten ist.

# KAPITEL 10

# ROBOTER-RICHTER UND RICHTER-ROBOTER ALS VERHEISSUNG ODER ALS ENDE DES RECHTSSTAATS?[91]

Die Möglichkeiten, Chancen und Risiken der algorithmischen Rechtsanwendung stellen ein Mega- und Meta-Thema der Jurisprudenz, der Justiz und des Rechtsstaats an sich dar. Das, um was es hier geht, nämlich die Auswirkungen einer geradezu unfassbaren Entwicklung im Bereich der Digitalisierung, betrifft unser aller Leben, ja es *ist* mittlerweile in der gelebten Realität im Grunde *unser aller Leben in allen seinen Verästelungen.*

Nachstehend soll der Versuch unternommen werden, die Chancen und etwaigen Vorteile richterlicher Rechtsanwendung durch den Roboter – ebenso wie Nachteile, Grenzen und Risiken – anhand bestimmter naheliegender Kriterien kursorisch zu durchleuchten.

Dabei wird diesseits, in deutlicher Abweichung von etwa der Auffassung des Rechtswissenschaftlers Kotsoglou[92], davon ausgegangen, dass (auch im Hinblick auf Rechtserzeugung, Rechtsanwendung beziehungsweise Rechtsprechung) grundsätzlich *nichts* »schon im Ansatz zum Scheitern verurteilt«[93] ist, dessen Unmöglichkeit nicht sachlogisch zwingend oder aber naturwissenschaftlich, empirisch (oder gegebenenfalls verhaltens- oder neuropsychologisch) bewiesen ist, also auch nicht der »Versuch, der Vision einer computergestützten, automatisierten Rechtserzeugung Gestalt zu geben«[94] – und schon gar nicht der Versuch einer algorithmisierten Rechts*anwendung.* Wie kann überhaupt etwas – noch dazu »schon im Ansatz« – zum Scheitern verurteilt sein, dessen Unmöglichkeit nicht bewiesen wurde?

Dass es im Hinblick auf Machbarkeit und Sinnhaftigkeit (deutliche!) Unterschiede zwischen robotisierter Gesetzgebung und algorithmisierter Rechtsprechung geben kann (und muss), liegt auf der Hand und dürfte keiner weiteren Erläuterung bedürfen – weder im Hinblick auf moralethische Kriterien noch im Hinblick auf Effizienzkriterien oder Fragen etwa der demokratischen Legitimation. Nachstehend sei insbesondere der Bereich der Rechtsanwendung in Bezug genommen.

## Objektivität, Neutralität, Unbefangenheit

Als ein unstreitiger *zumindest potenzieller* Vorteil algorithmisierter Rechtsanwendung dürften die *potenziell höhere* Objektivität, Neutralität und Unbefangenheit von Robotern und robotisierten Abläufen zu betrachten sein – jedenfalls dann, wenn wir zunächst einmal davon ausgehen, dass Computer und Computerprogramme auch in Zeiten sich entfaltender künstlicher Intelligenz unemotional beziehungsweise *emotionslos* bleiben, und wenn wir das Problem der systemischen oder einzelfallbezogenen gezielten Manipulation und Manipulierbarkeit von Algorithmen und ihrer Gestaltung und Programmierung als lösbar betrachten. Ist der Algorithmus interessenseitig unverzerrt und »objektiv«, dann dürfte die algorithmisierte Rechtsanwendung jedenfalls *einzelfallbezogen* sachlogisch grundsätzlich objektiver, neutraler und unbefangener sein als die richterliche Rechtsanwendung, wie wir sie bisher kennen – allein schon deshalb, weil es nahezu unmöglich ist, einen Algorithmus schon im Voraus auf einen späteren – zum Zeitpunkt seiner Gestaltung und Programmierung naturgemäß noch gar nicht bekannten – juristischen Einzelfall hin auszurichten, geschweige denn für diesen Fall manipulativ zu verzerren.

Der algorithmenbasiert handelnde Richter-Roboter oder Roboter-Richter wird jedenfalls schwerlich in einem Strafverfahren oder bei einer Zivilklage gegenüber Angeklagten oder Prozessbeteiligten befangen sein können, bezüglich derer etwaige Anklageerhebung oder Prozessbeteiligung noch gar nicht absehbar waren, als »sein« richterlicher Rechtsanwendungsalgorithmus entstand, gestaltet und umgesetzt wurde.

Zudem ist der Roboter stets so objektiv wie seine Programmierung. Die Objektivität des menschlichen Individuums hingegen kann täglich, stündlich oder sogar sekündlich variieren und eingeschränkt werden – je nach situativen Erlebnissen und momentaner Gefühlslage. Dass ein Richter-Roboter eine Gerichtsverhandlung beispielsweise mit der Frage beginnt »Herr [Mustermann], warum haben Sie eigentlich eine so un-

195

nötige Klage erhoben?«, um dann im Urteil über die Motive der Klageerhebung zu spekulieren und in späteren Verfahrensschritten den Kläger als »Rechtslaien« abzuqualifizieren, dessen Antwort auf die eingangs gestellte Frage ohnehin schon im Ansatz irrelevant gewesen sei, weshalb er sich diese auch nicht habe notieren müssen, ist schwerlich vorstellbar – und zwar sowohl unter Befangenheitsaspekten als auch im Hinblick auf (fehlende) Sachlogik.

Im Hinblick auf Objektivität, Neutralität und Unbefangenheit eröffnet die algorithmisierte Rechtsanwendung mithin jedenfalls einzelfallbezogen deutliche Verbesserungs*möglichkeiten* im Hinblick auf den Status quo. Die potenzielle einzelfallbezogene Befangenheit des menschlichen Richters beziehungsweise der menschlichen Richterin dürfte stets größer sein als die des Roboters oder jene von dessen Algorithmus – kleiner sein kann sie jedenfalls sach- und zeitlogisch unter keinerlei Umständen.

Dabei kann dahingestellt bleiben, ob hinsichtlich der Zielgröße fehlender Befangenheit grundsätzliche Präferenzen zu bestimmten Dingen erlaubt sind oder wären, die auch der algorithmenbasierte Richter-Roboter naturgemäß algorithmen- und programmierungsentsprechend haben könnte. Er wäre nämlich – sach- und zeitlogisch zwingend – stets unbefangen zum konkreten Verhandlungsgegenstand und den konkreten Verfahrensbeteiligten.

Insofern könnte die algorithmisierte Rechtsanwendung durch den Richter-Roboter diesbezüglich in der Tat eine Verheißung sein und zusätzliche Chancen für die Qualität der Rechtsprechung eröffnen, da bei der richterlichen Rechtsanwendung durch den Roboter einzelfallbezogene Befangenheit per se entfällt. Zumindest unter dem Aspekt der Befangenheit wäre jedenfalls der gut konstruierte Roboter dem traditionell-humanen Richter konzeptionell überlegen – und dies umso mehr, je »besser« er programmiert wäre. Ausdrücklich auf Unbefangenheit programmiert müsste er indes nicht einmal sein, um unbefangener sein zu können, wie wir unter sach- und zeitlogischen Aspekten deutlich feststellen konnten.

Ein Weiteres kommt hinzu: Hinsichtlich *aller* in der Literatur diskutierten Urteilsheuristiken und kognitiven Verzerrungen dürfte der algorithmenbasiert-robotisierte dem menschlichen Richter systemisch überlegen sein – jedenfalls bei angemessener und logisch-deduktiv fehlerfreier Programmierung (die allerdings bezüglich einzelner der entsprechenden Effekte diesbezüglich nicht einmal relevant ist):

- Der Ankereffekt wird bei der algorithmisierten Rechtsanwendung allein schon deshalb weitgehend ausgeklammert, weil quasi zeitgleich viel mehr Informationen simultan aufgenommen und verarbeitet werden können.
- Rückschau und Rückschaufehler (Hindsight Bias) spielen für den emotionslosen Richter-Roboter per se keine Rolle.
- Dasselbe gilt für den Similar-to-me-Effekt: Kein Richter-Roboter wird auf die Idee kommen, nach Ähnlichkeiten zu Prozessbeteiligten zu suchen, geschweige sich »unterbewusst« oder »gefühlsmäßig« davon bei der Rechtsanwendung und Urteilsfindung beeinflussen lassen.
- Dasselbe gilt für den »Halo«-Effekt im Positiven wie im Negativen, jedenfalls dann, wenn der Algorithmus des Richter-Roboters nicht gezielt stichwort- oder bildbasiert auf das Erkennen und Bewerten vermeintlicher »Heiligenscheine« oder »Teufelshörnchen« ausgerichtet ist.
- Auch der Confirmation Bias beziehungsweise Bestätigungsfehler spielt für den emotionslosen Richter-Roboter per se keine Rolle, jedenfalls dann, wenn der algorithmenbasierte Roboter-Richter nicht im Sinne selbstlernender Prozesse gerade daraufhin programmiert und ausgerichtet ist, vermeintliche Fehler im eigenen »Handeln« der Vergangenheit zu erkennen, die zugleich auch noch in einer Form sanktioniert werden, die er zu »fürchten« hat.
- Und auch der Verfügbarkeitsfehler beziehungsweise Availability Heuristic wird in der Welt algorithmisierter Rechtsanwendung weitestgehend bedeutungslos, da für den Richter-Roboter schlichtweg sehr viel schneller sehr viel mehr Informationen verfügbar und verarbeitbar sind. Die Probleme von Datenverfügbarkeit, Arbeitseffizienz und Arbeitseifer werden hier ex definitione marginalisiert und treten völlig in den Hintergrund.

In analoger Weise, wie all die genannten vorstehenden Effekte, die zu urteilsverzerrender Wirkung gelangen können, in der Welt zunehmender Komplexität, grenzenloser Globalisierung und hemmungsloser Digitalisierung im Hinblick auf den Richter und die Rechtsanwendung, wie wir sie heute kennen, deutlich verschärft werden, werden sie in der – noch scheinbar (!) fiktionalen – Welt algorithmischer Rechtsanwendung durch den Richter-Roboter entschärft oder sogar irrelevant.

Die konzeptionellen und potenziellen Vorteile von Roboter-Richtern werden dabei umso größer, je mehr Globalisierung, Digitalisierung und sonstige Komplexität kombiniert zu einer Überforderung persönlichen Verstehens, Beurteilens und Handelns führen. Oder anders ausgedrückt: Genauso, wie gerade auch die Welt von Bits und Bytes – umso mehr noch im Kontext von Globalisierung und exponentiell steigender Komplexität – für das menschliche Individuum und damit auch den normalen Richter und die normale Richterin systematisch und systemisch zu einer Verschärfung des Problems und der Intensität der sechs Urteilsheuristiken und kognitiven Verzerrungen führt, sind es gerade auch die Möglichkeiten und Potenziale eben dieser Welt von Bits und Bytes, die das Problem vielleicht am ehesten lösbar erscheinen und lösbar werden lassen.

Die zunehmende Intensität von Urteilsheuristiken und kognitiven Verzerrungen in der global zugänglichen digitalisierten Welt mag insofern am besten auch digital beherrschbar werden. Zumindest im Hinblick auf Objektivität und Unbefangenheit in einer hyperkomplexen Welt könnte die algorithmische Rechtsanwendung durch den Richter-Roboter also in der Tat eine Verheißung sein.

So war es auch der Traum »von einem perfekten, *neutralen* Richter«, der Ludwig Bull, den Initiator der »Lawyer Challenge«, auf die später noch zurückzukommen sein wird, zur Gründung von CourtQuant veranlasste, da »Ideologische Präferenzen [von Richtern] (...) schwer mit Gerechtigkeit zu vereinbaren« sind.[95] CourtQuant ist eine Plattform, die aufbauend auf öffentlich zugänglichen Daten algorithmenbasiert Prozesserfolgs-Wahrscheinlichkeiten errechnet und gerichtsbarkeitsbezogene Anwaltsempfehlungen abgibt.

## Beweissicherheit

Das Beispiel zum Thema »Deep-Fake« belegt, wie groß in Zeiten digitaler und virtueller Realitäten oder Scheinrealitäten das Problem der Beweis*sicherheit* insbesondere digitaler oder digital generierter »Dokumente« ist – nicht zuletzt auch im Hinblick auf die etwaigen Ergebnisse von Internet-Recherchen. Wurde in der Vergangenheit – in aller Regel zu Recht – gerade dem *Dokumenten*beweis ein besonderer Stellenwert zugewiesen und eine besondere Glaubwürdigkeit zugesprochen, so muss hier im digital-virtuellen Zeitalter neu gedacht und anders betrachtet werden.

Die vermeintliche Überlegenheit und hohe »Sicherheit« von Dokument und Urkunde in der analogen Welt mag in der digital-virtuellen Welt ins Gegenteil verkehrt werden. Dabei steht für uns hier weniger der Aspekt der Re-Evaluation von Dokumentenbeweis und Urkundenprozess an sich im Vordergrund, sondern der – zusätzlich zu dem bereits behandelten Kriterienkomplex Objektivität, Neutralität, Unbefangenheit zunächst naheliegende – der *Beweiswürdigung* im engeren Sinne und damit die Frage, ob der Computer das kann und ob er das möglicherweise sogar besser kann.

Zumindest im Hinblick auf die Feststellung, Würdigung und Bewertung der Beweis*authentizität* dürfte die Antwort auf beide Fragen »Ja« lauten:

* Es ist offenkundig, dass menschlich nicht oder kaum zu erkennender »Deep-Fake« maschinell besser erkennbar ist – sowohl unter forensischen Analyseaspekten als auch im Hinblick auf Mustererkennung, Sprach- oder Bildanalyse. Maschinelle Manipulation bedarf sachlogisch maschineller Decouvrierung. Täuschungen und Täuschungsversuche können nur dann erkannt werden, wenn Analyseinstrumente und technologische Infrastruktur des die Täuschung Entlarvenden jenen des Täuschenden nicht unterlegen sind.
* Auch die Überprüfung der Authentizität »normaler« Internetinhalte und -rechercheergebnisse lässt sich schon allein deshalb vom Computer schneller und besser vornehmen, da dieser disproportional zügiger und zugleich sehr viel vollständiger und vernetzter die Entstehungsgeschichte und Quellenhintergründe einer etwaigen Internetmeldung oder sonstigen -information rekonstruieren und aufhellen kann.

Bereits die Hilflosigkeit heutiger ordentlicher Gerichte im Umgang beispielsweise mit der Frage, wie mit Suchergebnissen von Wayback-Maschinen inhaltlich und beweistechnisch umzugehen ist, belegt, wie groß hier der Handlungs- und Aufklärungsbedarf ist. Dass dabei die algorithmenbasiert-digitale Analyse der bloßen Inaugenscheinnahme eines – seinerseits ebenfalls sehr wohl manipulierbaren – Ausdruckes eines angeblichen Suchergebnisses einer wie auch immer gearteten Wayback-Maschine durch einen weit-, kurz- oder normalsichtigen Richter überlegen ist und auch überlegen sein muss, liegt auf der Hand.

Dies ist im Übrigen keineswegs ein rein »akademisches« oder hypothetisches Problem. Die Probleme der Authentizität, Belastbarkeit, Verlässlichkeit, Glaubwürdigkeit und Eignung von »Wayback Machine«-Ausdrucken als Beweismittel haben etwa im Hinblick auf die Frage, wann was von wem zu welchem Thema in welcher Form im Internet abrufbar war oder gewesen sein könnte, längst die deutsche Gerichtsbarkeit erreicht. Bei äußerungsrechtlichen Rechtsstreitigkeiten beispielsweise oder auch bei Verfahren, die sich mit etwaigen Wettbewerbs- oder Vertraulichkeitsverstößen vertraglicher, wettbewerbs- oder auch aktienrechtlicher Art befassen, dürften derartige Fragen und Probleme künftig eher den Regel- als den Ausnahmefall darstellen.

Dabei gibt es durchaus eine Analogie zwischen dem Kriterium »Beweissicherheit« und dem erweiterten Kriterienkomplex »Objektivität, Neutralität, Unbefangenheit«: In der gleichen Weise, wie bezüglich der Urteilsheuristiken und kognitiven Verzerrungen die Digitalisierung *für den Menschen* die Probleme erhöht und die von der Digitalisierung insofern geschaffenen Probleme ihrerseits *nur mithilfe der Digitalisierung selbst gelöst* werden können, kann auch »Deep-Fake« – wenn es wirklicher »*deep*« Fake ist – nur digital-algorithmisch entlarvt und entschlüsselt werden.

Oder – auch hier analog – anders ausgedrückt: Genauso, wie gerade auch die Welt von Bits und Bytes – umso mehr noch im Kontext exponentiell steigender Komplexität – für das menschliche Individuum und damit auch den normalen Richter und die normale Richterin systematisch und systemisch auch zu einer Verschärfung des Problems manipulierter Dokumente und Beweise führt, sind es auch hier gerade die Möglichkeiten und Potenziale eben dieser Welt von Bits und Bytes, die das Problem vielleicht am ehesten lösbar erscheinen und lösbar werden lassen. Auch die fraglos zunehmende Häufigkeit und Intensität von digitalen »Fakes« mag insofern am besten digital beherrschbar werden: algorithmisierte Beweisüberprüfung durch den Richter-Roboter quasi als Lügendetektor virtuell-digitaler Zeugen und Dokumente. Auch im Hinblick auf Beweis-sicherheit und -authentizität in einer hyperdigitalisierten Welt könnte die algorithmische Rechtsanwendung durch den Richter-Roboter also durch-aus eine Verheißung sein.

## Quellensicherheit

Gelebte und erlebte Einzelfallrealität vor deutschen Gerichten sind auch – mitunter erschreckende – Rechtsfehler allein durch – mitunter noch er-schreckendere – Unkenntnisse, Fehlerinnerungen oder Nichterinnerun-gen im Hinblick auf Termine, eigene Beschlüsse, Beschlüsse anderer Gerichte oder auch der Gesetze selbst. An einem deutschen Landgericht erging ein ex-post nichtiger Beschluss allein deshalb, weil der zuständige Kammervorsitzende vergessen hatte, dass er selbst (!) gerade unmittelbar zuvor eine Fristverlängerung gewährt hatte. Am selben Gericht konnte sich derselbe Kammervorsitzende in einem zweiten Verfahren an ein kurz zuvor von ihm selbst entschiedenes drittes Verfahren nicht mehr erinnern. Ebenso wenig schien ihm dabei die gültige BGH-Rechtspre-chung geläufig zu sein. Und ausweislich eines von ihm selbst formu-lierten Urteils schien er im konkreten Fall auch nicht zu wissen, dass es gemäß deutschem Aktienrecht unmöglich ist, dass Vorstands- und Auf-sichtsratsvorsitzender zur selben Zeit ein und dieselbe Person ist.

Man mag das als extremen Einzelfall abtun, angesichts von Proble-men selbst bei Banal-Wissen über neurologische Ausfälle spekulieren oder es schlichtweg als – wenngleich folgenreiche – Humoreske betrach-ten. Doch unabhängig von der Würdigung des Einzelfalls wird hier mit-telbar ein Grundproblem deutlich: Selbst bei Unterstellung durchgängig angemessener richterlicher Kompetenz und Sorgfalt kann angesichts überlasteter Gerichte, hoher Gesetzes- und zunehmender Urteilsfülle offenkundig nicht mehr zwingend davon ausgegangen werden, dass ent-scheidende *Basics*, wie sie Urteilen oder sonstigen Gerichtsbeschlüssen zugrunde liegen oder zumindest korrekt zugrunde liegen sollten – wie eben etwa existierende Gerichtsbeschlüsse oder auch schlichtweg gültige Gesetze und Gesetzestexte –, den zuständigen Rechtsanwendern *über-haupt bekannt* sind. Jedenfalls nicht immer und überall.

Dies ist keineswegs eine Minderheiten- oder gar Extremauffassung der Verfasser dieses Werkes – im Gegenteil: Ein deutsches Oberlandesgericht hat im Kontext eines Befangenheitsantrages sogar festgestellt, dass die »*Verkennung*« einer bestimmten expliziten gesetzlichen Regelung durch eine Richterin oder einen Richter nicht geeignet sei, »*um daraus auf eine sachwidrige Voreingenommenheit oder Willkür zu schließen*«, und zusätzlich im konkreten Fall sogar eingeräumt, die Regelung sei auch »*hier nicht geläufig*« gewesen, da von ihr »*vor dem Senat in den letzten Jahren keine Partei (...) Gebrauch gemacht hatte*«.

Nichtkenntnis wichtiger Gesetze, »Verkennung« gesetzlicher Regelungen selbst durch Richter am Oberlandesgericht beziehungsweise »Nichtgeläufigkeit« maßgeblicher Verfahrensregelungen selbst bei hoch kompetenten Senaten als folgenloser Normalfall? Diese Frage kann ebenso wie die Frage, ob und wie sehr sich die Liste der Beispiele verlängern ließe, dahinstehen. Folgen wir nämlich dem betroffenen Oberlandesgericht und seinem Beschluss, dann ergeben sich zwei eindeutige Schlussfolgerungen und Erkenntnisse im Hinblick auf unser Thema:

- Erstens rechtfertigt Unkenntnis eines Richters über die für einen von ihm bearbeiteten Fall relevanten Gesetze oder gesetzlichen Regelungen per se kein Ablehnungsgesuch und keine Ablehnung. Das ist wohl richtig, da Unkenntnis und Befangenheit zwei ganz unterschiedliche Dinge sind oder zumindest sein können.
- Zweitens wird die Verkennung der relevanten gesetzlichen Regelung durch den befassten Richter am Oberlandesgericht unumwunden eingeräumt. Das verdient zunächst einmal ausdrücklich Anerkennung, und es belegt in großer Deutlichkeit, wie sehr selbst erfahrene Richter einer Berufungsinstanz mittlerweile durch immer neue und immer komplexere Regelwerke belastet und überfrachtet werden, ohne jedoch durch angemessene Ressourcen Entlastung und Unterstützung zu finden.

Rechtsfehlerfreie Rechtsanwendung setzt aber grundsätzlich zwingend eine sichere und saubere Faktenbasis voraus – gerade auch im Hinblick auf unstreitige Quellen wie etwa gültige Gesetze und Gesetzestexte, Urteile von Obergerichten und höchstrichterliche Rechtsprechung oder aber auch eigene Beschlüsse etwa über gesetzte Fristen oder gewährte Fristverlängerungen. Wenn das im bestehenden System der Rechtsanwendung offenkundig nicht (mehr?) durchgängig gewährleistet ist (und vielleicht auch nicht mehr gewährleistet werden kann?), ist zwingender und dringender Handlungsbedarf gegeben. Ein Rechtsstaat ohne Quellen- und Gesetzessicherheit steht auf losem Fundament.

Es dürfte außer Frage stehen, dass algorithmisierte Rechtsanwendung so gestaltet, programmiert und umgesetzt werden kann, dass

- Gesetze, Gesetzestexte und einzelne gesetzliche Regelungen,
- Prozessordnungen,
- Verordnungen, Erlasse oder sonstige relevante öffentlich zugängliche Normen oder Verfahrensrichtlinien,
- vom Rechtsanwender selbst verantwortete Urteile und sonstige Beschlüsse einschließlich relevanter Fristsetzungen und -verlängerungen
- sowie von anderen Rechtsanwendern verantwortete Urteile und öffentlich zugängliche Beschlüsse

bei der Rechtsanwendung gar nicht ignoriert oder verkannt werden können. Ebenso wie das digital gespeicherte Telefonnummernverzeichnis die im Kopf gemerkten Nummern hinsichtlich Anzahl, Zugriffsgeschwindigkeit und Zugriffspräzision üblicherweise (sehr signifikant) übersteigt, ist der digitale Rechtsanwender dem humanen naturgemäß entsprechend überlegen.

Auch im Hinblick auf Quellensicherheit und -präzision könnte die algorithmische Rechtsanwendung durch den Richter-Roboter also durchaus eine Verheißung sein – umso mehr in einer hyperkomplexen Welt zunehmend überlasteter, überlaufener und mit Aktenbergen und Gesetzestexten überlaufender Gerichte. In diesem Bereich dürfte der Vorteil des Roboter-Richters sogar besonders groß sein, da er fehlerfrei in der Lage ist, zwingende Grundvoraussetzungen rechtsfehlerfreier Rechtsanwendung zu gewährleisten, die im Bereich »human praktizierter« Rechtsprechung offenkundig nicht durchgängig sichergestellt werden können (und vielleicht noch nie konnten).

## Deduktion, Subsumtion, Kompetenz

Was für Datenzugang, Datenabruf, Datenvalidierung, Datenverifizierung und Datenbasis – also die vorstehend betrachteten Kriterienkomplexe – gilt, gilt selbstverständlich auch für die logisch-deduktive Vernetzung dieser Daten: Auch hier ist die Maschine grundsätzlich schneller und arbeitet – jedenfalls bei fehlerfreier Programmierung – mit weniger Fehlern als der Mensch, im Idealfall sogar mit null Fehlern, so wie wir es vom Taschenrechner seit mehr als 40 Jahren und vom Schachcomputer auch schon mehr als eine halbe Generation lang kennen.

Es ist im Grunde eine Tautologie, dass der korrekt programmierte algorithmen-basiert entscheidende Richter-Roboter bei Deduktion und Subsumtion dem Richter-Individuum nicht unterlegen sein dürfte und langfristig gar nicht unterlegen sein kann. Genauso, wie der funktionierende Schachcomputer keine falschen Züge macht und keine logischen Fehler begeht, kann selbstverständlich auch der »Subsumtionsautomat« – um den rechtswissenschaftlich eingängigen Begriff von Kotsoglou[96] zu verwenden – konzeptionell fehlerfrei arbeiten und entsprechend auch zu rechtsfehlerfreien Urteilen gelangen. Oder anders ausgedrückt: Subsumtionsfehler und falsche logische Schlüsse sind in der Welt der automatischen algorithmisierten Subsumtion im Grunde nahezu ausgeschlossen.

Das (Gegen-)Argument der mitunter noch höheren Komplexität menschlicher (Rechts-)Streitkonstellationen im Vergleich zum Schachspiel trägt nur für die Frage nach dem *Wann*, nicht aber für die Frage des *Ob*: Die Entwicklung vom Taschenrechner über den Schachcomputer bis hin zum Go-Automaten belegt, dass die Komplexität dessen, was die Maschine beherrschen wird, perspektivisch gegen unendlich tendiert. So streiten die Spitzenwissenschaftler im Bereich der künstlichen Intelligenz (KI) auch kaum darüber, ob KI irgendwann die menschliche Intelligenz und intellektuelle Leistungsfähigkeit übertrifft, sondern allenfalls über den genauen Zeitpunkt und dessen präzise Eintrittswahrscheinlichkeit.

Zudem ist von dieser Relativierung auf der Zeitachse allenfalls die Frage der gesamthaften Kompetenz des Roboter-Richters, nicht aber seine potenziell-konzeptionelle Überlegenheit bei Fehlerfreiheit von logischer

Deduktion und Subsumtion betroffen. Doch auch bezüglich der vermeintlichen Kompetenz dürfen wir uns beim Mensch-Maschine-Vergleich jedenfalls nachhaltig-langfristig keinen Illusionen hingeben. Mitunter ist die nicht-algorithmisierte Realität durchaus erschreckend. Jedenfalls im extremen Einzelfall, den es in der Rechtsprechung gleichwohl nach Möglichkeit stets zu verhindern gilt. Und keineswegs nur hierzulande.

Auch wenn man es kaum glauben mag: Einer der Verfasser der vorliegenden Schrift war in Spanien Zeuge eines Verfahrens, bei dem die Beweiserhebung ergab, dass durch die verantwortlichen Administratoren einer Aktiengesellschaft mehr als 8 Millionen Euro ohne angemessene Autorisierung und ohne die erforderlichen Genehmigungen durch den Verwaltungsrat ausgegeben worden waren, das Gericht aber einen Schaden für das Unternehmen verneinte, da der einfache ökonomische Sachverhalt, dass 8 Millionen Euro zusätzliche Kosten zwingend zu 8 Millionen Euro weniger Eigenkapital führen und damit für die Gesellschaft und ihre Aktionäre einen Schaden in Höhe von – es wird kaum überraschen – 8 Millionen Euro bewirken müssen, dem Richter offenbar weder bekannt noch vermittelbar war. So befragte dieser Zeugen bis hin zur Bürosekretärin allen Ernstes intensiv danach, ob denn zusätzliche Ausgaben wirklich zu einem Schaden führen würden.

Das könnte, sollte und dürfte bei einem auch nur halbwegs vernünftig programmierten Richter-Roboter oder Roboter-Richter kaum passieren – ja nicht einmal passieren können. Die nachsteuerbasierte Formel »Eigenkapital alt minus Verlust plus Gewinn gleich Eigenkapital neu« wird ebenso wie die Formel »Durch unautorisierte Handlung entstandener zusätzlicher Verlust plus entsprechend reduzierter Gewinn gleich unnötige Minderung Eigenkapital gleich Schaden für die Aktionäre« bereits in den »Subsumtionsautomaten 0.1«[97] leicht und fehlerfrei eingebbar und angemessen programmierbar sein.

Das aus Spanien geschilderte Gerichtserlebnis hat letztlich im Übrigen auch mit der Globalisierung beziehungsweise mit im globalen Kontext unterschiedlichen kulturellen Auffassungen und Wahrnehmungen zu tun: Da, wo wir etwa in Deutschland von der Verbindlichkeit von Budgets und der Notwendigkeit der Genehmigung nicht autorisierter Ausgaben ausgehen, wird in manch anderem Kulturkreis angenommen, dass ein Budget doch lediglich eine Projektion sei und ein Schaden doch nicht entstanden sein könne, solange das Geld für eine Gegenleistung ausgegeben und nicht gestohlen oder – im engen Wortsinne! – verbrannt worden sei.

## Recht, Kultur, Globalisierung

Wie soll in einer globalisierten Welt im Rahmen globalisierter Wirtschaftsbeziehungen im globalen Kontext eine Art »globaler Gerechtigkeit« entstehen können, wenn zu ein und demselben Sachvorgang, der Menschen verschiedener Nationen oder Unternehmen verschiedener Provenienzen betrifft, unterschiedliche Rechtsordnungen Anwendung finden können oder müssen, unterschiedliche Jurisdiktionen gegeben sein können, unterschiedliche Erwartungen und Wertvorstellungen der Vertragspartner vorhanden sind und vollkommen unterschiedliche kulturelle Vorstellungen über ein und denselben Begriff wie etwa den – vergleichsweise einfachen! – des »Budgets« vorliegen?

Was, wenn bei einem Rechtsstreit zwischen einer Privatperson aus Argentinien und einem Unternehmen aus den Philippinen vor einem italienischen Gericht eine Entscheidung unter Bezugnahme auf das Recht des Staates Nigeria getroffen werden muss, zu deren Herleitung zunächst Zeugen aus China, Japan und Indonesien und Sachverständige aus Ost-Timor und West-Samoa gehört werden müssen und bezüglich derer infrage steht, ob die zentralen vorgelegten Beweismittel digitaler Herkunft überhaupt authentisch und – wenn ja – inhaltlich zutreffend sind?

Genauso sieht aber die Zukunft und auch die Gegenwart unserer realen ökonomischen Welt aus, in der Vertragspartner, Unternehmen, Mitarbeiter, Freelancer und Talente aus allen Ecken und Enden der Welt tagtäglich mit den ökonomischen Kraftzentren in Verbindung und in Austauschbeziehungen stehen und in der tagtäglich genau solche – auch rechtlichen – Konstellationen entstehen können und auch zunehmend entstehen werden.

Offenkundig muss der koreanische oder brasilianische Richter-Roboter nicht nur mit anderen Gesetzen »gefüttert« werden als der spanische oder deutsche, sondern er wird in die zu vernetzende Wissens- und Anwendungsstruktur auch andere interne und externe Systemumwelten einzubeziehen haben, in denen sich letztlich auch kulturelle Unterschiede über Werte und Normen, Treu und Glauben oder Gesellschaftsüblichkeit und Sozialadäquanz abbilden werden. Im Umkehrschluss wird der Globalisierungstrend bei IT-basierter Hochtechnologie potenziell sogar bewirken, dass die algorithmisierte Rechtsanwendung durch den Roboter-Richter auch zu einer Konvergenz nationaler Rechtsordnungen in Richtung eines *einheitlichen globalen Rechts* führen kann.

Allein schon diese faszinierende Perspektive und Möglichkeit, die bereits für sich genommen Inhalt ganzer Monographien sein könnte, belegt eindrucksvoll die enorme Relevanz, die gewaltigen Potenziale und die intellektuell wie praktisch höchst spannenden Fragen, die mit dem Thema der algorithmisierten Rechtsanwendung durch den Roboter-Richter verbunden sind. Glaubt allenfalls irgendjemand, dass die Samsungs oder Apples des Legal-Robot-Universums dauerhaft national unterschiedliche Geräte oder Betriebssysteme ausliefern würden?

Und wie oft wären die Betriebssysteme zu aktualisieren, wie signifikant wären die Updates? Bei aller Selbstachtung und bei allem ausdrücklichen Respekt für unseren Rechtsstaat und seine Rechtsanwender: Das Gehirn des Menschen hat seit etwa 40 000 oder 50 000 Jahren kein Software-Update und keine Systemaktualisierung erhalten.[98]

Doch kehren wir zurück zu den situativen Niederungen des Jetzt und Heute: Das Beispiel aus Spanien zeigt in kaum zu überbietender Eindrücklichkeit, dass es letztlich zielführend sein kann und möglicherweise sogar unvermeidbar ist, auch Kompetenz, logische Deduktion und Qualität der Subsumtion – die ja nichts anderes als ein glasklar analytisch-logischer Prozess ist – in der Rechtsprechung zu erhöhen und möglicherweise auch stärker zu vereinheitlichen durch Einsatz von Legal Robots und KI.

Dabei sei sehr deutlich zum Ausdruck gebracht, dass es keinerlei Grund für uns gibt, auf die ermutigenden Entwicklungen des stolzen spanischen Rechtsstaats in den vergangenen vier Jahrzehnten ohne gebührenden Respekt herabzusehen. Einer der Verfasser dieses Buches war, wie bereits an anderer Stelle ausgeführt, Beteiligter eines Zivilrechtsverfahrens an einem Landgericht, bei dem der anwaltliche Vertreter der von ihm vertretenen Gesellschaft zu dem Urteil neben eklatanter Widersprüchlichkeit zur gültigen Rechtsprechung des Bundesgerichtshofes nicht weniger als 17 Tatbestandskorrekturen anzumahnen haben meinte und zudem noch fast doppelt so viele von ihm wahrgenommene Rechtschreib- und Grammatikfehler notierte. Und das, obwohl dieses Urteil nicht nur mengenmäßig vergleichsweise überschaubar war, sondern sich zudem auf einen etwa im Vergleich zu komplexen internationalen Wirtschaftsverfahren recht einfachen und unkomplizierten Sachverhalt bezog.

Vom großen französischen Literaten Victor Hugo wissen wir, dass nichts so stark ist wie eine Idee, deren Zeit gekommen ist. Und Beispiele wie das vorstehende implizieren, dass die Zeit der algorithmisierten Rechtsanwendung gekommen sein könnte. Die zunehmende Komplexität der Systemumwelt der Subsumtion durch den Rechtsanwender mag insofern ebenfalls am besten digital beherrschbar werden. Auch im Hinblick auf Deduktion und Subsumtion in einer allein schon juristisch zunehmend extrem komplexen Welt könnte die algorithmische Rechtsanwendung durch den Richter-Roboter also in der Tat eine Verheißung sein. Es spricht jedenfalls sehr vieles dafür, dass der Subsumtionsautomat[99] besser subsumieren kann als der Mensch – und damit auch als die Richterin oder der Richter.

## Einheitlichkeit, Gleichheit, Gerechtigkeit

Dabei könnte der algorithmisierte Roboter-Richter nicht nur die Qualität der Subsumtion in der Rechtsprechung verbessern, sondern auch die Einheitlichkeit der Rechtsanwendung deutlich erhöhen oder sogar perfektionieren. Es würde nämlich letztlich nicht nur jede Bürgerin und jeder Bürger im gegebenen Falle ihren beziehungsweise seinen gesetzlichen Richter bekommen, sondern – zumindest innerhalb nationalstaatlicher Rechtsordnungen und möglicherweise innerhalb juristischer Fachgebiete – faktisch wohl auch denselben Richter (beziehungsweise einen bau- und programmierungsgleichen Roboter!). Auf diese – zugegebenermaßen aktuell noch etwas bizarr anmutende – Art und Weise könnten Digitalisierung und künstliche Intelligenz am Ende potenziell auf virtuelle Weise die wirkliche Gleichheit aller vor dem Gesetz sicherstellen. Eine wahrlich faszinierende und ermutigende Vorstellung!

Streng genommen kann die völlige beziehungsweise *vollständige* Gleichheit aller vor dem Gesetz – jedenfalls in lupenreiner Form – im gegenwärtigen System gar nicht gewährleistet werden, solange unterschiedliche Rechtsanwendungen auch unter denselben Fallbedingungen konzeptionell (und real) allein schon aus der unterschiedlichen Intelligenz, der unterschiedlichen Ausbildung, den unterschiedlichen Erfahrungen sowie unterschiedlichen sonstigen persönlich-situativen Komponenten unterschiedlicher Richter und Richterinnen zwingend herrühren.

Auch wenn man diesbezüglich die Auffassung vertreten mag oder zumindest könnte, dass eine derart vollständige Gleichheit aller vor dem Gesetz von Rechtswissenschaft und Rechtslehre nie intendiert und auch nicht für möglich erachtet wurde, so könnte sie indes in der Welt künstlicher Intelligenz und rechtsanwendungsorientierter Roboterisierung potenziell tatsächlich erreicht werden. Zumindest *konzeptionell* verheißt der algorithmisch rechtsanwendende Richter-Roboter wirkliche Gleichheit in der Behandlung dessen, was theoretisch gleichbehandelt werden müsste, und zwar über Personen und Fälle hinweg.

Allein diese nunmehr rechtsgeschichtlich und technologisch sich erstmals eröffnende *Möglichkeit* wirklich »perfekter« Gleichheit aller vor dem Gesetz ist derart verheißungsvoll, dass Rechtswissenschaft und Rechtsprechung sich einer ernsthaften Befassung nicht nur unter Ressourcen- oder Nützlichkeitsaspekten gar nicht ernsthaft werden entziehen können. Der Rechtsstaat muss schließlich nicht nur Gefahren abwenden, sondern auch Chancen ergreifen.

## Ressourcen, Effektivität, Effizienz

Der unmittelbarste und eindeutigste Vorteil der Richter-Roboter dürfte indes im Bereich von Ressourcen, Effektivität und Effizienz liegen. Auch wenn es Richter gibt, die – wenn man ihre Schilderungen wörtlich nimmt – eine volle A4-Seite schriftsätzlichen Vortrages in Gerichtsverfahren in sage und schreibe 3,6 Sekunden lesen zu können scheinen, dürfte außer Frage stehen, dass niemand die Maschine im Hinblick auf Geschwindigkeit, Effektivität und Effizienz schlägt. Doch diesbezüglich mag sich der algorithmisch entscheidende Richter-Roboter nicht nur als

Verheißung, sondern sogar als Notwendigkeit erweisen. Er wird nämlich nicht nur effizienter, schneller, fehlerfreier und mehr »lesen« können als jeder menschliche Richter, sondern er mag am Ende auch als Einziger in der Lage sein, das finanziell-personelle *Ressourcenproblem* der Justiz zu lösen.

Wenn die Gerichte unseres Landes wirklich *so* überlastet sind, dass zügige Abhilfe – ohne vorrangige oder vorherige Konzeptdiskussion und ohne Abstellen auf nicht ressourcenbasierte Veränderungen, die dies zeitigen würden, – in der Straffreiheit bisher strafbewehrter Tatbestände zu suchen ist, dann sind möglicherweise Richter-Roboter der bessere, vielleicht sogar der einzige Ausweg zur Überwindung der Ressourcenengpässe in der gelebten Rechtsanwendung unter gleichzeitiger Beibehaltung anscheinend nicht veränderungsbedürftiger Grundsätze.

Richter-Roboter dann quasi als *Erfordernis zur Überwindung der richterlichen beziehungsweise richterlich-personellen Ressourcenknappheit* – dies erscheint nicht nur vielleicht bei erster Betrachtung als kühn anmutende Schlussfolgerung, sondern im Grunde per se als spannende Idee. Eine weniger weitreichende, aber nicht minder spannende rechtspolitisch-ideologische oder kriminologisch-konzeptionelle Frage indes bliebe: Soll oder sollte der Richter-Roboter dann trotz Obsoleszenz des *Über*lastungsproblems und *Ent*lastungsziels dennoch auf Straffreiheit für Schwarzfahren programmiert werden?

Brauchen wir Richter-Roboter am Ende vielleicht sogar zum Entgegenwirken im Hinblick auf einen ressourcenbedingten Verfall bestimmter Einstellungen zu Recht und Ordnung oder bezüglich der Sicher- oder gar Wiederherstellung rechtsstaatlicher Funktionsfähigkeit?

Die Berliner Generalstaatsanwältin hat sich allein schon insoweit verdient gemacht, als ihr Diskussionsbeitrag zeigt, dass die Themenschnittstelle von Legal Robots und künstlicher Intelligenz (gerade) auch strafrechtlich relevant ist. Ob das größere Verbesserungspotenzial dabei allein im Ressourcenseitigen und in der Effizienz liegt oder ob vielleicht das Diskursniveau letztlich noch mehr von den Möglichkeiten der Algorithmisierung profitieren könnte, mag dabei zunächst dahingestellt bleiben.

Wenn wir den Wertekomplex von Recht, Rechtsstaat und Rechtsstaatlichkeit als höchstes nicht-emotionales Gut begreifen, dann dürfen Schutz und Pflege dieses Gutes jedenfalls nie ein Ressourcen-Thema oder ein Ressourcenproblem werden beziehungsweise an Ressourcenknappheit scheitern oder dadurch relativiert werden! Durch die zunehmend höhere, faktisch exponentiell wachsende Komplexität wird jedoch das Ressourcenthema im Hinblick auf die Justiz zwingend auch exponentiell verschärft.

Das bedeutet im Ergebnis, dass die Qualität des Rechtsstaats zwingend an seine Effektivität und Effizienz sowie die Effizienz und Effektivität seiner Strukturen und Abläufe und handelnden Personen gebunden ist. Genau diese zentrale Stelle von Effektivität und Effizienz kann durch Roboter und künstliche Intelligenz maßgeblich verbessert werden. Dabei stehen nicht etwa Verfahrensgeschwindigkeit, -kosten und -effizienz als Ziele im Vordergrund, sondern vielmehr die Erhaltung der Grundwerte und Grundsätze des Rechtsstaats an sich.

## Technologische Grenzen?

Es ist bereits deutlich geworden, dass algorithmisierte beziehungsweise algorithmische Rechtsanwendung durch den Richter-Roboter in vielerlei Hinsicht durchaus eine Verheißung für den Rechtsstaat sein kann und dass die Chancen und Potenziale der richterlichen Rechtsanwendung durch den Roboter erheblich sein können.

Im Grunde eröffnen sich durch künstliche Intelligenz nicht nur *effizienztechnisch* und *effektivitätsseitig* eindeutig gravierende Vorteilspotenziale, sondern auch im Hinblick auf Objektivität und Qualität der logischen Deduktion und Subsumtion sowie sogar mit Blick auf vom Bürger gemeinhin respektierte juristische Grundwerte wie Einheitlichkeit und vor allem Gleichheit in und bei der Behandlung aller vor dem Gesetz und von den Gerichten.

Der Einwand, die Komplexität der Rechtsanwendung übersteige die analytischen Möglichkeiten künstlicher Intelligenz und maschinenorientierter Algorithmisierung, trägt dabei nicht. Dies sei anhand eines einfachen Beispiels veranschaulicht – der Entwicklung des Preises pro Byte bei der Anschaffung persönlicher technischer Infrastruktur im digitalen Zeitalter: Als der Ökonom unter den Autoren dieses Buches vor etwas mehr als 30 Jahren seine staatswissenschaftliche Dissertation verfasste, tat er das auf einem damals extrem fortschrittlichen Tischcomputer, dem Atari ST$^F$ Plus, der – tatsächlich als einer der allerersten! – 1 Megabyte Kernspeicher anbieten konnte, was damals als schier gigantische Datenmasse anmutete. Hätte das heute von ihm verwendete Premium-Smartphone denselben Kaufpreis pro Bit oder Byte wie der seinerzeitige Premium-Computer, dann ergäbe sich dafür rechnerisch – unter Einbeziehung von damaligem Schwarz-Weiß-Monitor und Dot-Matrix-Drucker, aber bei Ausklammerung aller weiteren Vorzüge der heutigen Gerätschaft in der gesamten Bandbreite zwischen Geschwindigkeit, Kommunikationsoptionen, Vernetzung sowie millionenfacher Farb- und Anwendungsvielfalt – ein Kaufpreis in einer Größenordnung von rund *1,8 Milliarden (!) Euro.*

Wer heute ein Spitzen-Smartphone von Samsung, Apple oder Huawei im Jackett, in der Handtasche oder im Rucksack bei sich trägt, führt also in speichertechnischen Kosteneffizienzparametern von vor 30 Jahren potenziell ein »*Vermögen*« *von mehr als einer halben Milliarde Euro* mit sich. Deutlicher und anschaulicher könnte man die Geschwindigkeit des technischen Fortschritts in der global digitalisierten Welt nicht in Zahlen oder Bilder fassen.

Natürlich ist der Vergleich unseres heutigen anfassbaren Smartphones mit dem Tischcomputer der späten 1980er-Jahre sehr viel eingängiger als die Vorstellung sich selbst replizierender Roboterfabriken in entlegenen Galaxien an der Schwelle zum Jahr 2050 auf Grundlage irdisch-menschlicher Digitalisierung im Jetzt und Heute. Die betroffene Zeitspanne ist gleichwohl dieselbe. Da der digitale Fortschritt sich indes unstreitig exponentiell vollzieht, dürfte klar sein, dass das, was das – nahende und nahe – Jahr 2050 an technologischen Potenzialen offerieren kann, in unvorstellbarer Art und Weise alle Grenzen heutiger Vorstellungskraft übertreffen wird.

Die Schlussfolgerung für den Zweck unserer Betrachtung ist eindeutig: Angesichts der inzwischen über einige Jahrzehnte hinweg *empirisch validierten* exponentiellen Kraft und Entwicklung der Digitalisierung dürfte als gesichert zu betrachten sein, dass die *technologische Möglichkeit* zur algorithmisierten Rechtsanwendung durch den Richter-Roboter in fehlerfreier Art und Weise bei gleichzeitig menschliche Analysefähigkeit übertreffender Abstraktions-, Deduktions- und Subsumtionsfähigkeit selbst im komplexesten sachlichen oder rechtlichen Kontext – jedenfalls im erdgeschichtlichen Kontext – sogar vergleichsweise »zeitnah« gegeben sein *wird*. Dabei kann selbstredend niemand präzise vorhersagen, ob dies (wie zugegebenermaßen wahrlich nicht als wahrscheinlich zu unterstellen) schon im Jahre 2020, (wie keineswegs auszuschließen) vielleicht eher um 2025 oder 2030 oder (in voller Ausprägung) doch erst zu dem von Professor Schmidhuber[100], dem Leiter des Schweizer Institutes IDSIA, das sich mit Forschung im Bereich der künstlichen Intelligenz beschäftigt, stark fokussierten Jahr 2050 der Fall sein mag. Gegen Letzteres spricht allein schon der Sachverhalt, dass irdische Jurisprudenz bei allem hohen Respekt wohl kaum je an die astrophysikalische Komplexität des galaktischen KI-Rollouts wird heranreichen können – und hoffentlich auch nie wird müssen. Für »Teildomänen« sagt Schmidhuber »übermenschlich gute Fähigkeiten« bereits wesentlich schneller als in einigen Jahrzehnten voraus.[101]

Der Zukunftsforscher und Digitalisierungsvisionär Ray Kurzweil, einer der Gründer der Singularity University, hat den Zeitpunkt, in dem künstliche Intelligenz die menschlich-biologische übersteigen wird, in etwa für die Mitte dieses Jahrhunderts vorausgesagt, präzise für das Jahr 2045.[102] Exobiologische Intelligenz könnte sich spätestens dann auch im Sinne Schmidhubers selbst fortpflanzen und exponentialisieren. Angesichts dieser menschheitstransformierenden Perspektiven[103] überrascht es nicht, dass KI-Guru Schmidhuber bereits fest davon ausgeht, dass es Maschinen geben wird, »die man erziehen kann wie die eigenen Kinder«.[104] Und die entsprechend lernfähig sein werden. Die sich demgemäß im Übrigen – wie grundsätzlich jeder entsprechend verständige Mensch – auch vom »Rechtslaien« zum »Rechtsanwender« fortbilden (lassen) könnten!

Die Intelligenz etwaiger Richter-Roboter dürfte mithin hinreichend groß werden, um jegliche diesbezüglichen Bedenken ausräumen zu können. An technologischen Grenzen werden algorithmisierte Rechtsanwendung und roboterisierte Rechtsprechung kaum scheitern, selbst dann nicht, wenn man in völliger Abweichung von Theorie und Empirie als Einzelmeinung unterstellt, dass selbst dem exponentiellen Digitalisierungspfad *irgendwann* technologische Grenzen oder ein Endpunkt gesetzt wären.

Kompetente und effiziente Rechtsanwendung auf Basis algorithmisch entscheidender Roboter ist technologisch und zeitlich bereits zu sehr *in Reichweite*, als dass man hier ernsthaft ein Argument gegen die Machbarkeit des Roboter-Richters finden könnte. Und was technologisch *machbar* ist, wird nach aller geschichtlichen Erfahrung auch irgendwann *gemacht*.

## Psychologische Grenzen?

Als zweite Grenzenkategorie für die Roboterisierung der Rechtsprechung bieten sich psychologische Aspekte an.

Es wurde bereits zuvor deutlich angesprochen: Im Vergleich zum traditionellen potenziell im doppelten Sinne »humanen« Richter am Amts-, Land- oder Oberlandesgericht oder am Bundesgerichtshof oder seiner weiblichen Kollegin mag das Gerichtsverfahren per Algorithmus (zunächst) gewöhnungsbedürftig erscheinen, und die Vorstellung, statt einer Dame oder eines Herrn in Richterrobe im Gerichtssaal plötzlich einen Roboter vor sich zu haben, der über segensreichen Geldzufluss oder existenzbedrohende Zahlungsverpflichtung oder sogar über Freispruch oder Gefängnisstrafe entscheidet, mag auf Anhieb in der Tat erschreckend anmuten. Doch gemessen an den ersten synthetischen Roboterstimmen wirken doch auch die sympathischen Frauenstimmen unserer täglich genutzten Navigationssysteme inzwischen sehr menschlich, und niemand nimmt mehr Anstoß daran oder hat psychische Probleme damit, sein Leben letztlich in die Hand eines kleinen Prozessors zu legen.

Im langlebensaffinen Japan gibt es bereits seit längerem Roboterhunde und -katzen für ältere Menschen, damit diese sich nicht so allein fühlen. Nun wollen wir Richter und Richterinnen keineswegs auch nur im Entferntesten mit Hunden und Katzen vergleichen, doch auch der Mensch wird zunehmend und *auch in immer wichtigeren Bereichen* durch den Roboter substituiert. Was sich zunächst vorrangig in Fabriken zu vollziehen schien, hat inzwischen auch weite üblicherweise gerade von der sozialen Interaktion gekennzeichnete Bereiche erfasst. In Las Vegas wurde bereits im Jahr 2018 – ebenfalls aus Japan stammend – eine leistungsfähige Generation von Krankenschwester-Robotern vorgestellt.

Die Singularity University führt seit Jahren spannende Programme über digitale Medizin durch, in denen die enormen Fortschritte bei der (Weiter-)Entwicklung etwa von Hausarzt-Robotern oder auch der Gestaltung von »Sex Robots« eingehend diskutiert und eindrucksvoll präsentiert werden. Wieso sollten Rechtsstreitigkeiten über die Qualität und Standfestigkeit der Performance von Sex-Robotern oder über Verbindungsprobleme beim Cyber-Sex nicht von Roboter-Richtern virtueller Gerichte entschieden werden können?

Das mag alles seelenlos erscheinen, doch in der gelebten Praxis haben die Erkenntnisse der Psychologie bisher eindeutig nicht zu einer Einhegung oder Limitierung digitaler Entwicklungslinien oder Anwendungspotenziale geführt. Erste Bordelle nur mit Gummipuppen muten kaum weniger bizarr an als ein elegant designter Richter-Roboter und sind dennoch längst Realität.

Und wenn es in der realen Welt in signifikantem Umfang Cyber-Sex gibt, warum sollte es dann letztlich psychologische Hemmschwellen geben, die die *Cyber-Justiz* im Ansatz unmöglich machen würden? Vielleicht sind Roboter-Richter und Richter-Roboter im Gerichtssaal nur ein Zwischenschritt auf dem Weg zu einer echten Cyber-Justiz, bei der Gerichtssäle obsolet werden, da Gerichtsverfahren nur noch online beziehungsweise im virtuellen Raum stattfinden. Echte physische Roboter brauchte der Rechtsstaat dann vorrangig potenziell für bestimmte Vollstreckungs- sowie für Verhaftungs- oder sonstige Strafvollzugsthemen. Und wären nicht *Cyberjudges* eine logische, möglicherweise sogar erforderliche Reaktion auf *Cybercrime*?

Wir gefährden den Rechtsstaat nicht, indem wir derart provokante Fragen stellen und uns mit ihnen beschäftigen; wir gefährden ihn vielmehr, indem wir technologische Entwicklungslinien, die mit ungeheurem Tempo und enormer Kraft über uns hereinbrechen und unsere Gesellschaft schon auf das Nachhaltigste verändert haben, ausblenden aus der Diskussion darüber, wie wir den Rechtsstaat retten können.

In der Ökonomie gilt, dass nachhaltige Wohlstandsdifferenziale dort entstehen, wo die Chancen technologischer Substitutionsprozesse erkannt und genutzt, ihre Risiken verstanden und minimiert sowie darüber hinaus veränderte Kundenerwartungen und verändertes Kundenverhalten antizipiert werden. Das ist in der Politik nicht anders, und das gilt selbstverständlich auch für die Relation zwischen Rechtsstaat und Bürger und damit für den Kern der Wohlfahrtsverantwortung des Rechtsstaats gegenüber seinen Bürgerinnen und Bürgern sowie die Bürger-Verantwortung gegenüber ihrem Rechtsstaat.

Nach dem Zweiten Weltkrieg hat kein Politiker unsere heutige deutsche und europäische Lebensrealität mehr verändert als Ronald Reagan, und wohl niemand gestaltet und prägt derzeit die Welt der Zukunft mehr als Xi Jinping. Doch unser tägliches Arbeits-, Kommunikations- und Freizeitverhalten hat niemand so stark beeinflusst wie Steve Jobs. Milliarden Menschen nutzen heute täglich, stündlich, minütlich und sekündlich Technologien und Geräte, die seiner Vision entstammten. Verglichen mit den kommenden Entwicklungen der künstlichen Intelligenz jedoch wird das Smartphone nur ein Quietsche-Entchen im tobenden Ozean gewesen sein.

Wenn man sich vergegenwärtigt, von wo und aus welchen Ursprüngen der Mensch gekommen ist, dann mag es zwar fürwahr verwundern, dass er heute nicht mehr ohne Digitales und Virtuelles leben kann. Doch allein der unzweifelhafte Entwicklungsweg zur Augmented Reality als ökonomisch-sozialem Zukunftsthema höchster Dimension und Implikation belegt deutlich, dass auch in etwaigen psychischen oder psychologischen Hemmschwellen kein ernsthaftes Argument gegen die Realisierbarkeit einer Rechtsprechungswelt der Roboter-Richter zu finden ist.

Es geht auch in diesem Kontext weniger um das »Ob« als vielmehr um das »Wie« und »Wann« etwaiger technologischer und realer Entwicklungs- und Substitutionslinien. So ist in der Tat zu fragen, ob unter psychologischen Aspekten etwa die Bereitschaft zur Akzeptanz des Roboter-Richters eher im *Zivil-* als im *Strafrecht* vorhanden sein mag, man Richter-Roboter möglicherweise bereitwilliger in *Amts-* und Landgerichten statt in *Bundesgerichten* zu erproben bereit sein wird und ob zunächst vielleicht bestimmte eher *numerisch-ökonomische* Themen wie etwa aus den Bereichen von Finanzwirtschaft oder Steuerrecht für die Algorithmisierungsvalidierung besser geeignet sind. Auch eine *streitwertbasiert gestaffelte* Einführung algorithmisierter Rechtsanwendung in der Zivilgerichtsbarkeit könnte ein durchaus denkbares Szenario sein. Es wird also eher um Schwellenwerte oder Kriterien der Einführung und Umsetzung gehen als um Algorithmisierungsverweigerung aufgrund psychologischer Schwellen oder Hemmnisse.

Dabei könnten die psychologischen Hemmnisse bei den Rechtsanwendern selbst unter Umständen höher liegen als bei den von der Rechtsanwendung betroffenen Bürgern – allein schon deshalb, weil jede Berufsgruppe (so wie jeder Mensch) selbstverständlich von der eigenen Einzigartigkeit sowie der Einzigartigkeit der eigenen Fachdisziplin und der eigenen Kompetenz besonders überzeugt ist.[105] Dieser Aspekt hat gleichwohl selbst bei den vielverehrten »Halbgöttern in Weiß« nicht den Einzug von Operations-Robotern in der Medizin verhindern können – und vom operationsunterstützenden zum operationsdurchführenden Roboter ist es dann potenziell nur noch ein sich graduell und damit möglicherweise nach und nach unmerklich vollziehender »Schritt«, wie wir etwa aus der Fertigungs- oder Automobiltechnik wissen.

Davon, dass unter Aspekten psychologischer Hemmschwellen beziehungsweise der Akzeptanz des Einzuges von Digitalisierung und Virtualität in die Justiz unter psychologischen Gesichtspunkten sich nachhaltig und dauerhaft Grenzen für die algorithmisierte Rechtsanwendung ergeben, ist mithin nicht auszugehen. Anders könnte dies vermutlich nur dann sein, wenn gleich zu Beginn der Erprobung beziehungsweise des Einsatzes teilautomatisierter oder automatisierter Rechtsanwendung ein echtes Skandalereignis einträte, das dauerhaft Schrecken und Abschreckung zu generieren »geeignet« wäre, wie beispielsweise eine Hinrichtung aufgrund eines infolge eines Programmierungsfehlers zustande gekommenen Todesurteils. Doch davon sollte jedenfalls bei uns glücklicherweise nicht auszugehen sein.

## Ethische Grenzen?

Betrachten wir den Rechtsstaat als höchstes nicht-emotionales Gut, dann würde unter ethischen Aspekten wohl ebenfalls am ehesten die Medizin als Analogie dienen und an die diesbezüglich zu stellenden Anforderungen heranreichen: Der Arzt als Anwender der Medizin quasi als Analogie zum Richter als Rechtsanwender.

Doch effiziente Roboteranwendung und effektiver Robotereinsatz sind in der Medizin bereits lange *Realität*, sodass sich auch diesbezüglich unter ethischen Aspekten kaum ein tragendes Argument gegen die

Vertretbarkeit des Roboter-Richters finden ließe. An ethischen Grenzen dürften algorithmisierte Rechtsanwendung und roboterisierte Rechtsprechung mithin ebenfalls nicht scheitern. Wieso sollte es unter ethischen Aspekten unvertretbar sein, einen Richter-Roboter in die Verantwortung über für das menschliche Leben und Miteinander wichtige (Rechts-)Fragen und (Rechts-)Anwendungen zu lassen und ihm diese Verantwortung anzuvertrauen, wenn in der Realität das menschliche Leben und Überleben und der menschliche Körper selbst ebenso wie das physische Korrelat seines Geistes längst dem Operations-Roboter anvertraut werden?

Die Firma *Intuitive Surgical* aus Sunnyvale im kalifornischen Silicon Valley machte das Konzept intuitiv bedienbarer Operationsroboter, bei denen der Operateur sich im südindischen Bangalore oder in Harvard aufhalten könnte, während der Operierte sich im Dschungel des Kongo oder im Schlachtfeld des Nahen Ostens befindet, gegen alle Widerstände zu einem globalen Erfolg beeindruckender Güteklasse. Dabei werden die Wundergeräte der *Da-Vinci*-Produktreihe zugegebenermaßen noch von einem Chirurgen bedient – wenngleich ihre Bedienbarkeit in der Tat dermaßen »intuitiv« ist, dass selbst der mit denkbar wenig Fingerfertigkeit ausgestattete unerfahrene Probeanwender mit ihrer Hilfe kleinste Krümelteile sicher »ergreifen« und hin- und her-manövrieren kann.

Der Operationsroboter ist also zunächst nicht Chef der Chirurgie, sondern vielmehr *Erfüllungsgehilfe* des Chirurgen. Noch ist er nicht unmittelbarer Konkurrent, doch auch hier zeichnet sich ein zügiger Wandel ab. Der Prozess vollzieht sich allem Anschein nach in zwei Schritten.

Wie bereits zuvor dargelegt, berichtete ein niedersächsischer Chefarzt für Chirurgie vor kurzem, er halte es perspektivisch für möglich, dass seine Arbeit vollständig von Robotern erledigt und er damit vom Roboter *ersetzt* werde; auch beim CNC Processing habe es schließlich noch vor gar nicht allzu langer Zeit niemand für möglich gehalten, dass manuelle Dreh- oder Fräsprozesse mittlerweile vollständig automatisiert erledigt werden können.

Die Analogie zur Justiz ist evident. Nunmehr wird auch der von den Verfassern dieses Buches sorgsam bedachte und eingesetzte Unterschied zwischen den Begrifflichkeiten des *Richter-Roboters* und des *Roboter-Richters* klar: Ersterer *unterstützt* als algorithmen-programmierte Maschine den Richter bei seiner Arbeit, Letzterer tritt selbst *an die Stelle* des Richters.

Insofern ist bezüglich aller in dieser Arbeit genannten Schwellen-, Hemmnis- oder Einführungsaspekte offenkundig, dass der erste Schritt schneller, leichter und problemloser vollzogen werden *wird*, als der zweite vollzogen werden *kann*. Doch wenn wir den ersten als quasi sicher und unvermeidbar betrachten, müssen wir auch über den zweiten mit aller Ernsthaftigkeit nachdenken.

Und was sollte per se unethisch daran sein, vom Menschen geschaffene Gesetze durch vom Menschen geschaffene Roboter und Algorithmen anwenden zu lassen?

Dies könnte allenfalls unbequem werden. Algorithmen und Maschinen werden nämlich perspektivisch (viel eher) in der Lage sein, etwaige Unlogik, Widersprüchlichkeiten oder sonstige Inkohärenzen in den und zwischen den von Menschen gemachten Gesetzen (und sonstigen Regelwerken) zu erkennen. Die unüberschaubare und keineswegs von Inkonsistenzen freie Steuergesetzgebung dürfte hierzu ein anschauliches Beispiel liefern – allein schon deshalb, weil sie – jedenfalls in unserem Land – von einem einzigen Menschen kaum mehr gesamthaft gelesen und insofern durchdrungen werden kann.

Der sich aus diesem Zusammenhang analytisch-konzeptionell herleitende dritte Schritt indes dürfte in der Tat nicht nur unter demokratischen Legitimations-, sondern insbesondere auch unter ethischen Aspekten der diskussionswürdigste und diskussionsbedürftigste sein: die Frage nämlich, ob dereinst auch die *Gesetzgebung selbst* algorithmisch-roboterisiert unterstützt und möglicherweise sogar *vollzogen* wird.

## »Rechtlich-demokratische« Grenzen: das Problem von Legitimation und Kontrolle

Je tiefer man diesbezüglich in die *Analyse* unserer Rechtsstaatsthematik einsteigt und je mehr *Analogien* zu anderen zentralen Gesellschaftsbereichen man findet, umso klarer wird, dass wirklich überzeugende Argumente, die gegen die Annahmen einer künftigen *Realisierbarkeit* und auch *Realisierung* einer Rechtsprechungswelt der Richter-Roboter und wohl auch der Roboter-Richter sprechen, kaum oder zumindest nur schwer zu finden sind. Zu eindeutig hat unsere Gesellschaft in den vergangenen Jahren in nahezu allen Bereichen bis hin zur Medizin, die ähnlich wie die Justiz uns wahrlich bis an den Kern betrifft und tangiert, unter Beweis gestellt, wie sehr sie den Verheißungen technologischer Machbarkeits-Potenziale anheimzufallen geneigt ist. Auch wenn diesbezüglich das Normative selbstverständlich vom Deskriptiven zu trennen ist, bietet unser digitales *Kommunikationsverhalten* das beste und anschaulichste Beispiel für die wahrlich hemmungs- und im wahrsten Sinne des Wortes grenzenlose Digitalisierung und Virtualisierung unseres Lebens.

Doch gerade in diesem Kontext und bezüglich dieser Analogie gibt es einen ganz außerhalb der Technologie selbst sowie technologischer Fragen und auch außerhalb psychologischer Aspekte liegenden *zentralen* Aspekt, der aus dem, was potenziell die größte Verheißung für einen effizienten, effektiven und (noch) »gerechteren« (weil in beziehungsweise hinsichtlich der Behandlung vor dem Gesetz »gleicheren« und konzeptionell mit weniger Rechtsfehlern in der Rechtsanwendung behafteten) Rechtsstaat ist, tatsächlich ein Horrorszenario nicht nur imaginärer oder vorstellungspsychologischer Art werden lassen könnte: die Frage nämlich, wer eigentlich die *Kompetenz* zur rechtsanwendungsorientierten Algorithmengestaltung, -erstellung und -umsetzung hat, mit wessen demokratischer beziehungsweise rechtsstaatlicher *Legitimation* er oder sie arbeitet und durch wen oder was er oder sie eigentlich angemessen *kontrolliert* werden kann. *Diese* Frage erscheint sehr viel dringlicher als die in der rechtswissenschaftlichen Literatur diskutierte etwa logisch-rechtlicher oder sprachlich-rechtsdogmatischer Grenzen.

Wie bereits zuvor angesprochen, besteht schon im täglichen Leben, im alltäglichen Kommunikationsverhalten rund um den Globus und damit in der weltweiten gesellschaftlichen Machtstruktur des digitalen Zeitalters eine zunehmende Dichotomisierung zwischen denen, die den Touchscreen eines Smartphones bedienen können, und denen, die all das verstehen, gestalten und beherrschen, was »hinter der Scheibe« liegt – und damit letztlich auch unser Verhalten und uns selbst.

Die entsprechenden Auswirkungen auf digital-virtuell-basierte reale Macht- und Wohlstandsdifferenziale lassen sich rund um den Planeten allerorten besichtigen. Da, wo es sich für die einen – egal ob etwa im Regenwald des Kongo, in einer Wohntonne in Lagos oder in den Slums von Manila – wie ein unfassbarer Reichtum anfühlen mag, mittels entbehrungsreicher Arbeit, Betteln, Hungern oder Prostitution endlich an überregionaler Kommunikation und globaler Information teilhaben zu dürfen, und das erste Smartphone im Leben gefeiert wird wie ein runder Geburtstag, akkumulieren sich an anderer Stelle dreistellige Milliarden-Dollar-Vermögen, die durch jeden Klick in Kalkutta oder Bangladesch steueroptimiert weiter wachsen. Auch das ist Exponentialität der digital-globalisierten Menschenwelt.

In der internetbasierten Kommunikations- und Vergnügungswelt akzeptieren wir das mehrheitlich, weil wir den Verlockungen und Einsäuselungen, die so auf uns wirken, manchmal intellektuell und ganz häufig emotional nicht gewachsen sind. Die süße Droge des Spielen- und Wischen-Könnens vernebelt die Sinne, und auch die Zweckmäßigkeit der ohnehin allzeit sekündlich von uns geforderten Kommunikationseffizienz und Informationseffektivität scheint zu gebieten, Sorgen über Vertraulichkeit, Privatsphäre oder Manipulierbarkeit zu verdrängen oder zumindest hintanzustellen. Und politischer Aktionismus entsteht ohnehin gemeinhin erst dann, wenn irgendein scheinbarer oder echter Skandal uns medial aufrüttelt. Doch die Komplexität des Meta- und Mega-Problems der Aushöhlung rechtsstaatlicher Grundsätze und Gestaltungskraft durch globale IT- oder KI-Konzerne und ihre undurchschaubaren Algorithmen übersteigt den üblichen Befassungshorizont einer 20-Sekunden-Fernsehnachricht oder einer handy-kompatiblen Online-Botschaft.

Eines ist im Analogieschluss indes klar: Wir dürfen unter keinen Umständen zulassen, dass der Rechtsstaat selbst in ähnlicher Weise letztlich von einzelnen wenigen beherrscht wird und nach Belieben manipuliert werden kann, die ihrerseits weder demokratisch legitimiert sind noch im Hinblick auf ihre Arbeitsprozesse und -ergebnisse überhaupt angemessen und wirksam kontrolliert werden können. Rechtsstaatliche Gestaltungskompetenz und richterliche Rechtsanwendung dürfen nicht letztlich in die Hand von IT-Experten gelegt werden; Algorithmisierungskompetenz kann rechtsstaatliche Verantwortung nicht ersetzen.

Damit befinden wir uns in einem echten Dilemma: Die analytisch-deduktiven Vorzüge algorithmisierter Rechtsanwendung erscheinen dermaßen groß und die Erfahrungen gesellschaftlicher Reaktion auf digital-virtuelle Potenziale dermaßen eindeutig, dass mit hoher bis höchster Wahrscheinlichkeit zu erwarten ist, dass das, was schon unser realgesellschaftliches Verhalten von der Kommunikation bis hin zur Medikation zunehmend dominiert, auch vor der Rechtsanwendung nicht Halt machen wird und umgekehrt. Doch lösen wir – ebenso wie im politisch-medialen und individuell-kommunikativen Raum – die Frage *nach und von* Legitimation und Kontrolle *nicht*, dann droht in der Tat ein Horrorszenario: dasjenige nämlich, dass Algorithmisierungskompetenz und künstliche Intelligenz nicht nur über finanzielle Potenz und gesellschaftliche Machtressourcen entscheiden, sondern letztlich sogar die *unmittelbare Gewalt über den Rechtsstaat* ermöglichen.

Der russische Präsident Wladimir Putin hatte insofern vermutlich recht, als er – sich an Millionen russischer Schüler wendend – feststellte, dass derjenige, der die künstliche Intelligenz beherrscht und dabei führend ist, letztlich auch über die Welt herrscht. China ist nicht ohne Grund das Land, das global nicht nur im Hinblick auf Patente, sondern auch auf Veröffentlichungen die Welt der künstlichen Intelligenz noch sehr viel stärker dominiert, als dies im Proporz zu seiner ohnehin gewaltigen Bevölkerungszahl zu erwarten wäre. Der bundesdeutsche Ressourceneinsatz ist im Vergleich dazu nicht mal ein Tropfen auf den heißen Stein. Kaum ein Tröpfchen.

## Die 15 zentralen Digitalisierungs-Zukunftsfragen an der Schnittstelle zwischen Technologie, Demokratie und Rechtsstaat

Zentrale Voraussetzung dafür, dass algorithmische Rechtsanwendung durch den Richter-Roboter sich am Ende als Verheißung erweist und nicht im Horror endet, ist mithin der *integre* Programmierer. So gesehen steht dann die Frage mit im Mittelpunkt, wer den Programmierer der Richter-Roboter zu kontrollieren oder auch auszubilden hat. Und es treten weitere fundamental bedeutsame Fragen hinzu. Zu den relevantesten der zu klärenden Probleme und entsprechenden Fragen zählen die folgenden:

- Wer programmiert?
- Wer bestimmt, wer programmiert?

- Unter wessen – etwa juristisch-fachlicher – Einbindung wird programmiert?
- Wie wird programmiert?
- Nach welchen Kriterien wird programmiert?
- Unter wessen Überwachung wird programmiert?
- Wo wird programmiert?
- Wann wird programmiert?
- Wie oft werden Updates der Algorithmen erstellt?
- Wer kontrolliert die Funktionsfähigkeit der Algorithmen?
- Wer überwacht ihre Wirksamkeit?
- Wer »zertifiziert« das ganze »System«?
- Wer »zertifiziert« die »Zertifizierer«?
- Wer sanktioniert Missbrauch?
- Und wie wird das Volk eingebunden?

*Das* sind die Fragen, die wir stellen müssen, statt Zeit damit zu verschwenden, zu beweisen zu versuchen, dass algorithmisierte Rechtsanwendung vielleicht unmöglich sei. Wir müssen uns damit befassen, wie wir damit umzugehen haben, wenn es so weit ist und die Algorithmisierung zunehmend Platz greift, um dann in der Lage zu sein, demokratisch-rechtsstaatliche Legitimation sicherzustellen.

Die Liste der relevanten Fragen ließe sich deutlich erweitern und reflektiert im Grunde alle bekannten Probleme der Schnittstelle zwischen *nationaler* Rechtsordnung und globaler, *transnationaler* Wirtschafts-, Verhaltens- und Vernetzungsrealität – noch dazu im Kontext einer besonderen *Knappheit an spezialisierter Kompetenz.* Die Großkonzerne des Silicon Valley zahlen für Top-Experten im Bereich künstlicher Intelligenz mittlerweile im Einzelfall Millionengehälter auf Sachbearbeiter- beziehungsweise Programmiererebene. Es darf aber nicht sein, dass der Rechtsstaat allein schon unter derartigen Ressourcenaspekten gar nicht mehr in der Lage ist, zu überschauen, geschweige denn zu gestalten, was *in ihm und mit ihm* geschieht.

# Wer beherrscht den digitalisierten Rechtsstaat?

Werden die vorstehend aufgelisteten Fragen nicht schlüssig und überzeugend beantwortet und aus der Beantwortung nicht die geeigneten Schlüsse gezogen, dann droht letztlich in der Tat eine digitale Auszehrung des rechtsstaatlichen Kerns. *Algorithmengestaltungs-Kompetenz* würde dann nicht nur zu einer ökonomischen *Monopol- oder Oligopol-Rendite* führen, sondern sogar zu einer rechtsstaatlichen.

Doch die Thematik der Definition und Umsetzung der Maßnahmen, die erforderlich sind, um zu verhindern, dass die Dollar-Multimilliardäre und Daten-Multitrilliardäre des Silicon Valley zu *Rechtsstaats-Oligarchen* werden, geht evident über den hier vorliegenden Befassungskomplex hinaus. Es wird großer Anstrengungen Vieler auf höchstem Niveau bei gleichzeitig hoher demokratischer Verankerung und Transparenz bedürfen, um Digitalisierungs-Trends, technologische Substitutionslinien und verändertes »Konsumenten«- und Bürgerverhalten in Einklang zu bringen mit den Erfordernissen rechtsstaatlicher *Evolution* bei gleichzeitiger Aufrechterhaltung *unverrückbarer* Rechtsstaatsgrundsätze. Zu Letzteren dürfte zuallererst die Gleichheit aller vor dem *Gesetz* zählen – und damit sachlogisch auch die grundsätzliche Gleichheit aller im Hinblick auf die Möglichkeit zur Gestaltung vom und *Mitwirkung am Rechtsstaat*.

Die algorithmische Rechtsanwendung durch den Richter-Roboter bietet perspektivisch effizienztechnisch und effektivitätsseitig eindeutig gravierende Vorteile, ebenso wie im Hinblick auf Objektivität und Qualität der logischen Deduktion und Subsumtion. Das große Problem ist die Frage der Selektion und Legitimation sowie der Kontrolle und Überwachung der Programmierung.

Die angeführten (Einzel-)Beispiele grob fehlerhafter Rechtsanwendung in einer Welt algorithmenfreier Rechtsprechung zeigen zwar, wie nötig und unvermeidbar es möglicherweise ist, Objektivität, Neutralität, Kompetenz, logische Deduktion und Subsumtionsqualität in der Rechtsprechung durch Einsatz von Algorithmen, Robotern und künstlicher Intelligenz weiter zu verbessern. Allein dieser Vorteil ginge indes verloren, wenn das dargelegte Programmierungs- und Programmiererproblem nicht gelöst würde. Analog zum Thema der Kompetenz hinter der Wisch-Scheibe von Milliarden Smartphones entstünde beziehungsweise entsteht hier nämlich dann das Problem, dass nur *extrem wenige* überhaupt die Kompetenz haben, die relevante Algorithmisierung zu leisten, woraus natürlich auch wieder eine andere Form der Manipulationsanfälligkeit und der potenziell limitierten Objektivität entsteht.

Roboter in der Justiz ohne demokratische Kontrolle der Programmierung wären in der Tat der Einstieg in die Ära der Beherrschung des Menschen durch von ihm selbst geschaffene Maschinen. Es sollte nicht der Rechtsstaat selbst sein, der dieses Signal gibt.

# KAPITEL 11

# RECHTSWISSENSCHAFTLICH-SPRACHLICHE ARROGANZ VERSUS KÜNSTLICH-ABSTRAKTE INTELLIGENZ?[106]

*[Ein Buch, das sich ernsthaft und gesamthaft mit den Chancen, Herausforderungen, Gefahren und Bedrohungen für unseren Rechtsstaat auseinandersetzen will, muss sich zwingend und eingehend mit den ungeheuren technologischen Entwicklungen und insbesondere den Themen Digitalisierung, Robotisierung und künstliche Intelligenz beschäftigen. Und diese Befassung wäre unvollständig, wenn man die wichtige rechtswissenschaftliche Diskussion dazu vollständig ausblenden würde. Wesentliche Aspekte der entsprechenden Literaturkontroverse der Rechtswissenschaft werden nachstehend überblicksartig wiedergegeben und – zum Teil provokant – bewertet. Wem das als zu detail- oder zu fachorientiert erscheint, der mag dieses Kapitel einfach überspringen und bei Kapitel 12 weiterlesen. Empfohlen sei dieses Überspringen gleichwohl nicht, zumal es auch hier wieder zahlreiche konkrete und anschauliche Beispiele für das gibt, was schon möglich ist oder noch möglich wird und wie wir das für unseren Rechtsstaat nutzen können.]*

Im Nachgang zu der im Jahr 2012 erfolgten Veröffentlichung eines interdisziplinären Buches im erweiterten Kontext der Rechtsinformatik[107] entwickelte sich zwei Jahre später eine (kurze) Literaturkontroverse zu den in dieser Buchveröffentlichung aus den Schnittstellenbereichen von Wissenschaft, Wirtschaft und Verwaltung sowie Rechtswissenschaft und Informatik heraus angesprochenen Möglichkeiten der Algorithmisierung der Rechtsanwendung, auf die nachstehend überblicksartig eingegangen werden soll. Trotz aller gravierenden darin zutage getretenen Auffassungsunterschiede[108] ist beiden Seiten dieser auf hohem Niveau und mit großer Präzision geführten Grundsatzdiskussion gemeinsam, dass sie – jedenfalls nach Auffassung der Autoren – Entwicklungsgeschwindigkeit und -potenziale der Digitalisierung (potenziell) dramatisch unterschätzen und insofern in ihrer konzeptionellen Befassung von Machbarkeits-Prämissen ausgehen, die hinter der sicherlich denkbaren und mit nennenswerter Wahrscheinlichkeit auch zu erwartenden künftigen realen Entwicklung deutlich zurückbleiben dürften.

Insofern bedürfen auch die entsprechenden Schlussfolgerungen in wesentlichen Teilen evident einer Re-Evaluation. Den beiden die in Bezug genommene Kontroverse führenden Rechtswissenschaftlern[109] ist dabei allerdings neben der enormen Grundsatzbedeutung, dem eindrucksvollen Befassungsniveau und dem protagonistischen Charakter ihres Diskurses ausdrücklich zugute zu halten, dass vor sechs Jahren vielleicht auch noch nicht mit derselben Deutlichkeit wie heute absehbar war, was alles möglich werden könnte und zum Teil auch in diesen sechs Jahren schon möglich geworden ist. In sechs Jahren digitalisierter Realität entstehen schließlich mittlerweile wesentlich mehr Daten und Informationen als früher in einem ganzen Jahrhundert analogen Erkenntnisfortschritts. Die Digitalisierung ermöglicht exponentielle Effizienzsteigerungen weit über alle Dimensionen hinaus, die dereinst selbst industriell absehbar gewesen wären. Dies ist offenkundig gerade auch im Hinblick auf das maschinelle Verstehen und Lernen von höchster Relevanz.

Wer – wie Kotsoglou – zum Abschluss eines in vielerlei Hinsicht höchst bemerkenswerten Beitrages zum »Subsumtionsautomat[en] 2.0«[110] Goethe im Hinblick auf die Möglichkeiten eines »deus ex machina« im Kontext der Algorithmisierbarkeit juristischer Probleme zitiert[111], muss sich ganz grundsätzlich fragen lassen, wie selbst der größte Geist seiner Zeit 200 Jahre vor dem Beginn der Ära der Digitalisierung auch nur ansatzweise hätte ahnen können, welche auch geistigen Potenziale auf eben dieser von ihm nicht ansatzweise vorherzusehenden Digitalisierung Maschinen und ihre Programme einst haben könnten. Auch wir haben heute nicht einmal den Funken einer Idee all dessen, was im Jahre 2220 Realität sein wird oder zumindest perspektivisch als denkbar erscheinen mag.

Dass die Grundlagen der Digitalisierung von Gottfried Wilhelm Leibniz längst geschaffen waren, als Johann Wolfgang von Goethe »Das Göttliche« verfasste, ändert daran nichts – im Gegenteil: (Auch) Kyriakos Kotsoglou kann gar nicht wissen, welche Wurzeln welcher künftigen

Entwicklungen unerkannt schon heute angelegt sein mögen, die künftig seine oder sonstige Machbarkeits-Prämissen geradezu pulveriseren könnten.

## Die Thesen von Kotsoglou: »(Un-)Möglichkeit einer Algorithmisierung der Rechtserzeugung«[112]?

Kotsoglou räumt zwar (mit den Autoren des von ihm rezensierten Werkes und deren Logik[113]) ein, »dass immer dann, wenn es um Programmierung geht, (Rechts-)Informatiker in einer viel besseren Ausgangsposition sind als traditionelle Juristen«[114], ist jedoch der Auffassung, dass (bereits) die vollständige Formalisierung der natürlichen Sprache eine »unüberwindliche« Hürde auf dem Weg zur automatisierten beziehungsweise algorithmisierten Rechtsfolgenermittlung ist[115], und postuliert: »Natürliche Sprachen kann man nicht formalisieren.«[116]

Ein Beweis hierfür wird gleichwohl nach dem Verständnis der Autoren dieses Buches nicht geliefert. Weder das von Kotsoglou diesbezüglich angeführte Kontextinvarianzprinzip noch die – von ihm im Übrigen nicht bewiesene – Annahme, der »Begriff der Information« setze »menschliche (nicht-algorithmische) Interpretation voraus«[117], können die zwingende Schlussfolgerung begründen, dass natürliche Sprachen per se (und mithin auch das Recht) nicht formalisierbar seien. Auch die diesbezüglichen Zweifel Kotsoglous an der dem von ihm rezensierten Werk zugrunde liegenden Logik, reproduzierbare, standardisierte Rechtsanwendung vermöge aufgrund des logischen Charakters der Subsumtion Rechtssicherheit zu garantieren,[118] tragen nicht. Hierzu im Einzelnen (unter Bezugnahme auf die von Kotsoglou selbst vorgenommene Nummerierung seiner Argumente):

*Erstens:* Die von Kotsoglou unter Bezugnahme auf und Zitation von Larenz[119] vorgenommene Betonung, der (juristische) Verstehens-Prozess vollziehe sich nicht linear, sondern in Wechselschritten,[120] ist für die Beurteilung der Algorithmisierbarkeit der Rechtsanwendung im Grunde *irrelevant.* Wieso sollten Roboter und ihre Algorithmen nur in einer Richtung denken können? Wieso sollten sie per se nicht zu *pendelartigen, iterativen* Prozessschritten analog richterlicher Rechtsanwendung fähig sein oder *werden können?* Die theoretische Möglichkeit der algorithmischen Erschließbarkeit der Subsumtion wird jedenfalls durch das jahrzehntelang bewährte Standardwerk von Larenz keinesfalls widerlegt und widerspricht auch in keiner Weise dem von Engisch postulierten »Hin- und Herwandern des Blickes«.[121]

*Zweitens:* Auch die im Hinblick auf das *bikonditionale* Verhältnis zwischen Tatbestandsverwirklichung und Rechtsfolge vorgetragene Einschätzung Kotsoglous, die Verfasser des von ihm rezensierten Buches nähmen »*Larenz* ›bei der Formel‹, obwohl sie ihn ›beim Wort‹ hätten nehmen sollen«[122], widerlegt in keiner Weise die Möglichkeit der Algorithmisierbarkeit der Subsumtion. Wieso sollten Roboter und Algorithmen per se nicht in die Lage *versetzt werden können*, bikonditionale Verhältnisse sachlogisch zu erschließen? Und auch die »deduktive Maschinerie des Konditionalsatzes«[123] macht Letzteres keineswegs unmöglich. Es spricht sogar manches dafür, dass gerade in diesem Kontext *perspektivisch* Maschinen viel besser in der Lage sein werden als Menschen, komplexe Wirkungszusammenhänge zu durchdringen und schwierige Rechtsfolgenermittlungen vorzunehmen, da sie *sehr viel schneller* zu *sehr viel mehr* iterativen Schritten in der Lage sind.

*Drittens:* Ihrerseits zweifelhaft ist auch die Position Kotsoglous, der »Versuch, Normen mithilfe der formalen (Aussagen- oder Prädikaten-) Logik zu formalisieren«, sei »heftigen Zweifeln ausgesetzt.«[124] Diesbezüglich erscheinen auch die von Kotsoglou herangezogenen »Modi, mit welchen Juristen operieren«[125], letztlich irrelevant, da niemand final ausschließen kann, dass Konzepte wie *Ge- oder Verbot* für den Roboter nicht ebenso erschließbar werden wie jene der *Möglich- oder Notwendigkeit*. Selbst wenn man die von ihm zitierte Unterscheidung zwischen deontischen und alethischen Modi diesbezüglich jedoch als bedeutsam erachten wollte, so würde selbige in keiner Weise der *maschinellen Anwend*barkeit *menschlich geschaffener* oder formalisierter Normen widersprechen. Die Gesetzgebung wäre unter diesem Betrachtungswinkel *möglicherweise* tatsächlich nicht automatisierbar, sehr wohl aber die *Anwendung* des Rechts. Wieso sollten Computer und künstliche Intelligenz grundsätzlich und dauerhaft nicht in der Lage sein, sich angemessen mit normativen Begriffen oder etwa der Logik von Verpflichtungen zu befassen?

*Viertens:* Kotsoglou ist schließlich auch zu widersprechen, wenn er schlussfolgert, »dass die Formalisierung des Rechts als sprachliches Phänomen weder (begrifflich) möglich noch erwünscht ist.«[126] Hierzu wurde zuvor schon vorgetragen. Ergänzend sei angeführt, dass auch etwaig fehlende Eindeutigkeit oder Präzision juristischer Sprache im logischen Sinne weder die Formalisierung der Sprache noch jene des Rechts ausschließt. Der Zusammenhang ist vielmehr umgekehrt: Ein weniger präzises Analyse-Instrumentarium könnte höhere Präzisionsebenen nicht erschließen. Und auch wenn Kotsoglou darauf abstellt, alles, was potenziell rechtsstandardisierende Computer täten, sei, »auf den gelieferten Input in einer endlichen Anzahl von Schritten mit einem Output zu »reagieren«»[127], widerlegt er weder die Möglichkeit noch die etwaige Sinnhaftigkeit einer Formalisierung des (in natürlicher Sprache verfassten) Rechts. Im Gegenteil: Der Richter-Roboter könnte unzweifelhaft mit einer *disproportional höheren* Zahl von zugrunde liegenden Schritten Rechtsanwendung vornehmen als der Mensch – mithin weniger Endlichkeit in der Befassung mit hoher Komplexität!

Auch in anderen zentralen Punkten geht Kotsoglou nach Überzeugung der Verfasser dieses Buches fehl:

Es ist nicht ersichtlich, warum – wie von Kotsoglou unter Bezugnahme (im Hinblick auf das Wesen der Gesetzesanwendung) auf Jestaedt[128] insinuiert[129] – die Maschine (perspektivisch) auf die *reine Wiederholung* des vom Gesetzgeber Festgesetzten beschränkt bleiben müsste. Allem Anschein nach unterschätzt Kotsoglou schlichtweg die Möglichkeiten der Technik oder definiert zumindest unterschwellig Grenzen des technisch und technologisch Machbaren, deren Überschreitung noch nicht ansatzweise überhaupt in Angriff genommen worden ist geschweige denn als unerreichbar verworfen werden kann.

Allerdings konnte Kotsoglou im Jahre 2014 auch noch nicht die Ergebnisse eines mittlerweile von Studenten der Universität Cambridge durchgeführten »Wettbewerbs« kennen: In dem »Lawyer Challenge« genannten juristischen Mensch-Maschinen-Wettstreit setzte sich im Oktober 2017 die künstliche Intelligenz der »Case Cruncher Alpha« genannten Maschine gegen 112 Londoner Rechtsanwälte deutlich durch. Der Computer siegte sowohl bei *Effizienz* (mit dem Faktor 30:1 gegen alle Anwälte in Summe, gemessen an der Zahl der analysierten Fälle) als auch hinsichtlich der (an der Beurteilung des Ombudsmanns gemessenen) *Trefferquote* (!) im Hinblick auf etwaig bestehende Versicherungsansprüche (mit einem durchschnittlichen Vorteil von 39 Prozent).[130]

Auch der Hinweis Kotsoglous auf die besondere Bedeutung der Rechtsdogmatik[131] macht in keiner Weise die Rechtsanwendung durch Algorithmen und Roboter obsolet. Wieso sollte – zumindest die *selbst lernende* – Maschine nicht über die Subsumtion hinaus auch zur rechtsdogmatischen Befassung fähig werden? Wieso sollte sie nicht sogar zu höherer terminologischer Präzision fähig sein – umso mehr angesichts der von Kotsoglou selbst angesprochenen Grenzen der Präzision traditioneller juristischer Sprache?

Unter Bezugnahme auf und Zitieren von Schuhr[132] führt Kotsoglou selbst (!) aus, dem »Gesetzgeber fehl[e] es erstens an der »nötigen Muße« und zweitens an dem »erforderlichen Sachverstand«,[133] um alle Kontexte zu antizipieren, in denen ein bestimmter Rechtsbegriff angewendet werden kann.«[134] Ein überzeugenderes Argument ließe sich indes kaum finden, um nicht nur die Rechtsanwendung, sondern potenziell perspektivisch sogar die Gesetzgebung algorithmisiert-maschinell durchführen zu lassen. Der Roboter-Richter wäre jedenfalls ebenso wie der Roboter-Parlamentsabgeordnete in seiner »Arbeitskraft« und hinsichtlich seiner »Arbeitsleistung« weder durch fehlende Muße noch durch limitierte Informationsaufnahmekapazitäten begrenzt oder eingeschränkt.

Auch die von Kotsoglou ins Feld geführte *Systematisierung* der Rechtsordnung[135] als Befassungsobjekt der Rechtsdogmatiker erscheint als Argument gegen die Möglichkeit einer Algorithmisierung der Rechtserzeugung denkbar ungeeignet: Gerade im Hinblick auf präzise Strukturierung und fehlerfreie Systematisierung dürfte die (in bestimmten Bereichen der Kreativität fürwahr noch limitierte) »Maschine« dem Menschen zumindest mittelfristig sogar deutlich überlegen sein. Gerade hier sind präzise Algorithmen besonders wirkungsvoll.

Ebenso trägt der Hinweis, dass der Rechtsanwender »nicht einfach die einzelne Vorschrift systematisch auslegen« muss, »sondern die Gesamtheit bzw. relativ große Ausschnitte der geltenden Rechtsordnung«,[136] eher das Gegenteil der von Kotsoglou vertretenen Position: Gerade das *gesamthafte* und fehlerfreie, vollständige Erfassen, Abgreifen, Berücksichtigen, Analysieren und Systematisch-Einbeziehen der *gesamten* geltenden

Rechtsordnung in jedem noch so kleinen Einzelfall kann maschinell perspektivisch mit an Sicherheit grenzender Wahrscheinlichkeit sehr viel besser geleistet werden als vom überarbeiteten, zeitlich begrenzten, bezüglich Daten-Input *natürlich* limitierten traditionellen Einzelrichter oder der gleichermaßen multidimensional überfrachteten Kammer. Ein Roboter-Richter sollte und würde sich jedenfalls kaum auf mangelnde Geläufigkeit gültiger Gesetze berufen können.

Die von Kotsoglou angeführte »Unverzichtbarkeit der Rechtsdogmatik«[137] impliziert mithin keineswegs die Unmöglichkeit, vielleicht aber sogar gerade die *Unverzichtbarkeit einer algorithmisierten Rechtsanwendung* in Zeiten durch exponentiell wachsende Komplexität auch des Rechtssystems und seiner Systemumwelten gleichermaßen steigender Herausforderungen im Hinblick auf Systematisierung und gesamthafte Würdigung der Rechtsordnung.

Im Rahmen seiner Schlussbemerkung stellt Kotsoglou selbst heraus: »Komplexität ist der Preis für die Wissenschaftlichkeit der Rechtsdogmatik, die möglichst gerechte Lösungen (Gleiches gleich und Ungleiches ungleich behandeln) zu garantieren in der Lage ist.«[138] Dem ist uneingeschränkt zuzustimmen. Warum er allerdings im direkten Folgesatz schreibt, »Rechner und KI sind dieser Aufgabe nicht gewachsen«[139], erschließt sich diesseits nicht einmal ansatzweise. Das exakte Gegenteil dürfte – zumindest mittelfristig – zutreffen: Der Mensch – auch der beste Jurist oder die beste Juristin – wird mit dieser Komplexität zunehmend überfordert sein, sodass die Zuhilfenahme von Richter-Robotern ein Zwischenschritt auf dem Weg zum Roboter-Richter werden könnte.

Empirisch dürfte keine einzige Problemstellung bekannt sein, hinsichtlich derer der Computer nicht sehr viel schneller in der Lage war, mit Komplexität zunehmend besser umzugehen als der Mensch. Die Geschwindigkeit des Digitalisierungsfortschritts ist schlichtweg trillionenfach höher als die Geschwindigkeit des Evolutionsfortschritts. Und – wie bereits zuvor betont: Ein System-Update des menschlichen Gehirns lässt bereits einige Jahrzehntausende vergeblich auf sich warten.[140]

Warum die »Zulässigkeitskriterien eines ›Rechts ex machina‹« nicht nur »nicht erfüllt«, sondern darüber hinaus auch künftig »nicht erfüllbar«[141] sein sollten, erschließt sich jedenfalls weder unter theoretischen noch unter empirischen noch unter dogmatischen Aspekten – und schon gar nicht unter Aspekten der Geschwindigkeit des Entstehens digitaler Kompetenz und artifizieller Intelligenz.

Nach hiesigem Empfinden hat sich Kotsoglou mithin schlicht »vergaloppiert«, wenn er unter Bezugnahme auf Searle[142] sogar behauptet: »Es ist nicht bloß technisch anspruchsvoll oder aufwendig, Computer zu bauen, die denken oder Rechtsfolgen ermitteln; es ist vielmehr *begrifflich* unmöglich.«[143] Begriffliche *Unmöglichkeit* dessen, was Computer (künftig) leisten können, ist gar nicht denkbar, ohne dass (willkürlich) *nicht erwiesene Grenzen* hinsichtlich ihrer künftigen Leistungsfähigkeits-Potenziale gezogen werden. Insofern können oder konnten diesbezüglich weder Kotsoglou noch John Searle vor 35 Jahren irgendetwas kategorisch ausschließen, das in 35 Jahren oder danach möglich werden könnte.

*Ein* fundamentales Grundproblem der automatisierten Rechtsfolgenermittlung hat Kotsoglou jedoch (unter Bezugnahme auf Raabe et al.[144]) sehr treffend herausgearbeitet: Letztere »ist auf Juristen angewiesen, die die sachverhaltsrelevanten Rechtssätze bereitstellen werden.«[145] Auch wenn er dabei die datenverarbeitungstechnologischen Potenziale (wieder einmal) evident unterschätzt – selbstverständlich werden Richter-Roboter Derartiges in naher Zukunft selbst verrichten können –, so ist doch das bereits zuvor angesprochene Problem des »*Wer*« hinsichtlich Programmierung, Vernetzung und gegebenenfalls Normierung der rechtsanwendenden Roboter und ihrer Algorithmen in der Tat zentral.

Zu den Aspekten Legitimation und Kontrolle tritt noch jener der heranzuziehenden Rechtsexperten[146] hinzu. Das ist keineswegs nur ein Problem für die Bereitstellung formalisierten »juristischen Wissens«, sondern gerade auch im Hinblick auf die Vernetzung und die Algorithmisierung selbst: Der fehlerfrei programmierte Richter-Roboter sollte konzeptionell auch zur rechtsfehlerfreien Rechtsanwendung in der Lage sein. Geschehen allerdings – ungewollt oder gewollt – Expertenfehler bei der Programmierung oder Informationseinspeisung, dann potenziert sich diese Fehlerhaftigkeit *in jedem einzelnen* rechtsanwendungstechnisch relevanten Fall.

Fehlerhafte Expertenarbeit oder etwaige fachlich-sachliche Fehleinschätzungen der herangezogenen Experten bedeuten also in diesem Kontext: Automatisierte Rechtsanwendung führt zur Standardisierung und damit zur Wirkungs-Vervielfachung etwaiger Programmierungsfehler. Das ist zwar etwa im Flugverkehr nicht anders – und auch für die Betroffenen nicht weniger folgenreich. Standardisiert rechtsfehlerbehaftete Rechtsanwendung bleibt ungeachtet dessen fürwahr eine furchterregende Vorstellung – und belegt, wie zentral die Frage nach *Selektion, Überprüfung und Überwachung* der Algorithmisierungsprozesse und der dafür Verantwortlichen ist. Diese Frage indes hat Kotsoglou außer Acht gelassen.

## Die Replik von Engel: »Algorithmisierte Rechtsfindung als juristische Arbeitshilfe«[147]?

Auch Engel spricht in seiner »Erwiderung« auf Kotsoglou das Problem der etwaigen Legitimation oder Kontrolle der an den Algorithmisierungsabläufen Beteiligten nicht zentral an, sondern konzentriert sich in replikgemäßer Befassung – weitgehend zutreffend – darauf, die Unmöglichkeits-Hypothesen Kotsoglous in bestimmten Bereichen zu widerlegen oder zumindest angemessen zu relativieren.

Die Frage nach den letztendlich *langfristig* zu erwartenden Algorithmisierungs-*Möglichkeiten* stellt Engel eher zurückhaltend und weniger potenzialorientiert (»Welche Rolle *werden* Computer in der juristischen Profession von morgen einnehmen?«[148]) und zudem mit einer Formulierung, die eine präzise Antwort mangels Vorhersehbarkeit der Zukunft im Grunde schon im Ansatz ausschließt. Sehr präzise ist er indes beim Heranziehen von Beispielen, die konkret und anschaulich zu belegen in der Lage sind, dass Computer und Algorithmen sehr wohl eine Rolle in der Justiz spielen können, zunehmend spielen werden und zum Teil in der Tat auch schon spielen.

Dem Titel seiner Replik entsprechend, betrachtet Engel die »Algorithmisierte Rechtsfindung« allerdings *lediglich* »als Arbeitshilfe«[149] der Rechtsanwender. Dabei ist zu berücksichtigen, dass auch sein Beitrag bald sechs Jahre alt sein wird und auch er offenkundig seinerzeit noch nicht erahnen konnte, was bereits heute technologisch möglich ist – etwa im Bereich der automatisierten Personalauswahl und -entwicklung. Entsprechend dürfte Engel auch (potenziell) unterschätzt haben, was in Zukunft möglich sein wird oder zumindest werden könnte. Das lassen jedenfalls die eher mechanistischen, gleichwohl sehr konkreten von ihm ausgewählten Beispiele dafür erahnen, wo seines Erachtens algorithmische Hilfestellung für die Justiz sinnvoll sein kann.

So hält Engel den Einsatz von Software beispielsweise bei der Überprüfung von Homepages auf die Kompatibilität mit den Anforderungen des Telemediengesetzes sowie der Zulässigkeit von Mieterhöhungen oder des Bestehens von erbrechtlichen Pflichtteilsansprüchen wie auch bei der Elterngeldberechnung für denkbar, also bei der »Prüfung *einfach strukturierter* juristischer Ansprüche«.[150] Eine zwingende Logik für diese Eingrenzung liefert er jedoch nicht, sondern konstatiert vielmehr: »Die Qualität des Prüfungsergebnisses steht und fällt mit der Qualität und Differenziertheit des Prüfungsprogramms.«[151] Das ist zweifelsfrei der Fall. Doch auch die möglichen Anwendungsbereiche für die hier von Engel in Bezug genommene Rechtsprüfung durch Laien erweitern sich – wie auch in den Bereichen professioneller Rechtsberatung oder gerichtlicher Rechtsanwendung – sachlogisch mit jedem weiteren Fortschritt bei der Vernetzung und Analyse- sowie Bewertungskompetenz derartiger vollautomatisierter Programme.

Hinsichtlich der anwaltlichen Rechtsberatung sieht Engel hinsichtlich automatischer »Rechtsprüfungsmechanismen weniger eine Beratungs*konkurrenz*, sondern eher eine Chance zur *Verbesserung* von Rechtsdienstleistungen«[152], und nennt diesbezüglich die Überprüfung anwaltlich-juristischen Bauchgefühls »durch eine computergestützte, strukturierte Fallanalyse« sowie die »Akribie einer Subsumtionssoftware« als generelle Anwendungs- und Vorteilsbereiche sowie bereits existierende »Online-Fallerfassungstools für die Durchsetzung von Ausgleichs- und Erstattungsansprüchen nach Art. 7, 8 der Fluggastrechte-VO (EG) Nr. 261/2004« als sehr konkretes Anwendungsbeispiel.[153] Auch automatisierte Fallprüfung hält Engel also insbesondere »bei *einfach* gelagerten Fällen« für potenziell beratungsverändernd, eine Redundanz anwaltlicher Rechtsberatung sieht er jedoch »gerade bei *komplexen* Fällen *nicht*«.[154] Wieso eigentlich nicht?

Auch hier liefert Engel keine stringente Begründung für die gezogene Anwendungsgrenze – abgesehen von dem (zutreffenden, aber keine zwingende Kausalität erzeugenden) Hinweis darauf, dass ein Programmierer sich mit zunehmender Kompliziertheit des Sachverhaltes umso schwerer tun wird, »dafür ein adäquates Prüfungsprogramm zu schreiben«[155]. Stattdessen behauptet er im unmittelbaren Anschluss einfach: »Ohnehin kann ein Rechner dem Anwalt kaum die Aufgabe abnehmen, Unklarheiten im Sachverhalt zu ergründen, mögliche Beweismittel in Augenschein zu nehmen oder einen Prozess zu führen.«[156] Warum eigentlich nicht?

Engel konnte im Jahre 2014 noch nicht wissen, dass etwa vollautomatisierte Passkontrolle im Jahre 2020 nicht nur in »hochentwickelten« Ländern mit eigenen IT-Hochburgen längst erfolgreich erprobte Praxis sein würde und die »Inaugenscheinnahme« und Validierung von Dokumenten entsprechend maschinell bereits besser vonstattengehen könnte als menschlich-individuell. Er hätte sich jedoch darüber im Klaren sein müssen, dass sich die von ihm zur Grundlage seiner Beurteilung gemachte technologische Machbarkeitsgrenze real und konzeptionell an jedem einzelnen Tag weiter verschieben würde – und dies mit potenziell zunehmender Geschwindigkeit!

Entsprechend kommt er auch hinsichtlich des dritten von ihm analysierten Hauptanwendungsbereich der »Komplementärfunktion rechtsinformatorischer Innovation«[157], nämlich den gerichtlichen Entscheidungen, – in deutlichster Abgrenzung zu Kotsoglou und diesbezüglich sogar weit über die zwei Jahre zuvor von Raabe et al. präsentierten Konzepte hinausgehend – zu der Einschätzung, es lasse sich »sogar erwägen, Subsumtionsautomaten die Arbeit der Gerichte erleichtern zu lassen«, dies müsse jedoch »auf Aufgaben der Rechtserzeugung«[158] beschränkt bleiben, und es wäre »auch hier zu beachten, dass Rechner nur eine *mechanische* Subsumtion, kaum aber *komplizierte* Abwägungen leisten können.«[159] Warum Letzteres so sein sollte, geschweige denn so sein muss, verbleibt auch hier im Dunkeln.

Warum also laut Engel »vorläufige Gerichtsentscheidungen«, die »Prüfung der Schlüssigkeit der eingeklagten Ansprüche« oder auch die vollautomatische Bearbeitung von »Auskunftsanträgen in Registersachen bei Zustimmung des Antragsgegners« als Anwendungsbereiche automatisierter Subsumtion infrage kommen sollen,[160] man den »Erlass eines Strafbefehls« allerdings »trotz weithin vereinheitlichter »Straftarife« wegen der gravierenden Wirkung der darin festgesetzten Rechtsfolgen nicht automatisieren wollen«[161] wird, wird in seinem Beitrag nicht mit einem einzigen Wort weiter erklärt. Die *gravierende Wirkung* allein kann jedenfalls als Begründung nicht ausreichen. Andernfalls hätte der Gesetzgeber sachlogisch zwingend den Einsatz von Autopiloten im Flugverkehr verbieten müssen. Welche Wirkung könnte schließlich für die Betroffenen gravierender sein als die eines Flugzeugabsturzes infolge eines Programmierungsfehlers?[162]

Und auch für seinen »Schluss« liefert Engel keinerlei überzeugende, geschweige denn zwingende Begründung: So stellt er zwar zu Recht fest, dass »die Rechtsinformatik keine Eintagsfliege« ist, akzeptiert jedoch, dass sicherlich »die Gestaltung eines Subsumtionsprogramms mit wachsender *Komplexität* der zu beantwortenden Fragen an ihre *Grenzen*« stößt und insofern die »Prüfung und Abwägung grundrechtlicher Fragen oder die Bewertung eines *verzweigten* Rechtsproblems mit Berührung zu mehreren ausländischen Rechtsordnungen (..) sich kaum mit *überschaubarem Aufwand* programmieren lassen« wird.[163] Die Idee, dass *genau das Gegenteil* der Fall sein könnte, dass also gerade der Mensch und auch der traditionelle Richter gerade mit der exorbitanten Komplexität verzweigter Rechtsprobleme im multinationalen Kontext multipler Rechtsordnungen zunehmend überfordert sein könnte und gerade hier algorithmisch Abhilfe zu schaffen ist, beschleicht ihn nicht.

Und auch hier werden weder die – sich ohnehin fortlaufend rapide verschiebenden! – angeblichen »Grenzen« von Algorithmen und Algorithmisierbarkeit begründet noch überhaupt hinterfragt, was eigentlich ein »überschaubarer« Programmierungsaufwand sein mag. Dass Letzterer sich in Zeiten exponentiell wachsender intellektuell-analytischer Skalenerträge der Digitalisierung ständig reduziert, wird (auch) von Engel ebenso außer Acht gelassen wie die Tatsache, dass dieser Aspekt spätestens dann vollkommen irrelevant würde, wenn Algorithmen ihrerseits von Robotern geschrieben würden. Und auch das kann keinesfalls als unmöglich verworfen werden.

Immerhin ist Engel jedoch – gänzlich anders als Kotsoglou – bereit, den Subsumtionsautomaten im auf mechanische Subsumtion »begrenzten Umfang zum Zuge kommen« zu lassen.[164] Auch wenn für die entsprechende Begrenzung aus dem referenzierten Diskurs keine stringente Logik und schon gar kein zwingender Beweis erkennbar zu sein scheint, nimmt Engel jedoch am Ende selbst eine *entscheidende Relativierung* vor, indem er konstatiert: »Und *Kotsoglou* ist zuzugeben, dass *zumindest in*

*Abwesenheit künstlicher Intelligenz* Computer das Recht nie werden erzeugen oder systematisch fortbilden können.«[165] Genau diese »Abwesenheit« aber kann – zumindest im Jahre 2020 – unter keinen Umständen mehr sinnvolle Prämisse einer auf perspektivische Entwicklungen ausgerichteten und globale Mega-Trends angemessen reflektierenden rechtswissenschaftlichen Diskussion sein.

## Zwischenfazit: Undefinierte, undefinierbare oder inexistente Grenzen?

So ist das eigentlich Faszinierende an dieser Literatur-»Kontroverse« aus Sicht der Autoren dieses Buches, dass auch Engel als Antagonist der Unmöglichkeits-Hypothesen[166] Kotsoglous – jedenfalls nach Überzeugung der Verfasser dieses Buches – die Potenziale und Möglichkeiten der Algorithmisierung im Bereich der Rechtsanwendung konzeptionell und real noch weit unterschätzt. In dessen Diskurs und Dissens mit Kotsoglou stehen die Autoren dieses Buches offenkundig Engel näher, gehen in den künftigen Machbarkeits-Einschätzungen und Potenzial-Abschätzungen algorithmischer Rechtsanwendungs-Entfaltung allerdings sehr erheblich über das hinaus, was Letzterer im Rahmen seiner »Arbeitshilfe«-Hypothese für mach- und denkbar hält.

Auch die Autoren des der Rezension von Kotsoglou[167] zugrunde liegenden – mittlerweile acht Jahre alten – (Quasi-»Standard«-)Werkes zur datentechnischen Formalisierung des Rechts[168] haben – aus seinerzeitiger Betrachtungsperspektive verständlich – eine vergleichsweise zurückhaltende Einschätzung der exponentiellen Potenziale der Welt künftiger algorithmisierter Rechtsanwendung vorgenommen. Betrachtet man die seither erzielten Fortschritte bei der Entwicklung komplexester Algorithmen allein in den Bereichen der digitalen Medizin, des Luftverkehrs oder der Automobilität, so wird deutlich, dass – ungeachtet etwaiger rechtsphilosophischer oder rechtsdogmatischer Auffassungsunterschiede – eine aktuelle Potenzialabschätzung deutlich »großzügiger« ausfallen muss, als dies noch im Jahre 2012 konzeptionell der Fall gewesen wäre.

Die unglaublichen Fortschritte etwa im Bereich der digitalen Medizin – sei es soft- oder hardwareseitig – lassen erahnen, welche Anwendungsmöglichkeiten auch hoher und höchster *Anwendungstragweite* die Digitalisierung noch eröffnen wird. Wer den (empirisch außerordentlich erfolgreichen) medizinisch-chirurgischen Einsatz von Operationsrobotern am und sogar *im Menschen* nicht rechtlich verbietet – und welchen Grund sollte es dafür geben? –, kann nicht ernsthaft kategorisch ausschließen wollen, den Robotereinsatz *für* den Menschen und seine Gemeinschaft beziehungsweise zur Lösung seiner *Konflikte* oder auch *Sanktionierung* seines Fehlverhaltens auch in der Justiz zuzulassen – selbstverständlich ausdrücklich in Abhängigkeit vom technischen Fortschritt und unter Gewährleistung angemessener und hinreichender Kontrolle und Legitimation. Letztgenannter Aspekt ist in der analysierten Literaturkontroverse weitestgehend außen vor geblieben, die sich in weiten Teilen auf vermeintliche Machbarkeitsfragen und -grenzen kapriziert hat.

Dies ist nach diesseitiger Auffassung der Grundsatzfehler aller hier in Bezug genommenen Autoren: Sie haben (angesichts in Wirklichkeit nicht vorhersehbarer künftiger technologischer Entwicklungs- und Substitutionspfade naturgemäß unsichere und im Grunde haltlose!) *Realprämissen* über angebliche technologische Entwicklungs- und Machbarkeitsgrenzen als Grundlage konzeptioneller theoretischer oder gar dogmatischer Diskussion herangezogen. Doch wer künftige technologische Substitutionspfade noch nicht kennt und auch sach- und zeitlogisch *noch gar nicht kennen kann*, kann *unmöglich* Aussagen über die *Grenzen der Substituierbarkeit* bestimmter menschlicher durch maschinelle Handlungen, Bewertungen oder Entscheidungen treffen. Das gilt bei allem allerhöchsten Respekt vor dem Rechtsstaat ausdrücklich auch für die Rechtsanwendung und potenziell für die Rechtserzeugung – und im Übrigen sogar für Rechtsdogmatik und Rechtsphilosophie.

Wie schnell und geradezu dramatisch sich die Grenzen in unserer Vorstellungskraft befindlicher technologischer Substitution verschieben können, haben nicht nur Operationsroboter in der Medizin und Autopiloten im Flugverkehr bewiesen, mithin zwei Bereichen besonderer Tragweite der Implikationen etwaiger Programmierungsfehler. In den 1970er-Jahren wäre es für die meisten von uns vollkommen unvorstellbar gewesen, dass man jemals über drahtlose, global einsetzbare, hochpräzise, computergestützte, softwarebasierte, audiovisuelle Navigationssysteme verfügen würde, geschweige denn, dass nahezu alle von uns davon täglich würden profitieren können. Doch bereits in den 1990er-Jahren war es in Premium-Automobilen durchgängig Realität, und heute kommen Milliarden von Smartphone-Benutzern in den dauerhaften Genuss dieser technischen Möglichkeit.

Als in den 1990er-Jahren automatisierte automobile Navigation schon erlebbare Realität war, hätte es kaum jemand *auch nur ansatzweise für möglich gehalten*, dass (nur) 20 Jahre später auf den Straßen Kaliforniens bereits Milliarden an Kilometern von völlig autonomen Fahrzeugen zurückgelegt sein würden. Im Jahre 2020 indes zweifelt wohl niemand mehr daran, dass autonomes Fahren bald zur *globalen Realität* wird. Und kaum jemand sollte daran zweifeln, dass 2030 das analoge oder eigenständige Fahren in Europa verboten sein wird. In Großstädten wird es dann weniger Verkehr geben. Car-Sharing wird zur normativen und gelebten Realität werden.

Die Investmentbank Jefferies & Company hat auf dieser Basis die auf dem Gebiet von Roboterautos vermeintlich führende Alphabet-Tochter Waymo bereits im Jahr 2018 langfristig mit potenziell bis zu 250 Milliarden (!) Dollar bewertet,[169] nachdem erst einige Monate zuvor Morgan Stanley das Bewertungspotenzial auf 175 Milliarden hochgeschraubt hatte.[170] Was *vorgestern* nicht einmal eine *Utopie* war, kann *morgen* schon *Realität* sein. In der Technologie. In der Ökonomie. In der Gesellschaft. In der Politik. Und auch in der Justiz.

Was dort *übermorgen* die Analogie zum autonomen (!) Fahren sein mag, kann heute naturgemäß niemand vorhersagen. Niemand. Es ist den Verfassern dabei durchaus bewusst, wie fehleranfällig beispielsweise KI-basierte Sprachverarbeitungsprogramme selbst renommiertester Provenienz aktuell noch immer sind und dass etwa zwischen den Voraussagen Schmidhubers[171] und derzeit wirklich verfügbarer auch auf seiner Arbeit basierender künstlicher Intelligenz noch eine gewaltige Lücke klafft.

Das kann aber nicht über die geradezu unfassbare Entwicklungsgeschwindigkeit hinwegtäuschen, mit der sich in der Welt von Artificial Intelligence oder auch Augmented Reality sowohl Erkenntnis- als auch Umsetzungsfortschritt bewegen. Das Gleiche gilt für die Adoptionsgeschwindigkeit, und zwar sowohl hinsichtlich ihrer technologischen Voraussetzungen als auch hinsichtlich der entsprechenden gesellschaftlichen Akzeptanz. Das Telefon benötigte nach seiner Einführung im Jahre

1878 nicht weniger als 75 Jahre, um 100 Millionen Nutzer zu haben; das Handy brauchte dafür von 1979 bis 1995 nur 16 Jahre; Instagram konnte bereits zwei Jahre und vier Monate nach seinem 2010 erfolgten Launch auf 100 Millionen Nutzer verweisen; und Pokémon Go benötigte dafür im Jahr 2016 ganze zwei Wochen. Wird der erste echte Richter-Roboter vielleicht nur noch zwei Minuten benötigen, um von der gesamten Community der Rechtsanwender euphorisch aufgenommen zu werden?

Waymo und seine Automobilroboter sind mithin keineswegs allein. Und der Trend im Kernbereich der Artificial Intelligence könnte sich noch viel rasanter entwickeln als einzelne ihrer Applikationsbereiche. Das chinesische AI-Start-up SenseTime bezeichnet sich auf seiner Homepage selbst als *der Welt wertvollstes Einhorn der künstlichen Intelligenz*, das sich auf Computervision und tiefes Lernen konzentriert.[172] Nach eigenen Angaben ist das erst im Oktober 2014, also im Jahr der hier diskutierten Literaturkontroverse, gegründete Unternehmen bereits mit mehr als 4,5 Milliarden US-Dollar bewertet und hat Finanzmittel von mehr als 1,6 Milliarden Dollar eingeworben.[173]

Dabei ist SenseTime nur eine von fünf nationalen »Plattformen« der künstlichen Intelligenz in China, mit der *Mission, KI-Innovation zu führen, um die Zukunft anzutreiben*.[174] In Kalifornien arbeiten derweil hoch spezialisierte Experten aus Europa daran, der amerikanischen Wissenschaft und Wirtschaft weitere Beschleunigung auf dem Bereich der Artificial Intelligence zu verleihen, wie etwa Pieter Abbeel, ein aus Belgien stammendes globales Spitzentalent im Bereich vielschichtiger neuraler Netzwerke, der am Berkeley AI Lab die Grenzen des technisch Machbaren zu verlagern mithilft. Im Bereich exobiologischer Intelligenz ist auch der Wettbewerb um die besten nicht-artifiziellen Talente grenzenlos global und massiv entwicklungstreibend.

Die Rechtswissenschaft würde mithin einen großen Fehler begehen, wenn sie sich in Diskurs und Kontroverse über den Einsatz und die Einsetzbarkeit algorithmisierter Rechtsanwendung an heute verfügbarer Technologie (und heutigem gesellschaftlichen Verhalten) orientieren würde. Wer heute sinnhaft diskutieren will, welche Entscheidungen morgen getroffen werden müssen, um auch übermorgen noch effektive und effiziente Rechtsstaatlichkeit gewährleisten zu können, muss dabei weit über den Tag nach dem Übermorgen hinausdenken wollen und können.

241

»Richtige« rechtliche Grenzen wird diesbezüglich nur definieren und setzen können, wer sich in seinem Denken nicht durch artifizielle Erwartungsgrenzen selbst unnötig und unangemessen einschränkt.

An der Spitze des uneingeschränkten Denkens über grenzenlose artifizielle Intelligenz stehen unangefochten Chinas Forscher. Fünf nationale Entwicklungs- und Verbreitungsplattformen sowie weit über 100 000 wissenschaftliche Artikel im Bereich der künstlichen Intelligenz sprechen für sich. Eine ganz spannende Frage, die sich daraus herleitet, lautet, ob und inwieweit China damit zumindest mittelbar auch *global rechtsprägend und rechtsbestimmend* wird. Wird China damit die Algorithmisierung der Rechtsanwendung und somit auch die algorithmisierte Rechtsanwendung selbst letztlich dominieren?

## Die Duplik von Kotsoglou: »Schlusswort« zu einer Entwicklung, die noch gar nicht begonnen hat[175]

Wie weit der rechtstheoretische und rechtsdogmatische Diskurs sowohl hinsichtlich der konkreten Machbarkeitsreferenz als auch hinsichtlich der grundsätzlich als unlimitiert zu betrachtenden technologischen Entwicklungspotenziale hinter dem Hinausdenken auch über das Übermorgen hinaus mitunter zurückbleibt, belegt höchst eindrucksvoll die Duplik von Kotsoglou, in der dieser unter Erwiderung auf die Kritik Engels im Zusammenhang mit der Kontextabhängigkeit von Begriffen (allen Ernstes) zum Vortrage bringt, die »Indexierung von ›Kasuistik‹ (..), das heißt die umfassende Darstellung des faktischen Nacheinanders von ›Sachverhalt‹ und ›Urteil‹« sei »aber bisher schon (mindestens) zweimal gescheitert«,[176] und sich dabei unter anderem auf das Allgemeine Landrecht für die preußischen Staaten (ALR) aus dem Jahre 1794 bezieht.[177]

Dies erscheint gleich doppelt bedenklich. Selbstverständlich können weder mehr als 200 Jahre alte Vorschriftenkonvolute noch die – von Kotsoglou diesbezüglich ebenfalls in Bezug genommenen[178] – (vermeintlichen) Grenzen der positiven Beweistheorie in der Vergangenheit auch nur irgendetwas darüber aussagen, was in der Zukunft maschinell-erkenntnistechnisch möglich wird oder zumindest werden könnte. Kategorische Unmöglichkeiten etwa im Hinblick auf Algorithmisierungspotenziale *können* daraus mithin *gar nicht* geschlossen werden.

Und welche Aussage- oder Beweiskraft ist eigentlich jeglichem Hinweis darauf, dass *etwas schon zweimal gescheitert* sei, zuzusprechen? Etwas, das hunderttausendmal gescheitert ist, kann beim hunderttausend und ersten Mal vorzüglich funktionieren. Das exakt ist das Wesen von Innovationsprozessen. Technologische Substitutionslinien sind in ihrem Verlauf eben gerade *nicht* vorhersehbar. Will die Rechtswissenschaft sinnhaft daran mitwirken, dass die Rechtsanwendung – soweit angemessen und wünschenswert – in den Genuss der konkreten Möglichkeiten des digitalen Fortschritts gelangt, dann darf sie die generellen Merkmale innovatorischen Fortschritts nicht ignorieren. Etwaige rechtsdogmatische Erwägungen ändern daran überhaupt nichts.

Auch in seiner Replik auf Engel vermag Kotsoglou nicht schlüssig zu begründen, warum es – wie von ihm behauptet – die »ureigene Fähigkeit von Menschen« sein soll, »Sprache zu verstehen und die damit verbundene ureigene Fähigkeit von juristischen Akteuren, Recht zu erkennen«[179]. Wie könnte auch etwas sachlogisch erklärt werden, das schlichtweg weder erklärbar noch beweisbar ist?

In der entsprechenden Formulierung manifestiert sich nach dem Empfinden der Autoren dieses Buches zugleich eine doppelte Arroganz. Eine Seite dieser wahrgenommenen Arroganz bildet sich auch in der Position ab, es müsse gezeigt werden – wie sodann (vermeintlich!) erfolgt – »dass wir (...) unausweichlich zum Ergebnis kommen, dass juristische Problemstellungen (Sachverhalte) Laien nicht verständlich gemacht werden *können* (ob mithilfe einer Software oder nicht spielt hierbei keine Rolle)«[180]. Das erscheint den Verfassern dieses Buches als wahrlich abenteuerliche Position. Wer dem »Laien« die Möglichkeit abspricht, »im kritischen Moment (...) zwischen Regelfall und Ausnahme zu differenzieren«[181] oder etwas erfolgreich »verständlich gemacht« zu bekommen (oder auch sich perspektivisch zum methodengelehrten Juristen fortzubilden!), kann in seiner Bewertung weder den Potenzialen algorithmisch programmierter noch etwa jenen *lernfähiger* oder *selbstlernender* Computer oder Roboter gerecht werden.

Jeder Mensch kommt als Rechtslaie auf die Welt. Warum sollten wir der Maschine hier die menschliche Bildungs- und Fortbildungsmöglichkeit absprechen wollen? Zumal eine Maschine klüger als ein Mensch »geboren« werden mag: Der Computer kann jedenfalls zumindest schon mit einer Wissensdatenbank »gezeugt«, erzeugt und von Anfang an ausgestattet werden.

Dabei hat Kotsoglou doch neben dem Verweis auf das, »was in einem Operationssaal vor sich geht«,[182] und der zutreffenden Feststellung, ein juristisches Urteil sei »das Ergebnis eines analytischen Begründungsprozesses«,[183] selbst die beste Begründung für die Unrichtigkeit seiner Kern-Schlussfolgerungen geliefert. Er schreibt nämlich: »Die Tatsache, dass wir die einzelnen Zeichen einer Formel oder einer chemischen Verbindung (...) kennen, heißt noch lange nicht, dass wir auch die Atomstruktur (den propositionalen Gehalt) des Methans verstehen.«[184] Exakt! Wie können wir dann aber arroganterweise unterstellen, geschweige denn wissen, dass nicht dereinst lernfähige, selbstlernende Roboter dem Menschen (auch) im Hinblick auf »Verstehen« und »Beurteilen« überlegen sein werden oder zumindest die Möglichkeit dazu besteht? Zumal die Maschine im Vergleich zum Menschen doch gerade bei den diesbezüglich so zentralen und von Kotsoglou selbst ja auch betonten Prozessen der Analyse (explizit) und Synthese (implizit) über besondere Stärken und Vorteile verfügt.

Und wohin sich die *Stärkung dieser Stärken* von Algorithmen und Computern noch entwickeln (lassen) wird, vermag jedenfalls auf unserem Planeten heute kein einziges Lebewesen und kein einziger Roboter auch nur ansatzweise abzusehen. Kotsoglou hat mithin ein »Schlusswort« zu einer Entwicklung verfasst, die noch gar nicht begonnen hat.[185]

## Die verwaltungsrechtliche Perspektive von Martini und Nink: das Verfassungsargument[186]

In einer Veröffentlichung aus dem Jahre 2018 haben Martini und Nink[187] der Debatte über die Möglichkeiten von Substitutionsautomaten und die diesbezüglichen Grenzen der Automatisierung einen interessanten Aspekt hinzugefügt: die Frage nämlich, wie eine Vollautomatisierung in oder von Gerichtsverfahren verfassungsrechtlich zu beurteilen ist.

Zunächst einmal gehen Martini und Nink hinsichtlich etwaiger technologischer Machbarkeitsgrenzen in ihrem Beitrag, der sich auf die

Automatisierung verwaltungsrechtlicher Rechtsbehelfsverfahren konzentriert, deutlich über das hinaus, was vier Jahre zuvor Kotsoglou oder
Engel machbar zu sein schien. Dies ist nicht überraschend, als etliches
von dem, was seinerzeit allein schon technologisch – jedenfalls Kotsoglou – offenbar *undenkbar* erschien, mittlerweile – zumindest im digitali-
sierungstechnisch inzwischen sehr viel »fortschrittlicheren« China – im
Einzelfall *Realität* ist. Es mutet dabei schon fast bizarr an, dass gerade
in der vielleicht traditionellsten Stadt altchinesischer Kultur – dem am
berühmten West Lake gelegenen Hangzhou nämlich – das vielleicht
»weltweit erste »virtuelle Gericht« seine Arbeit aufgenommen«[188] hat,
das zuständig ist für »Streitigkeiten aus Online-Verträgen, Persönlich-
keitsrechtsverletzungen sowie für den Rechtsschutz gegen internetbezo-
genes Handeln der öffentlichen Verwaltung [!]«,[189] wobei Klagen online
erhoben und Beweise digital vorgelegt werden können und sogar eine
Teilnahme an der mündlichen Verhandlung via Videokonferenz möglich
ist. Auch wenn selbst dort die online verkündete Entscheidung (noch!) in
menschlich-richterlicher Hand verbleibt, wird deutlich, *wie* schnell sich
scheinbare technologische Grenzen verschieben.

Dass es dabei allein infrastrukturell im internationalen Vergleich gravierende Unterschiede gibt, ist offenkundig. So stellen Lichtenstein und
Ruckteschler fest: »Während der elektronische Rechtsverkehr hierzulande nur mäßige Fortschritte macht, hat in China kürzlich ein vollkommen
digitales Gericht seine Arbeit aufgenommen.«[190] Die Autoren kommen
zu der naheliegenden Einschätzung, es sei »davon auszugehen, dass virtuelle Gerichte nicht nur auf die Stadt Hangzhou beschränkt bleiben werden«,[191] und stellen im darauf folgenden Zwischentitel – ernüchternder,
aber zutreffenderweise – fest: »Währenddessen kämpft Deutschland mit
dem beA«[192], also dem besonderen elektronischen Anwaltspostfach.

Während man in Hangzhou selbst zur mündlichen Verhandlung
nicht mehr im Gerichtssaal erscheinen muss, wird in Berlin schon der
Bundeshauptstadt »erster voll digitaler Gerichtssaal« medial gefeiert, womit offenbar vorrangig ein großer »Monitor hinter der Richterbank« und
»Bildschirme der Parteien« sowie Richter-»Laptops und Zugang zu den
juristischen Datenbanken« gemeint sind: »Nun steht das Sozialgericht
an der *Spitze der Digitalisierung* der Berliner Gerichtsbarkeit.«[193] Alles ist
eben relativ, der Begriff der Spitze ebenso wie der des Digitalgerichtes.

Abgesehen vom Hinweis auf verfahrensrechtliche Hürden etwa im Hinblick auf die Öffentlichkeit mündlicher Verhandlungen konstatieren Lichtenstein und Ruckteschler ebenfalls: »Bislang bleibt allerdings die technische Ausstattung der Gerichte weit hinter dem zurück, was nötig wäre, um eine Digitalisierung der Justiz flächendeckend umzusetzen.«[194] Rechtsstaatlichkeit im Allgemeinen sowie die Thematik ihrer Unterstützbarkeit und eventuellen Stärkung durch technologischen Fortschritt etwa im Rahmen der Digitalisierung betreffen eben nicht nur höchst komplexe konzeptionell-intellektuelle Fragestellungen, sondern auch ganz profane Ressourcenfragen. Aber durch Corona tut sich hier etwas: Die technische Ausstattung nimmt zu, und der entsprechende Modernisierungsprozess soll beispielsweise in Niedersachsen bereits im Jahr 2021 abgeschlossen sein.

Ungeachtet dessen haben Martini und Nink zweifelsfrei recht, wenn sie im Hinblick auf Systeme der Verfahrensdigitalisierung und -automatisierung feststellen: »Auch in der Justiz sind sie weltweit auf dem Vormarsch.«[195] Ohne hier auf die spezifisch verwaltungsrechtlichen Aspekte ihres Beitrages im Einzelnen einzugehen, sei der zentralen Schlussfolgerung (auch) ihrer Analyse jedoch gleich zweifach widersprochen. Auch wenn sie »vollautomatisierte Einzelentscheidungen (..) im verwaltungsrechtlichen Widerspruchsverfahren« als »rechts*technisch* vorstellbar« erachten, kommen Martini und Nink nämlich zu der abschließenden Bewertung, im »*Gerichtsverfahren* erweise[e] sich eine Vollautomatisierung weder als technisch möglich noch als verfassungsrechtlich denkbar.«[196] Warum Ersteres so sein oder zumindest so bleiben sollte, erklären die Autoren ebenso wenig wie Kotsoglou oder Engel. Es sei an dieser Stelle darauf verzichtet, zum wiederholten Male auf die grundsätzliche Grenzenlosigkeit des Denkbaren und auch des potenziell Machbaren hinzuweisen.

Schon der (fiktionale) Möbius stellte vor mehr als einem halben Jahrhundert in *Die Physiker* fest: »Was einmal gedacht wurde, kann nicht mehr zurückgenommen werden.«[197] Insofern ist eine verfassungsrechtliche Reflexion im Hinblick auf digital-finale Entwicklungen durchaus geboten. Ungeachtet der Frage, ob nicht allein schon Artikel 3 Absatz (1) des Grundgesetzes letztlich die algorithmisierte Rechtsanwendung – im jeweils machbaren Umfang – aus den im Hinblick etwa auf die Kriterien der Objektivität und Anwendungsgleichheit zuvor diskutierten Gründen geradezu implizieren könnte, liegt der von Martini und Nink vorgetragene Einwand der verfassungsrechtlichen *Undenkbarkeit* vollautomatisierter Gerichtsverfahren ungeachtet Artikel 92 des Grundgesetzes allerdings neben der Sache, und zwar gleich aus zwei Gründen:

Dass die rechtsprechende Gewalt »den Richtern anvertraut« ist, schließt nicht deren (angemessenes) Sich-Anvertrauen oder Sich-Zunutze-Machen im Hinblick auf algorithmische Potenziale aus – ebenso wie ja auch der verantwortliche Flugkapitän sich seinerseits dem Autopiloten anvertrauen kann und darf. Damit wären wir diesbezüglich letztlich wieder bei den Themen technologischer Machbarkeit und angemessener Validierung, Kontrolle und Legitimation. Und bei der – in der Tat relevanten – damit verbundenen Frage der Abgrenzung zwischen Richter-Roboter und Roboter-Richter. Die allerdings allesamt die etwaige Vollautomatisierung keineswegs ausschließen müssen.

So kann sich beispielsweise der Konstanzer Juraprofessor Marc Strittmatter mittlerweile vorstellen, dass »zum Beispiel im Reiserecht, wenn es um die Entschädigung von Reisenden wegen Flugverspätungen oder schmutzige Hotelzimmer geht«, Roboter eines Tages auch zu Richtern werden könnten, und fügt im Hinblick auf etwaige einer Klage als Zulässigkeitsvoraussetzung vorgeschaltete automatisierte Streitschlichtungsverfahren hinzu: »Man bräuchte allenfalls in der ersten Phase noch Juristen für die Beweisführung, aber das könnte vielleicht auch die automatische Bilderkennung leisten.«[198]

Zudem kann das Grundgesetz selbstverständlich geändert oder präzisiert werden, sofern die *Lebensverhältnisse* sich grundlegend oder gar *massiv ändern*. Letzteres ist im Hinblick auf digital-virtuelle Realitäten sowie tägliche Arbeitsprozesse und permanentes Kommunikationsverhalten in deutlichstem Umfang und im Grunde jeden einzelnen Bürger betreffend ohne jeden Zweifel der Fall. Die Verfassungsmütter- und -väter konnten noch nicht ansatzweise erahnen, welche digitalen und digital-gesellschaftlichen Realitäten 70 Jahre später vorherrschen würden.

Inwieweit also das Grundgesetz die Rechtsprechung *dauerhaft* nur »Richtern aus Fleisch und Blut«[199] vorbehalten mag und muss, bleibe an dieser Stelle einmal dahingestellt. Wie die dargelegten Gedanken angedeutet haben dürften, ist dies ein derart komplexes Thema, dass es nicht nur ganze rechtswissenschaftliche Dissertationen und Seminare füllen, sondern potenziell gleich mehrere Legislaturgenerationen von Parlamentsabgeordneten beschäftigen könnte.

# Kapitel 12:

# Questor als Protagonist oder sogar Retter des Rechtsstaats?[200]

Kaum ein Film war seiner Zeit mehr voraus als das 1974 von Gene Roddenberry erschaffene Science-Fiction-Drama »The Questor Tapes«, das von einem Androiden handelt, der seinen Erschaffer und nach seinem Zweck und Sinn sucht. Die in Deutschland unter dem Titel »Ein Computer wird gejagt« bekannt gewordene und noch heute als DVD bestellbare Geschichte von Questor beschreibt keinerlei intellektuelle Einschränkungen des Protagonisten, die uns in Sorge versetzen müssten, dass Roboter nicht höchst komplexitäts- oder sprach- und verständnisfähig sein könnten. Diesbezüglich war Roddenberry jedenfalls in seiner imaginären Vorstellungskraft 1974 schon weiter als die Rechtswissenschaft 40 Jahre später in ihrem realen rechtsdogmatischen Diskurs.

Der *zentrale Unterschied* zwischen Mensch und Maschine, den der amerikanische Film in nicht zu überbietender Eindrücklichkeit vor Augen führt, liegt nicht etwa im intellektuellen Potenzial (bei dem er übrigens offenkundig deutliche Vorteile aufseiten des Roboters sieht), sondern vielmehr darin, dass die Maschine *nicht lieben kann*, also nicht in derselben Weise wie wir zu Emotionen fähig ist.[201] Was Questor geradezu in Verzweiflung stoßen könnte (wenn denn auch dieser Unterschied zwischen Homo sapiens und Androiden letztlich verschwimmen sollte), könnte für den Rechtsstaat eine interessante Perspektive sein.

Ausgangspunkt unseres Buches war und ist das Verständnis vom Rechtsstaat als »das höchste nicht-emotionale Gut, das wir überhaupt haben.« Wenn der Rechtsstaat aber tatsächlich das höchste nicht-emotionale Gut, das wir haben, ist, dann ist genau deshalb hier aber auch *Nichtemotionalität* konzeptionell möglicherweise sogar entscheidend für seine *Funktionsfähigkeit*. Und gerade deshalb ist dann gerade hier die *nichtemotionale Maschine* möglicherweise dem emotionalen Menschen am ehesten überlegen. Denn ihr einziger nachhaltiger großer Nachteil, nicht empfinden – und auch nicht lieben (oder hassen) – zu können, an dem schon Questor litt, könnte hier zu ihrem größten Vorteil und damit letztlich auch zum Vorteil der Menschen, der Menschheit und ihrer nationalen oder internationalen Gemeinschaften werden – zumindest zum Vorteil des von Menschen geschaffenen Rechtsstaats: die Nicht-Emotionalität quasi als wichtigste *(digital-algorithmische) Schutzfunktion* des höchsten nicht-emotionalen Gutes!

## Objektivität und Analyse versus Impuls und Emotion?

Der Journalist und Rechtswissenschaftler Adrian Lobe sagt schlicht: »Roboter haben *keine Gefühle* und kein Gewissen, keine Launen und keinen Hunger.«[202] Und er fügt ebenso klar hinzu: »Ein *emotionsloser* Computer, der nur nach Daten urteilt, könnte unseren Gerechtigkeitsvorstellungen eher Rechnung tragen als ein impulsiver Mensch.«[203] Die Maschine, so Lobe, sehe »nicht, welcher Herkunft ein Angeklagter ist, welche Religion oder Ansichten er hat.«[204] Ungeachtet der Tatsache, dass eine gewissenslose Justiz hier ebenso wenig als Verheißung proklamiert werden soll wie etwa das Strafurteil ohne Kontext des Werdeganges des oder der Angeklagten, sind doch die maschinellen Vorteile der *Nichtemotionalität* und des ausschließlichen *Faktenbezuges* evident im Hinblick auf die rechtsanwendungstechnischen Beurteilungskriterien etwa der Objektivität, Neutralität und Unbefangenheit.

Und wer – berechtigterweise – fragt, ob denn nicht gerade die Eigenschaft des Menschen als *emotionales Individuum* dazu führen muss, dass nichtemotionale Rechtsfindung ins Leere führt, dem sei entgegengehalten, dass vermutlich gerade die emotionale Existenz des Menschen nur dann friedlich für große Mengen von Menschen als friedliche Koexistenz organisiert werden kann, wenn die Justiz auf nichtemotionalen Grundlagen beruht und *auch* von einer *nichtemotionalen Rechtsanwendungsinstanz* vollzogen wird.

Im Übrigen ist ja auch der *vollständige* Beweis mangelnder Emotionalisierungsfähigkeit von Androiden weder erbracht noch überhaupt erbringbar. Ein Ausschlusskriterium für die algorithmisierte Rechtsanwendung lässt sich diesbezüglich mithin gar nicht herleiten. Zu alledem besteht obendrein ohnehin wohl noch ein Unterschied zwischen *Empathie*, die der Rechtsfindung sehr wohl dienen mag, und *Emotionalisierung*, die von ihr abzulenken geeignet ist. Dass die Maschine konzeptionell eher zur Empathie als zur Emotionalisierung qualifiziert ist, dürfte außer Frage stehen.

## Mensch *und* Maschine, Maschine *und* Mensch

Zumindest solange die vollständige normative und individuelle Kontextualität noch nicht in hinreichendem Umfang digital synthetisiert werden kann, können Mensch und Maschine – so wie von dem an der University of South Carolina lehrenden Rechtswissenschaftler Bryant Walker Smith formuliert – zudem »beim Urteilen verzahnt« werden, mit der Folge einer »reziproken Partnerschaft« als »System von *checks and balances*«.[205]
Eine solche Win-win-Konstellation würde nach Auffassung der Autoren in der Tat kurz- und mittelfristig die Objektivität menschlicher Urteile und langfristig die normative Vernetzung und kontextualisierte »Urteilsfähigkeit« maschineller Rechtsanwendung erhöhen und potenziell perfektionieren. Dass gerade Bryant Walker Smith die *Synergiepotenziale* zwischen Mensch und Computer in der Justiz besonders deutlich erkannt hat, ist kein Zufall: Er hat sich in seiner Forschung schließlich ausgiebig mit Fahrassistenzsystemen und automatisiertem Fahren beschäftigt. Doch ähnlich wie das Verhältnis zwischen Mechanik und Elektronik oder jenes zwischen Hardware und Software wird sich auch jenes zwischen menschlichem und maschinellem Beitrag zur Rechtsanwendung und Rechtsfindung perspektivisch immer weiter im Einklang mit den eindeutigen technologischen Substitutionsprozessen und -potenzialen verschieben – weg vom menschlichen Monopol und hin zur Maschine.
Dabei ist das potenziell menschheitseinschneidende Jahr 2045, in dem synthetische Intelligenz die biologische *irreversibel und uneinholbar* übertreffen könnte,[206] nur noch ganze 25 Jahre entfernt. Das ist von heute in die Zukunft gerechnet eine geringere Zeitspanne als die seit der deutschen Einheit! Bleibt zu hoffen, dass die rechtlich-administrative Anpassungsfähigkeit sich ebenfalls exponentiell entwickeln wird.

## Maschine *statt* Mensch – ein neuer *Richter-König?*

Vermutlich *bedarf es* tatsächlich der Unterstützung von oder sogar (zumindest teilweisen) Substitution durch Maschinen, um den Rechtsstaat der Menschen auch im digitalen Zeitalter zu ihrem Wohle hinreichend objektiv, faktenbasiert und komplexitätsbeherrschend zu gestalten und damit seine Funktionsfähigkeit zu erhalten. Wie dargelegt, hat das aber konzeptionell zunächst eine zentrale Voraussetzung, nämlich den *integren Programmierer.*

Der Thron des rechtswissenschaftlich ausgebildeten Richter-Königs[207] würde sich also in diesem Kontext lediglich vom Gerichtssaal an den Hochleistungs-Pad verlagern. Und seine Ausbildung wäre zwingend interdisziplinär. Rechtsinformatik würde so vom interdisziplinären Teilgebiet zur Hauptdisziplin, in *jedem* hier diskutierten Szenario.

*Schon auf dem Weg dahin* werden die Algorithmen und die Maschinen die Entscheidungsvorbereitung für den Richter maßgeblich unterstützen und zunehmend auch maßgeblich *mitprägen* – und das in der Welt des digitalen Zeitraffers sicherlich nicht erst »übermorgen«.

Was die Potenziale der Digitalisierung sowie der Synthetisierung auch richterlicher Sprache und richterlichen Denkens angeht, gilt ein Satz, den im Grunde jeder Richter aus seiner Erfahrungsbandbreite irdisch-menschlicher Verhaltenswelten verinnerlicht haben dürfte: *Es gibt nichts, das es nicht gibt.* Gar nichts! Das gilt schon real-analog, und umso mehr noch virtuell-digital.

Die Erde hat sich auch nicht dauerhaft als Scheibe erwiesen. Und wir dürfen im 21. Jahrhundert nicht die bald ein halbes Jahrtausend zurückliegenden Fehler der Kirchenjustiz wiederholen.

## Die richterliche Seele

Doch gehen wir ruhig noch einen Schritt weiter: Fragen wir uns also im quasi-religiösen Kontext, ob ein Richter nicht wenigstens eine *Seele* haben muss, um eine Rechtsanwendung leisten zu können, von der beziehungsweise im Rahmen derer sich unseresgleichen richten zu lassen bereit ist. Und unterstellen wir in Abweichung zu den realen empirischen Erfahrungen im Umgang mit der Digitalisierung, dass auch der letztgenannte Aspekt tatsächlich zutreffend sei: Selbst dann kommen wir auch hier nicht zu einem Ausschlusskriterium für die Anwendung algorithmisierter Rechtsfindung, da selbst dann ja nicht bewiesen wäre, dass ein Roboter-Richter eine Seele nicht haben kann, weil dafür der *nichtgegenständliche Hintergrund der Gegenstandswelt* schlichtweg nicht hinreichend erforscht und wohl auch nicht einmal hinreichend erforsch-*bar* ist.

Zudem engen wir unser Denken (nicht nur) im Hinblick auf algorithmisierte Rechtsanwendung im Allgemeinen schon dadurch unnötiger und potenziell auch unzulässigerweise ein, dass wir meistens schlichtweg unterstellen, dass wir mit unserer biologischen Intelligenz – ob nun göttlich geschaffen oder nicht – zuerst da gewesen seien und die artifizielle Intelligenz der Maschine danach dann von unserer biologischen Intelligenz geschaffen worden sei. Doch wer weiß schon, ob wir nicht vielmehr umgekehrt das Ergebnis biologischer Experimente *hyper-intelligenter exogalaktischer göttlich geschaffener* Roboter sind?

Den *digital-virtuellen Feuersturm synthetischer Intelligenz* kann man nicht mit einem von bloßen Zweifeln angereicherten *Glas Wasser* löschen.

Wer voll automatisierte Rechtsanwendung als Horrorszenario empfindet, ist im Übrigen – jedenfalls als Gesetzgeber und Rechtsanwender – aufgerufen, jeden Tag seinen Teil dazu beizutragen, dass im Rahmen traditioneller gerichtlicher Verfahren und Entscheidungen zutage tretende Rechtsfehlerhaftigkeit, Befangenheit und Anwendungsungleichheit in einem vertretbaren und *vom Bürger akzeptierten* Rahmen verbleiben.

## Vertrauen entscheidet

Dabei liegt es auf der Hand, dass wir möglicherweise schon deutlich näher an diesem kritischen Punkt des irreversiblen Vertrauensverlustes sind, als man wahrhaben mag. Die Ergebnisse der mehrfach zitierten Umfrage belegen, dass (vermutlich nicht zuletzt unter Gleichheitsaspekten) ein erheblicher Vertrauensverlust – nicht nur, wie seit längerem bekannt, in unsere Finanzwelt – unbestreitbar ist.

Die traditionelle Bankenwelt wird fallen, sobald das Sparer- und Anlegervertrauen in Internetprotokolle und Blockchain höher ist als das in Zentralbanker und Finanzminister. Und der Rechtsstaat wird nie mehr derselbe sein können, sobald die Menschen sich mit selbst lernenden Systemen und Algorithmen künstlicher Intelligenz wohler und besser aufgehoben fühlen als bei Parlamentariern, die Umfragepunkte sammeln wollen, oder bei Richtern oder Richterinnen am Amts- oder Landgericht, die von aufgetürmten Aktenbergen überwältigt werden oder von Verfahrensfülle und Ressourcenmangel schon überwältigt worden sind.

Die Unterschiede zwischen Crypto-Finanz und *Crypto-Justiz* mögen dabei ideell, normativ oder auch rechtsphilosophisch sehr erheblich sein; in der Wahrnehmung des wählenden und damit auch die Gesetzgebung legitimierenden Bürgers indes dürfte das Geld heute im Portemonnaie oder Smartphone keineswegs weniger bedeutsam oder anders zu behandeln sein als irgendwelche rechtsdogmatischen Aspekte der Rechtsanwendung von morgen.

Die Vertrauensthematik ist grundsätzlich im Hinblick auf Geld als auch im Hinblick auf Recht gleichermaßen bürgerrelevant. Gerade mit Blick auf unser höchstes nicht-emotionales Gut – den Rechtsstaat – und dessen partielle oder gesamthafte verfahrensseitige Algorithmisierbarkeit ist sie indes ganz besonders mit der überzeugenden Beantwortung der aufgeworfenen Fragen im Kontext von demokratischer Legitimation und Kontrolle verbunden.

Wenn nur ganz wenige die Kompetenz zur Gestaltung der Algorithmen der Rechtsanwendung haben, dann »entscheiden« bei voll- oder teilautomatisierten Gerichtsverfahren gesamthaft oder teilweise letztlich auch nur noch einige wenige über die entsprechende Rechtsanwendung. Weder die Bürger noch die Gesetzgeber würden am Ende durchschauen, wie die Algorithmen wirken und wie sie überhaupt entstanden sind. Im gleichen Maße, wie die Rechtsanwendung mithilfe von Robotern »einfacher« würde, würde es für den »Normalsterblichen« schwieriger, die ihr letztlich zugrunde liegenden hochkomplexen Algorithmenzusammenhänge zu begreifen.

Insofern wäre sehr großes Vertrauen in Algorithmenkontrolleure und *Algorithmisierungszertifizierer* nötig, ähnlich wie dies heute etwa im Bereich der Pharmazie oder Medizintechnik im Hinblick auf »Benannte

Stellen« wie etwa den TÜV oder in den USA bezüglich der FDA, der weltweit hoch respektierten »U.S. Food and Drug Administration«, der Kathedrale der weltweiten Regulierungsorganisationen, der Fall ist – die im Übrigen ihrerseits bereits im April 2018 ein *KI-basiertes* Medizintechnik-Produkt zur Erkennung bestimmter diabetes-basierter Augenprobleme zugelassen hat![208]

## Programmierer statt Parlamentarier? Oder Roboter als Parlament?

Doch das ist nur eine Seite der »Problem-Medaille«. Die andere ist noch diffiziler »verziert«. Hinsichtlich der Ergebnisse der Rechtsanwendung und damit des vom Gesetzgeber bei und mit der Gesetzgebung Intendierten würden nämlich potenziell die Programmierer der Richter-Roboter wichtiger werden als das Parlament selbst – auch hier ähnlich dem Effekt, den wir von unseren hoch entwickelten Handys kennen.

Spinnt man diesen Faden oder Gedanken weiter, dann wäre – jedenfalls unter Annahme der langfristig potenziell eintretenden Überlegenheit der Maschine im Umgang mit Komplexität – eine denkbare Schlussfolgerung, perspektivisch nicht nur die Rechtsanwendung in die Hände von Robotern zu geben, sondern auch die *Gesetzgebung selbst*. Dies mutet fürwahr atemberaubend kühn an und raubt zugleich jeglichem überkommenen Demokratieverständnis den Atem.

Es ist zunächst auch keineswegs eine Vorstellung, die den Autoren dieser Schrift angenehm, geschweige denn erstrebenswert, noch aus heutiger Perspektive überhaupt erträglich erschiene. Kompatibel und konsistent mit den Vorhersagen visionärer Protagonisten künstlicher Intelligenz ist sie indes allemal.

Und in kohärenter Kontinuität mit den Endzeitstimmungs-Eindrücken der Corona-Welt umso mehr: virtuelle Justiz als letztes Mittel zur Aufrechterhaltung rechtsstaatlicher Abläufe und Gerichtsverfahren in einer Virus-Welt der Kontaktverbote. Und Gesetzgebung mittels künstlicher Intelligenz als probater Weg zur Erhöhung der Durchdringungstiefe und Entscheidungsqualität legislativer Prozesse als viral-digitale Zukunftsperspektive.

Gerade die Gleichzeitigkeit der scheinbaren Absurdität und Utopie derartiger Gedankenspiele mit ihrer doch offenkundigen technischen Realisierbarkeit und zudem einer bestechenden Sachlogik macht Angst und Hoffnung zugleich – und veranschaulicht, in welch absurd-dringlicher und dringlich-absurder Situation sich unser Rechtsstaat und unsere Gesellschaft mittlerweile befinden.

# Epilog:

# Es ist (fast) nie zu spät ... – auch Notre Dame wurde gerettet!

In der Bundesrepublik des Jahres 2020 ist das rechtsstaatlich Unfassbare mitunter zur Normalität und die normale Äußerung des gesunden Menschenverstandes nicht selten zum Hyper-Skandalösen geworden – nicht nur im Hinblick auf die mitunter bizarren Reaktionen auf das Corona-Virus, die den Vize-Kanzler und Bundesfinanzminister Olaf Scholz ja im April – übrigens zu Neudeutsch offenbar als *Copy-Cat* des zuvor in den USA geprägten Begriffes »*the new normal*« – dazu verleiteten, zu sagen, man bewege sich in »*eine neue Normalität*«. Doch eine »neue Normalität« des im Grunde wohl eher Anomalen, Abnormen gab es zum Teil schon vor den Ostertagen des Jahres 2020 in der in dieser Gestalt vielleicht »neuen Bundesrepublik«:

Grenzöffnungen erfolgen in dieser scheinbaren neuen Normalität ohne gesetzliche Grundlage, aus Angst vor hässlichen Bildern; Strafverfahren müssen unter außerordentlichen Sicherheitsvorkehrungen stattfinden oder werden im Einzelfall ganz ausgesetzt, da Richter Angst haben vor Tumulten im Gerichtssaal; verhaftete Straftäter entgehen der Strafverfolgung, weil oder wenn ihre Identität nicht ermittelbar ist; elementare Grundrechte werden außer Kraft gesetzt, ohne dass transparent Fakten-Evidenz geschaffen wird, warum und wofür; das Grundrecht auf Eigentum wird von Sozialpolitikern infrage gestellt, ohne dass der Verfassungsschutz ermittelt; die Bundeskanzlerin erklärt wirksamen faktischen Grenzschutz in der europäischen Realität faktisch zur Unmöglichkeit; und wer die Verfassung schützen und ihrer Einhaltung dienen will, riskiert im Extremfall die Verfolgung durch ihre vereidigten Diener.

Doch wer derartige Skandale offen thematisiert – und sei es auch nur durch das Stellen intelligenter und berechtigter Fragen –, muss damit rechnen, Parteiausschlussverfahren, persönliche Diskreditierung oder multimediale Shitstorms über sich ergehen zu lassen. Meinungsfreiheit gilt allenthalben nur noch, wenn politisch korrekte oder sozial konforme vermeintliche Mehrheitsmeinung vertreten wird. Wer mutig oder auch mal gewagt querdenkt, wird im günstigsten Fall als unsozial oder asozial abqualifiziert und im weniger günstigen als »Kapitalistenschwein« oder auch gleich als »Rechtsextremist« oder »Neonazi« gebrandmarkt – und zwar häufig, ohne dass Argumente oder Inhalte überhaupt gehört oder gelesen geschweige denn angemessen analysiert werden.

Wie schnell die Dinge dabei durcheinandergehen, hat Ende August 2020 auf nach Empfinden der Autoren besonders erschreckende Weise der ehemals der SED zugehörige Berliner Innensenator Andreas Geisel gezeigt, als er zu dem (später vom Verwaltungsgericht Berlin und vom Oberverwaltungsgericht Berlin-Brandenburg aufgehobenen) Verbot einer Demonstration gegen die Corona-Politik erklärte, er sei »nicht bereit ein zweites Mal hinzunehmen, dass Berlin als Bühne für Corona-Leugner, Reichsbürger und Rechtsextremisten missbraucht wird.«[209] Letzteres kann in der Tat kein vernünftiger Mensch wünschen oder akzeptieren. Aber was hat *Kritik an der Politik* zur Bekämpfung der Pandemie eigentlich mit *Leugnung des Virus* zu tun? Ist im Übrigen *jeder*, der die Bundesregierung oder den Berliner Senat beziehungsweise deren Corona-Politik kritisiert, gleich ein Rechtsextremist? Und kann abweichende *Weltanschauung Einzelner* wirklich ein Grund zur Außerkraftsetzung von *Grundrechten aller* sein?

Das wäre schon ein bemerkenswertes Verfassungsverständnis. Wieso regen wir uns vor derartigem Hintergrund am selben Tage der Berliner Ereignisse eigentlich über die zeitlich parallele Demonstrationsaversion des langjährigen weißrussischen Alleinherrschers Aljaksandr Lukashenko (dessen Umgangsformen und Reaktionen auf unliebsame Demonstrationen indes vollkommen andere und sehr wohl verachtungswürdige und verurteilungsbedürftige sind) auf? Von Berlin nach Minsk ist es offenkundig gar nicht so weit.

Damit hier gar keine Zweifel aufkommen: Die Bilder vom gestürmt werdenden Reichstag waren furchtbar, und extremistisches beziehungsweise rechtswidriges Verhalten hat auf demokratisch legitimierten Demonstrationen keinen Platz. Das verfassungsmäßig geschützte Demonstrationsrecht darf nicht für verfassungswidrige Aktivitäten missbraucht werden.

In Berlin hat sich an jenem Augustwochenende ein leider zu großer Teil der Demonstranten unerträglich verhalten. Und dennoch dürfen erwartete oder erlebte Bilder derartigen Verhaltens Einzelner nicht Kriterium für die Beurteilung des Bestehens der Grundrechte aller sein. Ebensowenig übrigens, wie die befürchteten Bilder verzweifelter Flüchtlinge vor geschlossenen Grenzen ein Kriterium für Entscheidungen der Einwanderungspolitik hätten sein dürfen, deren Auswirkungen sich über Jahre, Jahrzehnte und potentiell Jahrhunderte erstrecken werden. Unserer Politik fehlt die Langfristperspektive chinesischen Denkens.

Selbst demokratische Stimmengleichwertigkeit ist in unserem Land im Übrigen nicht mehr durchgängig gegeben. Wer jedoch die Stimmen von Hunderttausenden oder sogar Millionen von Bürgern im Parlament faktisch zum Nullum erklärt, um vor Rechtsextremismus zu schützen und die politische Hygiene aufrechtzuerhalten, legt in Wirklichkeit die Axt nicht nur an den Rechtsstaat und an verfassungsmäßige Grundsätze, sondern gefährdet im Ergebnis genau die Demokratie, die zu schützen er beabsichtigt oder vorgibt. Nicht jeder, der mal eine Deutschlandfahne in der Hand hält, ist gleich ein Faschist. Ansonsten müsste vor Millionen amerikanischer Vorgärten die ideologische Sittenpolizei aufziehen.

Mit Worten wie »unsozial«, »unsolidarisch« oder »fremdenfeindlich« kann ungeachtet der Inhalte jeder Diskussionsbeitrag sofort vernichtet werden. Doch scheinbare Toleranz darf niemals als Argument für Intoleranz mit Meinungen anderer gelten – jedenfalls nicht ohne inhaltliche Prüfung und Befassung. Ansonsten wäre die Logik nicht nur ethisch fragwürdig, sondern auch offenkundig widersprüchlich.

Doch Widersprüche und Widersprüchlichkeiten interessieren die Protagonisten des Rechtsstaats offenkundig oftmals nicht mehr: Die Bundeskanzlerin des Klimaschutzes ist zugleich die Bundeskanzlerin des beschleunigten Kernenergieausstiegs – und das, obwohl selbst der temporäre und teilweise Ersatz von Kernkraft durch Kohle- oder Gaskraftwerke selbstverständlich die $CO_2$-Emissionen deutlich erhöht und damit dem Klima massiv schadet. Die Partei der Gleichstellungsbeauftragten und Weiblichkeitsnomenklaturen ist scheinbar zugleich die Partei der Toleranz gegenüber Frauenfeindlichkeit im Denken und Verhalten – wenn es denn von vermeintlich schutzbedürftigen Gruppen kommt. Und die einstigen Vorkämpfer von Versammlungs- und Demonstrationsfreiheit wurden in Windeseile zu Wegbereitern von Ausgangssperren und Kontaktverboten – allem Anschein nach, ohne die Unterschiede zwischen Corona-Virus und Virus-Grippe überhaupt infrage gestellt (geschweige denn wirklich verstanden) zu haben.

Ein Staat, der seine Grenzen nicht mehr schützt, hört auf, ein Staat zu sein. Eine Demokratie, an der sich die Menschen nicht mehr beteiligen, hört auf, eine Herrschaft des Volkes zu sein. Eine Republik, deren Politiker nicht mehr ernst genommen werden, hört auf, eine respektierte »res publica« – zu sein. Ein Rechtsstaat, dessen Justiz und Diener nicht mehr respektiert werden, verliert seine Kraft, das friedliche Miteinander und Gemeinwohl zu organisieren und sicherzustellen. Und damit letztlich seine Existenzberechtigung.

Unser Rechtsstaat steht vor dem Zusammenbruch. Kurz davor. Sehr kurz sogar. Sofern die vorstehenden Entwicklungen nicht rechtzeitig aufgehalten, sondern irreversibel werden. Teile der Grundmauern sind schon weggebrochen, und unter dem Dachstuhl lodern bereits erste Flammen. Eine Geschichtsfolgenanspielung auf den brennenden Reichstag gilt es dabei selbstverständlich zu vermeiden. Und eine Geschichtsfolgenanalogie noch umso mehr. Doch selbst der Reichstag lebt. Wieder. Und noch.

Die Bilder der brennenden Notre Dame liefern allerdings eine viel aktuellere und auch viel bessere – zwar durchaus auch sehr drastische und aufwühlende, aber keineswegs unzutreffende – visuelle Analogie. Denn noch können wir die drei tragenden Säulen des Rechtsstaats – Gesetzgebung, Regierung und Rechtsprechung – durch zügige und einschneidende Reformen wieder tragfähig gestalten, noch können wir das scheinbare Panoptikum wieder in eine ernst zu nehmende Politik und die seichte Mediendemokratie in eine zukunftstechnologiebasierte Gesellschaft von Toleranz, Vernunft und faktenbasiertem kontroversen Diskurs verwandeln. Und noch können wir die Ressourcen unserer Justiz und damit die Qualität und Effizienz der künftigen Rechtsanwendung und Rechtsprechung deutlich verbessern. Noch!

Der Renovierungsprozess wird nicht über Nacht gelingen. Aber zumindest mit dem Feuerlöschen können und müssen wir beginnen. Sofort. Bei den Justizbudgets. Bei der Richterqualifizierung. Bei der Beherrschung der Digitalisierung. Beim föderalen Aufbau. Bei der Qualität unserer Politik. Und bei der Kultur unseres Diskurses. Auch Notre Dame konnte gerettet werden und wird nun nachhaltig saniert und wiederhergestellt. Für die nächsten Jahrhunderte. Vielleicht für die Ewigkeit. Unser Rechtsstaat steht *vor dem* Ende. Aber *am* Ende ist er noch nicht. Noch nicht ganz. Noch liegt die Zukunft in unseren Händen. Und die formal wichtigste Basis unserer Zukunft, einer Zukunft in Freiheit, in Toleranz, in wechselseitiger Wertschätzung und in friedlichem Miteinander ist und bleibt der Rechtsstaat. Unser höchstes nicht-emotionales Gut. Unser größter kollektiver Schatz.

Wir alle mögen auf dieser Welt nur Transitpassagiere sein. Aber wenn wir selbst eine sichere Reise hatten und weiter haben wollen, ist unsere vornehmste Pflicht, unsere Zeit »in Transit« zu nutzen, um unseren Beitrag zu leisten, dass auch künftige Generationen sich frei und sicher bewegen können. Es ist nie zu spät, sich einzubringen. *Fast* nie!

Dem Rechtsstaat eine Zukunft zu geben und damit der Menschenwürde und der friedlichen Gemeinschaft und dem Gemeinwohl unserer Kinder und nachfolgender Generationen, liegt und ist nun an uns. An uns selbst. An jeder und jedem Einzelnen.

Wir alle sind als Bürgerinnen und Bürger Teile und Teil des Rechtsstaats. Gemeinsam sind wir der Rechtsstaat – oder das, was wir daraus machen. Für ihn unsere Stimme zu erheben, ist nicht nur unser Recht, sondern unsere Pflicht. Als Rechtsstaat und für den Rechtsstaat. Auf der Grundlage von Wahrheit, Integrität und Recht.

Erheben wir uns!

# LITERATURVERZEICHNIS

**R. Ayyub,** Ich wurde Opfer eines gefakten Pornos – weil man mich zum Schweigen bringen wollte, in: FOCUS Online, 24. November 2018.

**B. Bahner,** aktualisierte Pressemitteilung der Fachanwaltskanzlei BAHNER vom 3. April 2020.

**Berlin.de,** Senatsverwaltung für Inneres und Sport, Berlin verbietet Corona-Demonstationen, Pressemitteilung vom 26. August 2020, abgerufen am 29. August 2020.

**B. Benecken,** Schreiend ungerecht: Alltägliche Justizskandale in Deutschland, München: Riva 2019.

**Bild.de,** »Polizei bringt Corona-Anwältin in Psychiatrie«, 14. April 2020.

**P. Burow,** Justiz am Abgrund: Ein Richter klagt an, München: Langen-Müller 2018.

**V.C.C. Cheng, S.K.P. Lau, P.C.Y. Woo, K. Y. Yuen,** Severe Acute Respiratory Syndrome Coronavirus as an Emerging and Reemerging Infection, in: Clinical Microbiology Reviews, Oct. 2007, S. 660-694.

**U. Claassen,** Großhirnforschung, Unternehmer und Wirtschaftspolitik: Ein interdisziplinärer Ansatz am Beispiel interhemisphärischer Relationen, Frankfurt am Main/Berlin/New York: Peter Lang 1987.

**U. Claassen,** Mut zur Wahrheit: Wie wir Deutschland sanieren können, Hamburg: Murmann 2007.

**U. Claassen,** Wir Geisterfahrer: Wir denken falsch. Wir lenken falsch. Wir riskieren die Zukunft unserer Kinder, Hamburg: Murmann 2009.

**U. Claassen,** Atomblut: Ein Wirtschaftskrimi, Berlin: Econ 2012.

**U. Claassen,** Unbequem: Konsequent erfolgreicher als andere, München: Ariston 2013.

**U. Claassen,** Machtwechsel in der Weltwirtschaft: Wir müssen lernen, wie China denkt, in: Manager Magazin Online, 15. März 2018.

**U. Claassen,** Digitalisierung und Rechtsstaat: Die Verschärfung der Probleme von Urteilsheuristiken, kognitiven Verzerrungen und disproportionaler Komplexität in einer globalisierten digitalisierten Welt (Vortrag vor der Juristischen Studiengesellschaft Hannover), 18. Dezember 2018.

**U. Claassen,** Algorithmische Rechtsanwendung durch den Richter-Roboter: Verheißung oder Horrorszenario für den Rechtsstaat?, Vortrag am Lehrstuhl für Strafrecht und Strafprozessrecht der Juristischen Fakultät der Gottfried Wilhelm Leibniz Universität Hannover, 17. Januar 2019.

**A. Daniels/N. Höfler/A. Weychardt,** »Ich will einen Pakt für das Klima schließen«, in: STERN, Nr. 18/26. April 2007, S. 170-176.

**Deutscher Bundestag,** Unterrichtung durch die Bundesregierung: Bericht zur Risikoanalyse im Bevölkerungsschutz 2012, Drucksache 17/12051, 3. Januar 2013.

**A. Dinger/U. Kraetzer,** Generalstaatsanwältin: Schwarzfahren soll straffrei werden, in: Berliner Morgenpost Online (www.morgenpost.de), 29. Dezember 2018.

**F. Dohmen/D. Hawranek,** Der Maschi und der Utz, in: DER SPIEGEL, 39/2016, S. 66-67.

**F. Dohmen/M. Schießl,** Schlimmer als die Mafia, in: DER SPIEGEL Nr. 25/15.6.2019, S. 62-67.

**S. Dörner,** In 29 Jahren sind die Probleme der Menschheit gelöst, in: Die Welt online, 14. Februar 2016.

Literaturverzeichnis

F. **Dürrenmatt**, Die Physiker, Zürich 1962.

W. **Eckl-Dorna**, Selbstfahr-Tochter gilt als Googles nächster Wachstumstreiber US-Analysten bewerten Waymo nun mit 250 Milliarden Dollar, in: Manager Magazin Online, 20. Dezember 2018.

M. **Engel**, Algorithmisierte Rechtsfindung als juristische Arbeitshilfe, in: Juristenzeitung, 22/2014, S. 1096-1100.

K. **Engisch**, Logische Studien zur Gesetzesanwendung, 3. Auflage, Heidelberg 1963.

**FDA News Release**, FDA permits marketing of artificial intelligence-based device to detect certain diabetes-related eye problems, 11. April 2018.

**FOCUS Online**, Generalstaatsanwältin will Straffreiheit für Schwarzfahrer, 30. Dezember 2018.

**FOCUS Online**, Deutsche sind mit Regierung zufriedener als je zuvor, 3. April 2020.

**FOCUS Online**, Hirnschäden durch Coronavirus? Neurobiologe zerlegt Lauterbach-Aussage, 3. April 2020.

**FOCUS Online**, Internes Papier aus Innenministerium empfahl, den Deutschen Corona-Angst zu machen, 4. April 2020.

**FOCUS Online**, Sozialstaat kostet uns jetzt mehr als eine Billion Euro: Was mit Ihrem Geld passiert, 21. August 2020.

J. **Gnisa**, Das Ende der Gerechtigkeit: Ein Richter schlägt Alarm, 2. Auflage, Freiburg/New York: Herder 2017.

J.W. **von Goethe**, Faust. Eine Tragödie, 1808.

N. **Jacobsen**, Morgan Stanley: Alphabets nächster Wachstumstreiber ist der autonome Fahrservice Waymo, in: meedia.de, 29. August 2018.

M. **Jestaedt**, Maßstäbe des Verwaltungshandelns, in: H.-U. Erichsen/D. Ehlers (Hrsg.), Allgemeines Verwaltungsrecht, 14. Auflage, Berlin 2010.

F. **Keilani**, Sozialgericht wird Digitalgericht, in: Der Tagesspiegel online, 15. November 2018.

K. N. **Kotsoglou**, Subsumtionsautomat 2.0: Über die (Un-)Möglichkeit einer Algorithmisierung der Rechtserzeugung, in: Juristenzeitung, 9/2014, S. 451-457.

K. N. **Kotsoglou**, »Subsumtionsautomat 2.0« reloaded? – Zur Unmöglichkeit der Rechtsprüfung durch Laien, in: Juristenzeitung, 22/2014, S. 1100-1103.

U. **Kraetzer**, Senat: Schwarzfahren soll straffrei sein, in: Berliner Morgenpost Online (www.morgenpost.de), 8. Januar 2019.

N. **Kuhlmann**, Lawyer Challenge – The Results are in and the Machine has won, in: Legal Tech Blog, 7. November 2017.

R. **Kurzweil**, The Singularity is Near: When Humans Transcend Biology, New York 2005.

**LG Karlsruhe**, Urteil vom 28.11.2007, 3 KLs 620 Js 13113/06.

K. **Larenz**, Methodenlehre der Rechtswissenschaft, 6. Auflage, Berlin/ Heidelberg 1991.

A. **Lauterbach**, Was Europa von Chinas KI-Strategie lernen kann – und was nicht, in: Handelsblatt Online, 15.01.2019.

F. **Lichtenstein/D. Ruckteschler**, Zivilverfahren online: Chinas erstes Digitalgericht, in: Legal Tribune Online, 29. September 2017.

A. **Lobe**, Der Roboter hat keine Launen, in: ZEIT ONLINE, 4. Oktober 2016.

M. **Martini/D. Nink**, Subsumtionsautomaten ante portas? – Zu den Grenzen der Automatisierung in verwaltungsrechtlichen (Rechtsbehelfs-)Verfahren, in: Deutsches Verwaltungsblatt (DVBl), 17/2018, S. 1128-1138.

**P. Mastronardi,** Juristische Methode und Rechtstheorie als Reflexionen des Rechtsverständnisses, St. Gallen 2009.

**C. Mattauch,** Vater der modernen Künstlichen Intelligenz Prof. Schmidhuber: »Es wird Maschinen geben, die man erziehen kann wie die eigenen Kinder«, in: Absatzwirtschaft online, 12. Oktober 2018.

**A. Mihm,** Harsches Urteil über Corona-Politik, in: Frankfurter Allgemeine Zeitung, 9. April 2020, S. 19.

**ntv.de,** Daten-Fehler in der Schweiz: Neunjährige Corona-Tote war 109 Jahre alt, 1. Mai 2020.

**ntv text,** Berlin öffnet Bordelle, Tafel 110, 5.8.2020, abgerufen 03:38:59.

**H.-J. Papier,** Die Warnung: Wie der Rechtsstaat ausgehöhlt wird, München: Heyne 2019.

**O. Raabe/R. Wacker/D. Oberle/C. Baumann/C. Funk,** Recht ex machina: Formalisierung des Rechts im Internet der Dienste, Berlin/Heidelberg 2012.

**J. Rawls,** A Theory of Justice, 1971, deutsch: Eine Theorie der Gerechtigkeit, Suhrkamp, Frankfurt: Suhrkamp 1979.

**G. Schattauer,** Umfrage-Schock: 45 Prozent der Deutschen misstrauen der Justiz, in: FOCUS Online, 1. Januar 2019.

**G. Schattauer,** Richter kippt Corona-Verbote: »Haben den Menschen ein Stück Freiheit zurückgegeben«, in: FOCUS Online, 30. April 2020.

**F. Schiller,** An die Freude, 1785/1786.

**T. Schleif,** Urteil: ungerecht: Ein Richter deckt auf, warum unsere Justiz versagt, München: Riva 2019.

**J. C. Schuhr,** Rechtsdogmatik als Wissenschaft: rechtliche Theorien und Modelle, Schriften zur Rechtstheorie (RT), Band 230, Berlin 2006.

**G. Schwarte,** Corona-Folgen in Afrika: Müller warnt vor »Hunger-Pandemie«, tagesschau.de, 28. April 2020.

**J. R. Searle,** Minds, Brains and Science, Cambridge/MA 1984.

**V. Soldenhoff,** Maschine statt Anwalt?, in: SRF online 25. Juli 2018.

**Steckbrief des Auswärtigen Amtes zu Indien vom 28.02.2020** –https://www.auswaertiges-amt.de/de/aussenpolitik/laender/indien-node/steckbrief/205974.

**M. Steinebach/C. Winter,** Wie lässt sich eine Manipulation von Dokumenten und Bildern erkennen?, in: Die Wirtschaftsprüfung, 24/2018, S. 1543-1550.

**STERN.de,** Utz Claassen: »Atomausstieg ins Grundgesetz«, 24.04.2007, 17:37 Uhr, https://www.stern.de/wirtschaft/news/utz-claassen--atomausstieg-ins-grundgesetz.

**Südkurier online,** Wenn Roboter zu Richtern werden, 3. August 2018.

**B. Taskin,** »Remember Gauri Lankesh«: Rana Ayyub receives death & rape threats after posts on Kashmir, in: ThePrint/theprint.in, 3. Juli 2020.

**J. Tietz,** Unter Strom, in: DER SPIEGEL 18/2005, S. 100-101.

**Th. Tuma,** Ein Virus Namens Hysterie, in: Handelsblatt Online, 21. April 2020.

**U. Ulfkotte,** Gekaufte Journalisten: Wie Politiker, Geheimdienste und Hochfinanz Deutschlands Massenmedien lenken, Rottenburg am Neckar: Kopp 2014/2015.

**M. Weber,** Wirtschaft und Gesellschaft, Tübingen: Mohr 1922.

# ANMERKUNGEN

1   *FOCUS Online,* Deutsche sind mit Regierung zufriedener als je zuvor, 3. April 2020.

2   B. Bahner, aktualisierte Pressemitteilung der Fachanwaltskanzlei BAHNER vom 3. April 2020.

3   *FOCUS Online,* Internes Papier aus Innenministerium empfahl, den Deutschen Corona-Angst zu machen, 4. April 2020. https://www.focus.de/politik/deutschland/aus-dem-innenministerium-wie-sag-ichs-den-leuten-internes-papier-empfiehlt-den-deutschen-angst-zu-machen_id_11851227.html.

4   *Bild.de,* Polizei bringt Corona-Anwältin in Psychiatrie, 14. April 2020.

5   Ebd.

6   *FOCUS Online,* Hirnschäden durch Coronavirus? Neurobiologe zerlegt Lauterbach-Aussage, 3. April 2020.

7   Ebd.

8   *https://dipbt.bundestag.de/dip21/btd/17/120/1712051.pdf*

9   Deutscher Bundestag, Unterrichtung durch die Bundesregierung: Bericht zur Risikoanalyse im Bevölkerungsschutz 2012, Drucksache 17/12051, 3. Januar 2013.

10  *V.C.C. Cheng, S.K.P. Lau, P.C.Y. Woo, K. Y. Yuen,* Severe Acute Respiratory Syndrome Coronavirus as an Emerging and Reemerging Infection, in: Clinical Microbiology Reviews, Oct. 2007, S. 660-694.

11  Quelle: *ARD DeutschlandTrend;* Basis: 1.003 Wahlberechtigte in Deutschland, 29. bis 30. Juni 2020.

12  Vgl. hierzu u. a. *Th. Tuma,* Ein Virus Namens Hysterie, in: Handelsblatt Online, 21. April 2020.

13  *F. Schiller,* An die Freude, 5. Strophe, 1785/1786.

14  *J.W. von Goethe,* Faust. Eine Tragödie, Osterspaziergang (Vers 911 ff.), 1808.

15  *J. Rawls,* A Theory of Justice, 1971, deutsch: Eine Theorie der Gerechtigkeit, Suhrkamp, Frankfurt 1979.

16  Siehe hierzu auch *U. Claassen,* Unbequem: Konsequent erfolgreicher als andere, München: Ariston 2013, S. 20-21.

17  Siehe hierzu etwa – wenngleich auf fiktiv-fiktionaler Basis – *U. Claassen,* Atomblut: Ein Wirtschaftskrimi, Berlin: Econ 2012.

18  Vgl. unter anderem Neue Zürcher Zeitung, 18. März 2019.

19  Hier leicht modifiziert wiedergegeben aus: *U. Claassen,* Machtwechsel in der Weltwirtschaft: Wir müssen lernen, wie China denkt, in: Manager Magazin Online, 15. März 2018.

20  Wie zuvor.

21  Wie zuvor.

22  Vgl. Ziel 1 der Agenda 2063 der Afrikanischen Union.

23  *Steckbrief des Auswärtigen Amtes zu Indien vom 28.02.2020* – https://www.auswaertiges-amt.de/de/aussenpolitik/laender/indien-node/steckbrief/205974.

24  Siehe auch Tagesspiegel, 27. Oktober 2019.

25  *FOCUS Online,* Generalstaatsanwältin will Straffreiheit für Schwarzfahrer, 30. Dezember 2018; *A. Dinger/U. Kraetzer,* Generalstaatsanwältin: Schwarzfahren soll straffrei werden, in: Berliner Morgenpost Online (*www.morgenpost.de*), 29. Dezember 2018.

26 *FOCUS Online*, Generalstaatsanwältin will Straffreiheit für Schwarzfahrer, 30. Dezember 2018; *A. Dinger/U. Kraetzer*, Generalstaatsanwältin: Schwarzfahren soll straffrei werden, in: Berliner Morgenpost Online (*www.morgenpost.de*), 29. Dezember 2018.

27 *FOCUS Online*, Generalstaatsanwältin will Straffreiheit für Schwarzfahrer, 30. Dezember 2018.

28 *A. Dinger/U. Kraetzer*, Generalstaatsanwältin: Schwarzfahren soll straffrei werden, in: Berliner Morgenpost Online (*www.morgenpost.de*), 29. Dezember 2018. Anders äußert sich einer der Verfasser, der im Rundblick – Politikjournal für Niedersachsen in seiner Ausgabe 074/2020 vom 19.4.2020 jüngst gefordert hatte, dass Schwarzfahren zur Ordnungswidrigkeit herabgesetzt werden sollte, weil die gegebene Praxis der gebotenen Struktur der Strafrechtspflege nicht entspricht.

29 *U. Kraetzer*, Senat: Schwarzfahren soll straffrei sein, in: Berliner Morgenpost Online (www.morgenpost.de), 8. Januar 2019.

30 Ebd.

31 Ebd.

32 *FOCUS Online*, Generalstaatsanwältin will Straffreiheit für Schwarzfahrer, 30. Dezember 2018.

33 Vgl. hierzu *U. Kraetzer*, Senat: Schwarzfahren soll straffrei sein, in: Berliner Morgenpost Online (www.morgenpost.de), 8. Januar 2019.

34 *FOCUS Online*, Sozialstaat kostet uns jetzt mehr als eine Billion Euro: Was mit Ihrem Geld passiert, 21. August 2020.

35 Die folgenden Ausführungen beschränken sich auf die Zivil- und Strafgerichtsbarkeit.

36 Zivilprozessordnung, Strafprozessordnung, Gerichtsverfassungsgesetz.

37 Vgl. Gesetz zur Reform des Zivilprozesses vom 27.7.2001, BGBL I, Nr. 40, S. 1887 ff.

38 Das gilt selbstverständlich gleichermaßen auch für die Rechtsanwendung im Zivilrecht.

39 Siehe exemplarisch die Verschärfungen und Neukriminalisierungen in den §§ 84, 85, 113, 114, 115, 129, 129a, b, 177, 184i, j, 203 Abs. 4, 217, 232, 232a, 233 ,238, 244 Abs. 3, 4, 261 Abs. 9 S. 3, 265c–e, 299 Abs. 1Nr. 2, Abs. 2 Nr. 2, 299a, b, 315d, 323c Abs. 2 StGB im Bereich der Gefährdung des demokratischen Rechtsstaats, des Widerstands gegen die Staatsgewalt, der Sexualstraftaten, der Verletzung von Privatgeheimnissen, aber auch der Vermögensdelikte bis hin zu den gemeingefährlichen Straftaten.

40 Kreditanstalt für Wiederaufbau (weltgrößte nationale Förderbank)

41 IKB Deutsche Industriebank AG

42 *STERN.de*, Utz Claassen: »Atomausstieg ins Grundgesetz«, 24.04.2007, 17:37 Uhr, https://www.stern.de/wirtschaft/news/utz-claassen--atomausstieg-ins-grundgesetz; *A. Daniels/N. Höfler/A. Weychardt*, »Ich will einen Pakt für das Klima schließen«, in: STERN, Nr. 18/26. April 2007, S. 170-176.

43 Siehe hierzu u. a. *A. Mihm*, Harsches Urteil über Corona-Politik, in: Frankfurter Allgemeine Zeitung, 9. April 2020, S. 19.

44 *ntv text*, Berlin öffnet Bordelle, Tafel 110, 5.8.2020, abgerufen 03:38:59.

45 *ntv text*, Berlin öffnet Bordelle, Tafel 110, 5.8.2020, abgerufen 03:38:59. BDSM = Bondage and Discipline, Dominance and Submission, Sadism and Masochism, also Fesseln und Disziplin, Dominanz und Unterwerfung, Sadismus und Masochismus.

46 *ntv text*, Berlin öffnet Bordelle, Tafel 110, 5.8.2020, abgerufen 03:38:59.

47 *G. Schattauer*, Umfrage-Schock: 45 Prozent der Deutschen misstrauen der Justiz, in: FOCUS Online, 1. Januar 2019.

48 Ebd.

49 Ebd.

50 Ebd.

51 Ebd.

52 Siehe hierzu *U. Claassen*, Mut zur Wahrheit: Wie wir Deutschland sanieren können, Hamburg: Murmann 2007, S. 295-297.

53 *A. Lauterbach*, Was Europa von Chinas KI-Strategie lernen kann – und was nicht, in: Handelsblatt Online, 15.1.2019.

54 Ebd.

55 *G. Schattauer*, Richter kippt Corona-Verbote: »Haben den Menschen ein Stück Freiheit zurückgegeben«, in: FOCUS Online, 30. April 2020.

56 Ebd.

57 *G. Schwarte*, Corona-Folgen in Afrika: Müller warnt vor »Hunger-Pandemie«, tagesschau.de, 28. April 2020.

58 Ebd.

59 Vgl. *M. Weber*, Wirtschaft und Gesellschaft, Tübingen: Mohr, 1922.

60 Einer der Autoren lebte bis 2014 in Göttingen.

61 Der Ort, wo einer der Autoren als Präsident des Landgerichts tätig war.

62 FAZ.net, Merkel verteidigt Irakkrieg, 27. März 2003; https://www.faz.net/aktuell/politik/cdu-csu-merkel-verteidigt-irak-krieg-189806.html.

63 Siehe unter anderem BILD, 23. Juni 2012.

64 *J. Tietz*, Unter Strom, in: DER SPIEGEL 18/2005, S. 100-101.

65 Ebd., S. 100.

66 Ebd., S. 100.

67 Ebd., S. 101.

68 Siehe *F. Dohmen/D. Hawranek*, Der Maschi und der Utz, in: DER SPIEGEL, 39/2016, S. 66-67.

69 Siehe *F. Dohmen/M. Schießl*, Schlimmer als die Mafia, in: DER SPIEGEL, Nr. 25/15.6.2019, S. 62-67, sowie Hausmitteilung auf S. 3 der selben Ausgabe.

70 *ntv.de*, Daten-Fehler in der Schweiz: Neunjährige Corona-Tote war 109 Jahre alt, 1. Mai 2020.

71 Ebd.

72 Siehe hierzu auch *U. Claassen*, Unbequem: Konsequent erfolgreicher als andere, München: Ariston 2013, S. 261-264.

73 LG Karlsruhe Urteil vom 28.11.2007, 3 KLs 620 Js 13113/06.

74 *U. Ulfkotte*, Gekaufte Journalisten: Wie Politiker, Geheimdienste und Hochfinanz Deutschlands Massenmedien lenken, Rottenburg am Neckar: Kopp 2014/2015.

75 Quelle: Verband Deutscher Zeitschriftenverleger e.V. (VDZ).

76 *K. Engisch*, Logische Studien zur Gesetzesanwendung, 3. Auflage, Heidelberg 1963, S. 15, hier zitiert nach *P. Mastronardi*, Juristische Methode und Rechtstheorie als Reflexionen des Rechtsverständnisses, St. Gallen 2009, S. 14.

77 *G. Schattauer*, Umfrage-Schock: 45 Prozent der Deutschen misstrauen der Justiz, in: FOCUS Online, 1. Januar 2019.

78 *M. Steinebach/C. Winter*, Wie lässt sich eine Manipulation von Dokumenten und Bildern erkennen?, in: Die Wirtschaftsprüfung, 24/2018, S. 1543-1550.

79 Ebd., S. 1544 f.

80 Ebd., S. 1550.

81 *R. Ayyub*, Ich wurde Opfer eines gefakten Pornos – weil man mich zum Schweigen bringen wollte, in: FOCUS Online, 24. November 2018.

82 *B. Taskin*, ›Remember Gauri Lankesh‹: Rana Ayyub receives death & rape threats after posts on Kashmir, in: ThePrint/theprint.in, 3. Juli 2020.

83   *R. Ayyub*, Ich wurde Opfer eines gefakten Pornos – weil man mich zum Schweigen bringen wollte, in: FOCUS Online, 24. November 2018.

84   *M. Steinebach/C. Winter*, Wie lässt sich eine Manipulation von Dokumenten und Bildern erkennen?, in: Die Wirtschaftsprüfung, 24/2018, S. 1550.

85   Die grundsätzliche Bedeutung neuropsychologischer Erkenntnisse etwa für ökonomische Entscheidungsprozesse und Urteilsfindung wurde indes bereits vor mehr als drei Jahrzehnten, also deutlich vor der Beschleunigung der Digitalisierung, thematisiert; vgl. hierzu insbesondere *U. Claassen*, Großhirnforschung, Unternehmer und Wirtschaftspolitik: Ein interdisziplinärer Ansatz am Beispiel interhemisphärischer Relationen, Frankfurt am Main/Berlin/New York: Peter Lang 1987.

86   Basierend auf/in Anlehnung an *R. Nail*, CEO and Associate Founder, Singularity University.

87   Basierend auf/in Anlehnung an *J. Schmidhuber*, Keynote »Artificial Intelligence« auf McKinsey Alumni Meeting in Berlin am 23. September 2017.

88   K. Murphy bei Podiumsveranstaltung auf Investorenkonferenz im Royal Mirage Hotel / Dubai am 29. November 2018.

89   Ebd.

90   Siehe auch *U. Claassen*, Digitalisierung und Rechtsstaat: Die Verschärfung der Probleme von Urteilsheuristiken, kognitiven Verzerrungen und disproportionaler Komplexität in einer globalisierten digitalisierten Welt, 2018, Vortrag vor der Juristischen Studiengesellschaft Hannover.

91   Siehe hierzu auch *U. Claassen*, Algorithmische Rechtsanwendung durch den Richter-Roboter: Verheißung oder Horrorszenario für den Rechtsstaat?, Vortrag am Lehrstuhl für Strafrecht und Strafprozessrecht der Juristischen Fakultät der Gottfried Wilhelm Leibniz Universität Hannover, 17. Januar 2019.

92   *K. N. Kotsoglou*, Subsumtionsautomat 2.0: Über die (Un-)Möglichkeit einer Algorithmisierung der Rechtserzeugung, in: Juristenzeitung, 9/2014, S. 451-457.

93   Ebd., S. 451.

94   Ebd., S. 451.

95   *V. Soldenhoff*, Maschine statt Anwalt?, in: SRF online 25. Juli 2018; kursive Hervorhebung durch den Verfasser dieser Schrift.

96   *K. N. Kotsoglou*, Subsumtionsautomat 2.0: Über die (Un-)Möglichkeit einer Algorithmisierung der Rechtserzeugung, in: Juristenzeitung, 9/2014, S. 451-457.

97   In Anlehnung an die Begrifflichkeit »Subsumtionsautomat 2.0«; siehe *K. N. Kotsoglou*, Subsumtionsautomat 2.0: Über die (Un-)Möglichkeit einer Algorithmisierung der Rechtserzeugung, in: Juristenzeitung, 9/2014, S. 451-457.

98   Auch basierend auf/in Anlehnung an *N. Jacobstein*, Track Chair Artificial Intelligence/Robotics, Singularity University.

99   In deutlicher inhaltlicher Abweichung vgl. zum Begriff an sich *K. N. Kotsoglou*, Subsumtionsautomat 2.0: Über die (Un-)Möglichkeit einer Algorithmisierung der Rechtserzeugung, in: Juristenzeitung, 9/2014, S. 451-457.

100   Siehe auch *J. Schmidhuber*, Keynote »Artificial Intelligence« auf McKinsey Alumni Meeting in Berlin am 23. September 2017.

101   *C. Mattauch*, Vater der modernen Künstlichen Intelligenz Prof. Schmidhuber: Es wird Maschinen geben, die man erziehen kann wie die eigenen Kinder, in: Absatzwirtschaft online, 12. Oktober 2018.

102   *S. Dörner*, In 29 Jahren sind die Probleme der Menschheit gelöst, in: Die Welt online, 14. Februar 2016.

103 Siehe hierzu insbesondere *R. Kurzweil*, The Singularity is Near: When Humans Transcend Biology, New York 2005.

104 *C. Mattauch*, Vater der modernen Künstlichen Intelligenz Prof. Schmidhuber: »Es wird Maschinen geben, die man erziehen kann wie die eigenen Kinder«, in: Absatzwirtschaft online, 12. Oktober 2018.

105 Basierend auf/in Anlehnung an *Christian Becker*, Lehrstuhl für Strafrecht und Strafprozessrecht der Juristischen Fakultät der Gottfried Wilhelm Leibniz Universität Hannover.

106 Siehe hierzu auch *U. Claassen*, Algorithmische Rechtsanwendung durch den Richter-Roboter: Verheißung oder Horrorszenario für den Rechtsstaat?, Vortrag am Lehrstuhl für Strafrecht und Strafprozessrecht der Juristischen Fakultät der Gottfried Wilhelm Leibniz Universität Hannover, 17. Januar 2019.

107 *O. Raabe/R. Wacker/D. Oberle/C. Baumann/C. Funk*, Recht ex machina: Formalisierung des Rechts im Internet der Dienste, Berlin/Heidelberg 2012.

108 Siehe insbesondere *K. N. Kotsoglou*, Subsumtionsautomat 2.0: Über die (Un-)Möglichkeit einer Algorithmisierung der Rechtserzeugung, in: Juristenzeitung, 9/2014, S. 451-457, sowie *M. Engel*, Algorithmisierte Rechtsfindung als juristische Arbeitshilfe, in: Juristenzeitung, 22/2014, S. 1096-1100

109 Kyriakos N. Kotsoglou und Martin Engel; siehe insbesondere *K. N. Kotsoglou*, Subsumtionsautomat 2.0: Über die (Un-)Möglichkeit einer Algorithmisierung der Rechtserzeugung, in: Juristenzeitung, 9/2014, S. 451-457, sowie *M. Engel*, Algorithmisierte Rechtsfindung als juristische Arbeitshilfe, in: Juristenzeitung, 22/2014, S. 1096-1100

110 *K. N. Kotsoglou*, Subsumtionsautomat 2.0: Über die (Un-)Möglichkeit einer Algorithmisierung der Rechtserzeugung, in: Juristenzeitung, 9/2014, S. 451-457.

111 Ebd., S. 457.

112 Ebd., S. 451-457.

113 *O. Raabe/R. Wacker/D. Oberle/C. Baumann/C. Funk*, Recht ex machina: Formalisierung des Rechts im Internet der Dienste, Berlin/Heidelberg 2012.

114 *K. N. Kotsoglou*, Subsumtionsautomat 2.0: Über die (Un-)Möglichkeit einer Algorithmisierung der Rechtserzeugung, in: Juristenzeitung, 9/2014, S. 451-457, insbes. S. 452.

115 Ebd., S. 452.

116 Ebd., S. 453.

117 Ebd., S. 454.

118 Ebd., S. 452 f.

119 *K. Larenz*, Methodenlehre der Rechtswissenschaft, 6. Auflage, Berlin/Heidelberg 1991, hier insbes. S. 207, hier zitiert nach *K. N. Kotsoglou*, Subsumtionsautomat 2.0: Über die (Un-)Möglichkeit einer Algorithmisierung der Rechtserzeugung, in: Juristenzeitung, 9/2014, S. 452.

120 *K. N. Kotsoglou*, Subsumtionsautomat 2.0: Über die (Un-)Möglichkeit einer Algorithmisierung der Rechtserzeugung, in: Juristenzeitung, 9/2014, S. 451-457, insbes. S. 452.

121 *K. Engisch*, Logische Studien zur Gesetzesanwendung, 3. Auflage, Heidelberg 1963, S. 15, hier zitiert nach *P. Mastronardi*, Juristische Methode und Rechtstheorie als Reflexionen des Rechtsverständnisses, St. Gallen 2009, S. 14.

122 *K. N. Kotsoglou*, Subsumtionsautomat 2.0: Über die (Un-)Möglichkeit einer Algorithmisierung der Rechtserzeugung, in: Juristenzeitung, 9/2014, S. 451-457, insbes. S. 453.

123 Ebd., S. 453.

124 Ebd., S. 453.

125 Ebd., S. 453.

126 **Ebd.**, S. 454.

127  Ebd., S. 454.

128  *M. Jestaedt*, Maßstäbe des Verwaltungshandelns, in: *H.-U. Erichsen/D. Ehlers* (Hrsg.), Allgemeines Verwaltungsrecht, 14. Auflage, Berlin 2010, § 11 Rn. 9.

129  *K. N. Kotsoglou*, Subsumtionsautomat 2.0: Über die (Un-)Möglichkeit einer Algorithmisierung der Rechtserzeugung, in: Juristenzeitung, 9/2014, S. 451-457, insbes. S. 454.

130  *V. Soldenhoff*, Maschine statt Anwalt?, in: SRF online 25. Juli 2018; *N. Kuhlmann*, Lawyer Challenge – The Results are in and the Machine has won, in: Legal Tech Blog, 7. November 2017.

131  *K. N. Kotsoglou*, Subsumtionsautomat 2.0: Über die (Un-)Möglichkeit einer Algorithmisierung der Rechtserzeugung, in: Juristenzeitung, 9/2014, S. 451-457, insbes. S. 455 f.

132  *J. C. Schuhr*, Rechtsdogmatik als Wissenschaft: rechtliche Theorien und Modelle, Schriften zur Rechtstheorie (RT), Band 230, Berlin 2006.

133  Ebd., S. 120.

134  *K. N. Kotsoglou*, Subsumtionsautomat 2.0: Über die (Un-)Möglichkeit einer Algorithmisierung der Rechtserzeugung, in: Juristenzeitung, 9/2014, S. 451-457, insbes. S. 455.

135  Ebd., S. 455.

136  Ebd., S. 455.

137  Ebd., S. 455.

138  Ebd., S. 456.

139  Ebd., S. 456.

140  Basierend auf/in Anlehnung an *N. Jacobstein*, Track Chair Artificial Intelligence/Robotics, Singularity University.

141  *K. N. Kotsoglou*, Subsumtionsautomat 2.0: Über die (Un-)Möglichkeit einer Algorithmisierung der Rechtserzeugung, in: Juristenzeitung, 9/2014, S. 451-457, insbes. S. 456.

142  *J. R. Searle*, Minds, Brains and Science, Cambridge/Ma. 1984.

143  *K. N. Kotsoglou*, Subsumtionsautomat 2.0: Über die (Un-)Möglichkeit einer Algorithmisierung der Rechtserzeugung, in: Juristenzeitung, 9/2014, S. 451-457, insbes. S. 456.

144  *O. Raabe/R. Wacker/D. Oberle/C. Baumann/C. Funk*, Recht ex machina: Formalisierung des Rechts im Internet der Dienste, Berlin/Heidelberg 2012.

145  *K. N. Kotsoglou*, Subsumtionsautomat 2.0: Über die (Un-)Möglichkeit einer Algorithmisierung der Rechtserzeugung, in: Juristenzeitung, 9/2014, S. 451-457, insbes. S. 454.

146  Siehe hierzu auch *O. Raabe/R. Wacker/D. Oberle/C. Baumann/C. Funk*, Recht ex machina: Formalisierung des Rechts im Internet der Dienste, Berlin/Heidelberg 2012, S. 171.

147  *M. Engel*, Algorithmisierte Rechtsfindung als juristische Arbeitshilfe, in: Juristenzeitung, 22/2014, S. 1096-1100.

148  Ebd., S. 1099; kursive Hervorhebung durch die Autoren dieser Schrift.

149  Ebd., S. 1096-1100.

150  Ebd., S. 1099; kursive Hervorhebung durch die Verfasser dieser Schrift.

151  Ebd., S. 1099.

152  Ebd., S. 1099; kursive Hervorhebungen durch die Verfasser dieser Schrift.

153  Ebd., S. 1099.

154  Ebd., S. 1099; kursive Hervorhebungen durch den Verfasser dieser Schrift.

155  Ebd., S. 1099 f.

156  Ebd., S. 1100.

157  Ebd., S. 1099.

158  Ebd., S. 1100.

159  Ebd., S. 1100; kursive Hervorhebungen durch die Verfasser dieser Schrift.

160 Ebd., S. 1100.

161 Ebd., S. 1100.

162 Die Frage einer grundsätzlichen Anwendungsdifferenzierung zwischen Zivilrecht und Strafrecht im Hinblick auf Automatisierung und Algorithmisierung ist indes nicht nur berechtigt, sondern von geradezu fundamentaler rechtswissenschaftlicher und auch rechtsdogmatischer sowie potenziell rechtsphilosophischer Relevanz. Sie sprengt gleichwohl den Rahmen der vorliegenden Schrift. Könnte oder sollte beispielsweise im Strafrecht die Entwicklung beim Richter-Roboter enden, im Zivilrecht hingegen der Roboter-Richter zugelassen werden? Oder gar umgekehrt?

163 *M. Engel*, Algorithmisierte Rechtsfindung als juristische Arbeitshilfe, in: Juristenzeitung, 22/2014, S. 1096-1100, insbes. S. 1100; kursive Hervorhebungen durch die Verfasser dieser Schrift.

164 Ebd., S. 1100.

165 Ebd., S. 1100; kursive Hervorhebung durch die Verfasser dieser Schrift.

166 So stellt Engel im Hinblick auf den Zusammenhang zwischen erhöhter Komplexität und erhöhter Programmierungs-Komplexität bei rechtlichen Prüfungs-Algorithmen zu Recht fest: »Eine logische Hürde besteht aber nicht (...)«; siehe *M. Engel*, Algorithmisierte Rechtsfindung als juristische Arbeitshilfe, in: Juristenzeitung, 22/2014, S. 1098.

167 *K. N. Kotsoglou*, Subsumtionsautomat 2.0: Über die (Un-)Möglichkeit einer Algorithmisierung der Rechtserzeugung, in: Juristenzeitung, 9/2014, S. 451-457.

168 *O. Raabe/R. Wacker/D. Oberle/C. Baumann/C. Funk*, Recht ex machina: Formalisierung des Rechts im Internet der Dienste, Berlin/Heidelberg 2012.

169 *W. Eckl-Dorna*, Selbstfahr-Tochter gilt als Googles nächster Wachstumstreiber US-Analysten bewerten Waymo nun mit 250 Milliarden Dollar, in: Manager Magazin Online, 20. Dezember 2018.

170 *N. Jacobsen*, Morgan Stanley: Alphabets nächster Wachstumstreiber ist der autonome Fahrservice Waymo, in: meedia.de, 29. August 2018.

171 Siehe auch *J. Schmidhuber*, Keynote »Artificial Intelligence« auf McKinsey Alumni Meeting in Berlin am 23. September 2017.

172 *www.sensetime.com*, abgerufen am 15. Januar 2019 um 16:24 Uhr.

173 *www.sensetime.com*, abgerufen am 15. Januar 2019 um 16:27 Uhr.

174 *www.sensetime.com*, abgerufen am 15. Januar 2019 um 16:31 Uhr.

175 *K. N. Kotsoglou*, »Subsumtionsautomat 2.0« reloaded? – Zur Unmöglichkeit der Rechtsprüfung durch Laien, in: Juristenzeitung, 22/2014, S. 1100-1103.

176 Ebd., S. 1101.

177 Ebd., S. 1101.

178 Ebd., S. 1101.

179 Ebd., S. 1101.

180 Ebd., S. 1101; kursive Hervorhebung durch die Verfasser dieser Schrift.

181 Ebd., S. 1102.

182 Ebd., S. 1101.

183 Ebd., S. 1101.

184 Ebd., S. 1101.

185 Ebd., S. 1100.

186 *M. Martini/D. Nink*, Subsumtionsautomaten ante portas? – Zu den Grenzen der Automatisierung in verwaltungsrechtlichen (Rechtsbehelfs-)Verfahren, in: Deutsches Verwaltungsblatt (DVBl), 17/2018, S. 1128-1138.

187 Ebd.

188 Ebd., S. 1135, unter Verweis auf *D. Deahl*, The Verge online, 18. August 2017.

189 Ebd., S. 1135, unter Verweis etwa auf *F. Lichtenstein/D. Ruckteschler*, Legal Tribune Online, 29. September 2017.

190 *F. Lichtenstein/D. Ruckteschler*, Zivilverfahren online: Chinas erstes Digitalgericht, in: Legal Tribune Online, 29. September 2017.

191 Ebd.

192 *F. Lichtenstein/D. Ruckteschler*, Zivilverfahren online: Chinas erstes Digitalgericht, in: Legal Tribune Online, 29. September 2017.

193 *F. Keilani*, Sozialgericht wird Digitalgericht, in: Der Tagesspiegel online, 15. November 2018; kursive Hervorhebung durch den Verfasser dieser Schrift.

194 *F. Lichtenstein/D. Ruckteschler*, Zivilverfahren online: Chinas erstes Digitalgericht, in: Legal Tribune Online, 29. September 2017.

195 *M. Martini/D. Nink*, Subsumtionsautomaten ante portas? – Zu den Grenzen der Automatisierung in verwaltungsrechtlichen (Rechtsbehelfs-)Verfahren, in: Deutsches Verwaltungsblatt (DVBl), 17/2018, S. 1128-1138, insbes. S. 1135.

196 Ebd., S. 1137.

197 *F. Dürrenmatt*, Die Physiker, Zürich 1962.

198 *Südkurier online*, Wenn Roboter zu Richtern werden, 3. August 2018.

199 *M. Martini/D. Nink*, Subsumtionsautomaten ante portas? – Zu den Grenzen der Automatisierung in verwaltungsrechtlichen (Rechtsbehelfs-)Verfahren, in: Deutsches Verwaltungsblatt (DVBl), 17/2018, S. 1128-1138, insbes. S. 1137.

200 Siehe hierzu auch *U. Claassen*, Algorithmische Rechtsanwendung durch den Richter-Roboter: Verheißung oder Horrorszenario für den Rechtsstaat?, Vortrag am Lehrstuhl für Strafrecht und Strafprozessrecht der Juristischen Fakultät der Gottfried Wilhelm Leibniz Universität Hannover, 17. Januar 2019.

201 Auch diese Annahme wird von *J. Schmidhuber* indes mittlerweile infrage gestellt beziehungsweise verworfen: »Wir haben längst emotionale Künstliche Intelligenz«; siehe *C. Mattauch*, Vater der modernen Künstlichen Intelligenz Prof. Schmidhuber: »Es wird Maschinen geben, die man erziehen kann wie die eigenen Kinder«, in: Absatzwirtschaft online, 12. Oktober 2018.

202 *A. Lobe*, Der Roboter hat keine Launen, in: ZEIT ONLINE, 4. Oktober 2016; Hervorhebung durch die Verfasser der vorliegenden Schrift.

203 Ebd.; Hervorhebung durch die Verfasser der vorliegenden Schrift.

204 Ebd.

205 *A. Lobe*, Der Roboter hat keine Launen, in: ZEIT ONLINE, 4. Oktober 2016.

206 Siehe auch *S. Dörner*, In 29 Jahren sind die Probleme der Menschheit gelöst, in: Die Welt online, 14. Februar 2016.

207 Siehe zur *Krone des Richterkönigs* (wenngleich in einem sehr viel engeren Verständnis der maschinell substituierbaren [Anteile der] Richtertätigkeit) *M. Engel*, Algorithmisierte Rechtsfindung als juristische Arbeitshilfe, in: Juristenzeitung, 22/2014, S. 1096-1100, insbes. S. 1100.

208 *FDA News Release*, FDA permits marketing of artificial intelligence-based device to detect certain diabetes-related eye problems, 11. April 2018.

209 *Berlin.de*, Senatsverwaltung für Inneres und Sport, Berlin verbietet Corona-Demonstationen, Pressemitteilung vom 26. August 2020, abgerufen am 29. August 2020.